胎教宝典

朱华 马丽蓉 主编

全方位指导

MAMA YU'ER BIBEI SHOUCE

妈妈育儿必备手册

内蒙古科学技术出版社

图书在版编目（CIP）数据

胎教宝典 / 朱华，马丽蓉主编. — 赤峰：内蒙古
科学技术出版社，2021.5
　（妈妈育儿必备手册）
　ISBN 978-7-5380-3320-5

　Ⅰ.①胎… Ⅱ.①朱… ②马… Ⅲ.①胎教—基本知
识 Ⅳ.①G610.8

中国版本图书馆CIP数据核字（2021）第087660号

TAIJIAO BAODIAN
胎 教 宝 典

主　　编：朱　华　马丽蓉
责任编辑：许占武
封面设计：永　　胜
出版发行：内蒙古科学技术出版社
地　　址：赤峰市红山区哈达街南一段4号
网　　址：www.nm-kj.cn
邮购电话：0476-5888970
排　　版：赤峰市阿金奈图文制作有限责任公司
印　　刷：三河市华东印刷有限公司
字　　数：360千
开　　本：700mm×1010mm　1/16
印　　张：21.5
版　　次：2021年5月第1版
印　　次：2021年5月第1次印刷
书　　号：ISBN 978-7-5380-3320-5
定　　价：46.00元

如出现印装质量问题，请与我社联系。电话：0476-5888926　5888917

编 委 会

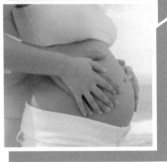

前　言

　　做父母的都希望有一个身体健康、智力超群、具有良好社会适应能力的可爱的宝宝。这不仅关系到每个家庭的切身利益，而且关系到我国全民素质的提升。因此，实现优生和优育已成为引起全社会重视的问题。

　　孕育一个健康聪明的宝宝，要有一个良好的开端。怀孕之前，每对夫妻都要给自己预留出一段时间进行饮食调整，保证充足均衡的营养；要坚持锻炼身体，提高自身的抵抗力；要防治疾病，保证身体健康；要戒除一切不良的生活习惯，确保身心处于最佳状态。

　　从怀孕到宝宝的出生，是胎宝宝发育的关键时期。作为准父母，要注意胎儿及自身的营养与保健，避免情绪波动，消除外界不良因素，平平安安度过妊娠期。需要说明的一点是，妊娠期间的胎教是绝不能忽视的。对胎儿实施定期定时的各种有益刺激，可促进胎儿大脑皮层感觉中枢更快发育，有助于宝宝今后的发育和智力开发。

　　0~3岁，是宝宝发育的重要时期。每个月的宝宝都有着各自的特点，都需要进行特殊的喂养、护理和教育。因此，对众多年轻父母非常关心的问题，如宝宝偏食、宝宝不喜欢喝牛奶、何时给宝宝断奶等，我们都一一做了详细的解答。关于如何对宝宝进行早期教育，我们也给出了多种方案。

　　本丛书共五册，包括《妊娠宝典》《胎教宝典》《育儿宝典（0~1岁）》《育儿宝典（1~2岁）》《育儿宝典（2~3岁）》，集妊娠、胎教、分娩、育儿知识于一身，图文双解，通俗易懂，生动形象，科学实用，非常适合现代准父母阅读使用。

目　录

"好孕" 干货
尽在码中

科学备孕有指导，
胎教干货跟着学。

PART ❶　胎教知识篇

第一章　胎教的形成与发展　　　　　　　　2

胎教概述　　　　　　　　　　　　　　3

古代的胎教　　　　　　　　　　　　14

现代的胎教　　　　　　　　　　　　22

国外的胎教　　　　　　　　　　　　25

第二章　胎教的可行性　　　　　　　　　30

胎儿有受教的生理　　　　　　　　　31

从实验看胎教　　　　　　　　　　　41

胎教成功案例　　　　　　　　　　　42

PART ❷　胎教优生篇

第一章　优婚优孕　　　　　　　　　　　60

严格选择配偶　　　　　　　　　　　61

一定要进行婚前检查　　　　　　　　62

受孕的必备条件　　　　　　　　　　63

优孕要做好孕前准备　　　　　　　　64

要有计划地受孕　　　　　　　　　　67

第二章　优育优教　　69

孕期保健是优育的前提　　70

孕期监护是优育的必要措施　　71

胎教利于优生　　73

认识胎教的科学本质　　74

良好的胎教需要经营　　75

实施胎教不要心切　　76

胎教要忌懒　　77

要掌握必要的胎教知识　　77

PART 3 妊娠养胎篇

第一章　情绪养胎　　82

孕妇也有美丽的权利　　83

舒适的孕妇装　　83

孕妇的内在美　　85

孕妇的鞋　　89

孕妇的行李包　　89

孕妇的皮肤变化　　90

孕妇的基础保养　　91

孕妇的基础彩妆　　93

孕妇的身体护理　　93

孕妇的秀发保养　　94

第二章　运动养胎　　95

运动的好处　　96

锻炼前的安全措施　　101

孕妇的正确活动姿势　　102

孕妇健身操　　107

孕妇保健　　110

呼吸操　　　　　　　　　　　　　　116

第三章　品格养胎　　　　　　　　　**118**

孕妇品格对胎儿的影响　　　　　　119

孕妇应注重行为　　　　　　　　　120

孕妇"品格养胎心灵操"　　　　　　120

PART ❹　妊娠胎教篇

第一章　妊娠前期的胎教　　　　　　**124**

避免外界的影响　　　　　　　　　125

不要勉强进食　　　　　　　　　　125

妊娠初期引起出血的原因　　　　　126

合理调配孕妇的饮食生活　　　　　128

第二章　妊娠中期的胎教　　　　　　**129**

维系胎儿的健康　　　　　　　　　130

不要喝酒　　　　　　　　　　　　130

妊娠和铁质　　　　　　　　　　　131

健康标准　　　　　　　　　　　　131

保持夫妻的亲密关系　　　　　　　132

喜欢温柔的声音　　　　　　　　　133

第三章　妊娠中期的胎教　　　　　　**135**

呵护胎儿的心灵　　　　　　　　　136

保持孕后期的美丽　　　　　　　　137

腹式呼吸的练习　　　　　　　　　138

PART ❺　胎教方略篇

第一章　保持良好的身体素质　　　　**140**

营养要均衡　　　　　　　　　　　141

保证充足的睡眠 141

进行适度的运动 143

要讲究卫生 145

穿戴要科学 146

打扮与化妆 146

预防疾病感染 148

第二章 拥有良好的胎教情绪 150

孕妇不良情绪对胎儿的危害大 151

孕妇控制消极情绪的方法 152

把胎儿当成一个人 154

充分体现母爱的方式 155

第三章 营造温馨的胎教环境 157

营造温馨的家庭气氛 158

力所能及地创造良好的居住环境 159

到景色优美的大自然中去 161

第四章 发挥丈夫在胎教中的作用 162

丈夫对胎教要有正确的认识 163

孕妇最期望丈夫做的事情 164

丈夫如何配合妻子一起做好胎教 165

努力保持孕妇情绪稳定很关键 165

准爸爸可为胎儿做的事 167

提高自己的文化修养 168

第五章 妊娠三期的胎教安排 169

胎教的开始时期 170

胎教的最佳时期 170

胎教的巩固时期 172

第六章 培养胎儿的综合素质 174

如何对胎儿进行情绪胎教 175

如何对胎儿进行习惯培养 176

如何对胎儿进行行为培养   176

如何对胎儿进行记忆训练   177

如何对胎儿进行性格培养   178

如何对胎儿进行运动胎教   180

如何对胎儿进行美感熏染   181

如何对胎儿进行学习胎教   182

PART ❻ 胎教实施篇

第一章　一月胎教   184

孕妇的表现   185

胎儿的倩影   186

日常生活计划   187

胎教内容   194

第二章　二月胎教   196

孕妇的表现   197

胎儿的倩影   198

日常生活计划   199

胎教内容   206

第三章　三月胎教   208

孕妇的表现   209

胎儿的倩影   210

日常生活计划   211

胎教内容   219

第四章　四月胎教   222

孕妇的表现   223

胎儿的倩影   224

日常生活计划   224

胎教内容   237

第五章　五月胎教　242

孕妇的表现　243

胎儿的倩影　245

日常生活计划　246

胎教内容　254

第六章　六月胎教　261

孕妇的表现　262

胎儿的倩影　262

日常生活计划　263

胎教内容　270

第七章　七月胎教　275

孕妇的表现　276

胎儿的倩影　277

日常生活计划　278

胎教内容　282

第八章　八月胎教　289

孕妇的表现　290

胎儿的倩影　291

日常生活计划　292

胎教内容　303

第九章　九月胎教　307

孕妇的表现　308

胎儿的倩影　308

日常生活计划　309

胎教内容　315

第十章　十月胎教　318

孕妇的表现　319

胎儿的倩影　320

日常生活计划　320

胎教内容　330

PART ❶

胎教知识篇

第一章

胎教的形成与发展

◎ 胎教概述

◎ 古代的胎教

◎ 现代的胎教

◎ 国外的胎教

"好孕"干货
尽在码中

科学备孕有指导，
胎教干货跟着学。

胎教概述

胎教的理论基础

1. 胎教的教育学理论：胎教的教育学理论认为，胎教实质上是对胎儿开展的超早期教育，是人一生中所接受的全部教育中最基础的部分。因此这种理论重视孕妇在胎教过程中的主导作用，主张胎教必须从孕妇自身做起，认为加强孕妇的知识、道德修养，培养孕妇良好的行为习惯和审美情趣是胎教的关键。

2. 胎教的心理学理论：这种理论强调暗示、期望、焦虑、应激等心理现象对胎儿生长发育的影响，注重用心理学的有关原理去分析、研究孕妇的心理变化和胎儿心理的发生发展规律，主张教给孕妇必要的心理科学常识，使之能够把握自己的心理活动，以愉快的情绪和积极的心态去对待胎教。

3. 胎教的生理学理论：这一理论倾向于把胎教过程看作是一种生理过程，重视胎教生理机制的探讨，认为一切来自母体外部的社会心理因素，都首先引起母体内部的生理变化，进而再影响胎儿的生长发育。因此胎教的主要任务就是为胎儿创造出一个良好的生物化学环境和生物物理环境，如保证孕妇恒定的血液循环，正常的内分泌、子宫内温度、压力等。

4. 胎教的优生学理论：从优生优育的观点出发，认为制约和影响胎儿生长发育的因素很多，而胎教实质上就是对这些因素进行人为的控制，以消除不良刺激对胚胎和胎儿的影响，使之得到更顺利、更完善的发展。具体地说，像合理营养、预防疾病、谨慎用药、忌烟戒酒、节制性交、保持心情愉快、避免强烈震动、远离射线和毒物等均属于胎教范围。胎教的优生学理论，实际上是运用教育学、心理学、生理学、医学、卫生学等多种学科的知识，对胎教进行综合研究，它代表了胎教理论发展的方向。

胎教的原则

1. 自觉性原则：要求孕妇在正确认识胎教重要意义的基础上，主动学习和运用胎教方法，有目的、有计划地进行胎教。

2．及时性原则：胎教过程具有不可逆转性，因此胎教必须尽早、及时地进行。否则错过了胎教最佳的时机，再采取措施就难以弥补。一般来说，胎教的最关键时期是怀孕5~7个月。

3．科学性原则：以科学的教育学、心理学、生理学、优生学等理论为指导，根据胎教过程的基本规律，恰当地选择胎教方法，引导胎儿在母体内更顺利、更健康地成长。

4．个别性原则：根据孕妇本人及其家庭的具体情况，选择适宜的方式方法。由于孕妇本人的智力能力、气质性格等许多方面都存在着个体差异，所以，胎教的途径和手段也应该随之而异。此外，家庭经济状况、文化背景和生活情趣等也会给胎教活动带来一系列影响。遵循个别性原则，能够扬长避短，收到较好的效果。

胎教能增智吗

胎教已渐渐受到社会重视，音乐胎教、语言胎教、抚摸胎教、饮食胎教、优境胎教等也渐渐被人们认识和运用。这些胎教有一个共同的特点，就是都包含了审美的因素，都有美的内容和形式。

胎教也是一门科学

胎儿每时每刻都依靠胎盘从母亲血液中获得营养和氧气，母亲血液里的激素和其他化学物质成分的变化也势必影响胎儿的生理活动。一般来说，在胎儿神经系统的发育过程中，感觉神经特别是前庭神经发育较早，这是由于胎儿在子宫内经常受到体位改变的刺激所致。胎儿听到母亲的声音，则会产生安全感，处于祥和安稳状态。胎儿在24周以后对子宫血管的血流声、肠管的咕噜声、外界的嘈杂声、猛烈的关门声都会作出反应，表现出胎动增加。胎儿甚至可以听到成年人所听不到的极高和极低频率的声音，低频可抑制胎儿活动，高频可增加胎儿活动。32周时，子宫收缩或受到外界压迫时，胎儿则会猛踢子宫壁进行有力的抵抗，并能够正确地知觉母亲的高兴、激动、不安和悲伤，同时迅速作出不同的反应。

人们发现，把婴儿抱在左侧胸前，使之贴近母亲心脏部位，最容易使他安静。其原因就是孩子在未出生前已经听惯了母亲心跳的声音、节律，这种声音带来了温暖、安宁和爱。有的甚至将母亲的心音录成唱片给孩子听，看来这是聪明的办法。优美、和谐的音乐，也会使这位隐藏的欣赏者感到愉快。

胎教可通过外界环境、母亲精神情绪等对胎儿生长发育产生影响，或者说是企图通过这些因素促进胎儿体智的良好发育。人们处在恐惧、愤怒、烦躁、悲哀等情绪之下，身体的机能，包括各种激素的分泌都有很大变化。这些变化有很大一部分体现为粮食中所含的化学物质及体内激素通过母体的血液来影响胎儿，大量分泌的肾上腺皮质激素可明显阻碍胚胎的分化与发育，因而引起唇裂、腭裂等畸形。孕妇有悲哀、恐惧、愤怒、不安等精神方面的压力，会引起体内循环、消化系统的功能改变，降低对营养物质的吸收。母亲健康受到损害，胎儿营养及发育也受到影响，甚至可导致流

产或早产；母亲血管功能失调可能导致子宫出血、胎盘早期剥离等，从而影响胎儿生长，甚至导致胎儿死亡。有人发现孕妇情绪不佳时，胎动的频率和强度以及持续的时间都会增加和延长，说明胎儿窘迫不安。

科学地实施胎教是必须的。孕妇要创造一个安逸优美的环境，避免噪声、尖锐刺激性声响，少到声音嘈杂的地方去，避免污浊空气、剧烈的颠簸和震动，如坐汽车经过坎坷不平的路面等。孕妇还要保持坦然舒畅，愉快豁达，充满美好的向往，避免沮丧、忧虑，避免精神刺激和创伤等。孕妇可以听音乐，欣赏美术作品，看轻松愉快的小说故事，追忆美好的童年往事，力求使孕妇不断产生美的享受，刺激胎儿大脑的发育。游公园，散步田野，欣赏美丽景观，能促进孕妇分泌酶与血管活性物质，调节全身的血流量，对大脑神经细胞具有正常的兴奋作用，从而改善胎盘的供血状况，促进胎儿智力和全身各器官的迅速发育。家庭和睦，爱人体贴，父母关心，邻居和工作单位同志热情、融洽、相互帮助，以及阅读有关妊娠与分娩方面常识的书籍，增加保健卫生知识，减少对妊娠与分娩的恐惧，均可使孕妇保持心情舒畅，情绪安定，生活规律，从而为优生创造重要条件。可见，胎教不仅是母亲的事，父亲、家庭及社会都有责任。

何谓胎教

提到胎教，大多数人的直觉反应是"听轻柔的音乐""和腹中胎儿说话"或是"保持愉快的心情，多看美好的事物"。然而，科学的胎教并不仅限于此。

顾名思义，胎教，一方面是胎，另一方面是教，是胎与教相结合的学问。

胎教是集优生、优养、优教于一身的学问，它包括优身受孕、优境养胎和胎儿教育3个方面。

1. 优身受孕。优身受孕是指健康的父母在最佳年龄段，在最佳的身心状态下使精子和卵子结合成受精卵的过程。

若要生个健康聪明的宝宝，优身受孕是十分必要的。若要达到优身受孕需要夫妻双方的共同努力。受孕之前，夫妻必先优身优心。妻子怀孕，丈夫不能袖手旁观，完全置之度外。丈夫同样对胎儿起着直接和间接的影响，因为后代的优劣在很大程度上取决于精子的质量。丈夫对妻子的关心和爱护，对妻子的照料和帮助，对妻子的支持和引导，同样会对后代产生相当重要的影响。

怀胎，妻子是当事人，也是最直接的责任者，妻子自身的状况对胎儿有着直接影响。妻子必须保持良好的身体素质，保持健康的心理状态，保持优秀的品质和修养。妻子的一举一动、一言一行都会作用于胎儿，这是自古就有的胎教思想。

2. 优境养胎。优境养胎是指为胎儿创造一个良好的生活环境，使胎儿受到更好的调养调教。

胎儿的生活环境根据母体分为内环境和外环境。内环境包括母亲的精神状态、思想意识活动、自身营养状况、内脏器官、内分泌系统及品格和修养等，它直接作用于胎儿。外环境是指母体之外的能够对母体产生影响，引起母体内环境发生变化，进而对胎儿产生影响的自然环境和社会环境。如欣赏大自然的景观，会使准妈妈精神饱满、心旷神怡。大自然景观通过为准妈妈营造良好心境来改变胎儿的内环境，从而使胎儿受益。外界环境，正是通过对准妈妈的眼、耳、口、鼻等感觉器官的刺激，以及大脑的思维活动，间接地对胎儿发生作用，使胎儿的成长受到影响。积极的、高尚的、乐观的事物可给胎儿有利的影响，消极的、低级的、悲观的事物将给胎儿带来不利的影响。

准妈妈与胎儿之间虽无直接的神经联系，但可以通过血浆中的化学物质来进行沟通。胎儿通过母体中化学物质的变化来感知母亲的情感意图。母亲的情绪会直接影响胎儿神经系统的发育和性格的形成，这正是优境养胎的原因。

3. 胎儿教育。胎教的本意就是有意地对胎儿进行教育。胎儿教育分为直接教育和间接教育。直接教育是指直接作用于胎儿，使胎儿受到良好影响的教育。如给胎儿听音乐，把听筒放在母亲的腹部，让胎儿直接听，这就是对胎儿的直接教育。间接教育是指通过对母亲的作用来影响胎儿。如孕妇通过做保健操来达到母胎同受锻炼的目的。还有，母亲读一篇优秀的作品，这是母亲的学习过程，同时也是胎儿的学习过程。怀孕后，母亲胎儿结为一体，母亲的言行举止无时无刻不在影响着胎儿。母亲为培养胎儿需要有意识地学习一些东西，母亲学习的时候也是胎儿接受教育的时候。因此，母亲在孕期要多学一些、多看一些、多做一些积极向上的东西。

胎教是否真有作用

1. 胎儿到底能不能教育

每一对想要孩子的父母，都会希望自己能生育一个聪明、健康、活泼、天赋高、品行端正的孩子。怎样才能保证生育这样一个孩子呢？随着科学研究的不断深入，以及科学新发明的不断出现，胎教作为一门新的学问，现在已越来越受到人们的关注，不少人把希望放到了胎教上。那么，胎儿到底能不能教育？胎教的效果到底如何？如果有效果，什么样的方法才是正确的？什么样的方法有利于胎儿的身体、智力发育与发展呢？这是广大准父母迫切关心的问题。

到目前为止，人们对胎教还存有不同的理解，有人认为胎教根本没什么意义，不会对胎儿产生什么作用，只要孕妇生活起居有规律、注意营养，使胎儿在母体内营养得当，安然成长，不受干扰就可以了。他们的依据是，不少杰出人物的父母亲是平民，文化水平并不高，也根本没有搞过什么胎教，他们的孩子照样很优秀，能成才。

近20年来，医学上的诊断技术发展很快，尤其是超声波诊断技术和电子显像技术的快速更新，使人们可以很直接地、很具体地观察到孕妇子宫内胎儿的成长、活动状况，以及胎儿对外界刺激的反应情况，于是，世界各国有不少专家便开始了更加深入、更加科学的胎教研究。他们通过科学仪器仔细观察胎儿每个月的发育状况、胎儿的活动情况，观察胎儿对外界各种刺激的反应情况，将这些情况与孕妇的生活起居情况以及出生后婴幼儿的性格特征和智力水平进行比较分析，从中发现了有关联的因素，这使胎教研究获得了十分喜人的成果。

总结各国最新的胎教研究经验，以及中国古代、民间长期积累的胎教经验，我们可以发现，胎教有其不可忽视的意义，那些出身普通却有杰出表现的人，其家庭、父母往往在养育孩子方面有其独到的地方，从中人们可以总结出一些可贵经验的。这种总结至少对防止准父母因无知、经验不足而造成胎儿、婴儿身体、智力上的损伤有着极其重要的意义。

为什么有的人身体发育各方面不平衡？为什么有的人长得气不正、情绪容

易不稳定？为什么有的人智力高、有的人智力低？许多问题不能完全归于胎教有没有、是否得当，但科学家们已经可以得出结论，这些问题都可以从胎儿父母和家庭的人格、氛围、智力、生活起居方式及对胎儿的关爱等方面找到相应的线索和一定关系。

2. 胎教就是大人在外面教，胎儿在里面学吗

这么理解胎教是片面的。胎教可以从两个方面来理解：

一是直接效果的胎教，即直接针对胎儿的教育，指用音乐、语言等直接刺激胎儿，以促使胎儿在音乐、语言及身心各方面得到更好的发展，如在胎儿听力发育的关键时期，通过经常给胎儿听优美的音乐，来提高胎儿的音乐反应能力、接受能力和辨别能力；在胎儿有语言感受能力的时候，给他读优美的散文诗歌等情调性美文，来提高胎儿的语言感受能力。直接效果胎教的要点是增加对胎儿的智力、情感方面的良性刺激。

二是间接效果的胎教，即主要针对孕妇的教育，指母亲及胎儿的其他亲人通过改善胎儿生长的内部环境和外部环境来促使胎儿更好地成长。如关注每

日胎儿营养的全面性，母亲尽可能不偏食，并适当补充不足的营养成分；母亲关注自己的情绪调理，尽量保持开朗乐观的心情，不自寻烦恼、不与人吵架；母亲自己适当阅读一些优美的散文诗歌，以此自娱并使自己处于欣赏美的情绪状态；家人尽可能创造快乐宁静的家庭氛围，使母亲心情恬静、愉快；母亲尽可能注意天气冷暖，保证自己气血调和等等。间接效果胎教的要点是为胎儿创造全面、和谐、愉悦、良好的内部和外部生存环境。

3. 什么是直接效果的胎教

目前中外有不少专家在进行直接效果胎教的研究，它主要包括音乐胎教、光照胎教、抚摸胎教、语言胎教、夫妻共同做的胎教等方法，目的是给胎儿提供积极的刺激，尽可能消除不经意的消极刺激。

日本科学家在研究中发现，胎儿时常能聆听母亲、父亲进行的语言胎教，出生后对母亲父亲的声音会有较明显的辨别力；通过显像屏还可以观察到，胎儿听到经常对他说话的母亲或父亲的声音时会有动一下、扭过头去等反应，有时甚至会露出很安静聆听的样子，而对别的声音却没有这样的反应。

美国科学家发现，经常对胎儿诵读诗文，出生后对语言的接受能力会明显强于没有接受过语言胎教的孩子，开口说话时间会早，对语言的理解能力也会比一般孩子高。

（1）给胎儿提供良性的外界刺激

胎儿对外界刺激是有一定反应能力、有一定接受能力和记忆能力的。我们所说的直接效果胎教，其实并不如有些人理解的那样狭隘：大人在外面教，胎儿在里面学，即今天你教胎儿一首唐诗，明日他出生后

不用人教就会背这首唐诗，并且明白其中的所有意思；或天天给胎儿听优美音乐，他日后长大就一定会成为一个大音乐家。这样的效果，一般是不可能从胎教中获得的。胎教不同于孩子出生以后的文化教育，即使是直接效果的胎教，它的作用也只能从间接效果，即给胎儿带来了什么深层次的影响这一点上去理解。给胎儿提供良性的信息刺激和影响，尽早开发和锻炼他的各种能力，这就是直接效果胎教的主要内容和真正意义所在。

（2）胎儿是有感觉的生命体

进行直接效果的胎教，首先要理解的一点是，父母必须明白胎儿不是一个无感觉的东西，而是一个有感觉且他的感觉经过不断的外界良性刺激会得到更好发展的生命体。父母明白了这一点就会很好地理解胎儿和胎教的关系。科学家们发现，在胎儿听力发育的关键阶段，父母如经常放优美的音乐给胎儿听，胎儿的听觉能力就会比一般的胎儿发育得好，今后孩子的音乐辨别力也会比一般的孩子强，有的经过胎教音乐训练的孩子甚至会出现出生后能记得某些音乐片段的现象。所以科学家认为听音乐是直接效果胎教的最好手段，至少它所创造的情调和氛围会对胎儿的情绪起到很直接的影响，甚至可能由此而影响胎儿的智力和个性。

（3）胎教产生的是一种潜移默化的影响

在胎儿教育实践中，像婴儿出生后能记得胎教时常听的音乐这类明显的、直接出效果的现象并不多见，而且通常只有在音乐胎教中才有，光照、抚摸、语言等胎教的结果只表现为间接的效果，有的孩子身上甚至连间接效果也不明显，但对胎儿素质的潜移默化的影响在以后还是可以观察出来的。所以我们所说的直接效果胎教，其实也还是一种间接效果胎教，只不过是用直接刺激方法来取得间接效果而已。适当的胎教对孩子身体、智力的发展肯定是有积极意义的，它增加了对胎儿的良性刺激，给胎儿成长创造了更好的环境和氛围，为胎儿增加了自身发展的潜力，提高了胎儿的综合素质，这一点是可以肯定的。

研究者发现，在胎儿视力发展的各个过程中，不时对胎儿进行光照刺激，胎儿会转头寻找光源，会表现出兴奋或自动转头避开光源。这样做会有助于胎儿对刺激作出反应，提高机体的活动能力及大脑和机体的反应能力。

抚摸胎教对孩子会有非常好的情感教育意义。从超声显像屏上可以看到，胎儿是一个有感觉能力的活体，当父母亲用温柔、充满爱意的手抚摸时，胎儿会显得安静，显然这样做有助于消除胎儿的不安，会使他感到舒服和平静，这自然会有利于胎儿的睡眠，有利于胎儿形成良好的个性心态。

语言胎教具有相同的刺激功效。当母亲一边轻柔地抚摸，一边用充满爱意的、温柔的语调对胎儿说话时，胎儿会显得很愉悦、很安静，会静静地聆听。他自然不可能理解父母在说些什么，但对语调会有感应，这对他今后理解语言是肯定有帮助的。

有些国外专家认为，夫妻共同对胎儿做胎教，对胎儿更有好处。父亲的音质、语调与母亲的不一样，父亲的情感、性格与母亲的也不一样，如果双方能配合起来共同对胎儿实施胎教，对胎儿的最初影响就是多方面的，这会有助于胎儿性格情绪的全面发展。

胎儿在其不同的生长发育阶段，他的六种感觉能力——耳朵的听觉、舌头的味觉、皮肤的触觉、鼻子的嗅觉、眼睛的视觉和躯体的运动感觉，会处在不同的发育水平，有的胎儿形成较早，有的则较晚一些；不同的身体发育阶段，其大脑的功能也处在不同的发展阶段，这些感觉能力的发展，都要靠外界提供的信息来刺激。一般适当刺激越多，这些能力的发展就会越好；没有刺激，感官和大脑的发育发展都会延缓，显得平平。这个规律，和孩子出生后如把他放到没有光线、不与人接触的环境，就会变成傻子是一样的。

所以我们提倡对胎儿进行直接效果的胎教，不是说向胎儿直接教授点什么知识，而是增加对胎儿的外界良性刺激，以促进胎儿各种感官和大脑的更好发展。这是对直接效果胎教的正确理解。

4. 什么是间接效果的胎教

间接效果的胎教，也就是广义上理解的"胎教"一词的意义，指的是关注给胎儿提供更好的内部和外部环境。胎儿成长必须有好的内部和外部环境，既然胎儿是在母亲腹腔中成长的，他与母亲的肌体健康、心理状况、感情，以及生活方式、生活环境就会有必然的联系，所以胎教就有了广义上的内容，也就是环境胎教、情绪胎教、智力胎教、品格胎教，以及源自中国古代的气血胎教，所有这些胎教方法关注点不是教育胎儿本身，而是教育与胎儿有着千丝万缕联系的母亲，包括母亲自身的调理和修养，通过这一点，来影响胎儿的身体、感情、智力和性格。

外在环境对胎儿影响很大。国外专家经研究发现，婴儿出生时往往就已具有明显的性格特征，有些具有胆小、忧郁内向、暴躁、情绪不稳定性格特点的婴儿，往往与其母亲在怀孕时经历过恐惧惊吓、情绪不安、经常与人争吵等场面有关。如不少孩子所具有的孤僻、反社会倾向、暴躁心理问题与母亲怀孕时经历父母争吵、离异等境况有关。美国著名教育家、心理医生罗宾·K.赖斯在其《育婴室里的幽灵》一书中，就介绍了十几位专家经过调查发现的一个事实，即许多因少年暴力而被收容的孩子，他们的家庭环境、父母的个性脾气、他们在胎儿时期和幼儿时期的经历，都有十分相似的地方，由此书中得出了这样的结论：胎儿期如果大脑经常受到频繁的、有害的、暴力性的刺激，或生长在有暴力氛围的环境中，孩子长大后也就容易有暴力倾向。

中国的古人强调孕妇要在生活起居、为人处事方面保持端正的心态和姿势，也是关注到了母亲气血是否通畅和端正对孩子品格、情绪及智慧上会有很大影响这一点。一位整日心情愉悦安定，不时对胎儿进行充满爱意的抚摸和对话，不时静听优美的音乐，不时阅读精美诗歌散文，适当劳动并散步，起居有规律，关注给胎儿提供全面的和更好的营养的孕妇，与一位整日处于不安定的生活之中，内心充满了忧愁和失望，对人对生活充满了仇恨，不时与人为琐事争吵，精神懒

惰懈怠，起居无规律，饮食无节制的孕妇相比，她们生出的孩子必定会在智力、能力等天赋素质和个性气质上存在极大差异，这一点是不用怀疑的。

古代的胎教

古代的胎教记载

我国许多地方惯用"虚岁"，即把人在妈妈肚子里"成长"的那一年也算了进去。这说明我国是一个重视胎教的国家。我国最早论及胎教的著述是公元前1世纪的《大戴礼记》和《列女传》。两书均提到准妈妈的言行举止宜端庄纯正，并注意饮食起居及精神情绪；还强调"慎胎"，认为母亲的行为会影响胎儿。

在妇女怀孕的过程中，中医重视体质的调理，只有妈妈的体质调好了，胎儿的健康自然才有保障，出生后一些遗传性疾病表现也不会那么明显。

护胎、养胎出于《千金要方》，古人认为："盖儿之生，受气于父，形成于母，父母俱强者，则形气有余；父母俱弱者，则形气不足。"说明父母体质强弱直接影响下一代的健康，父母健康强壮，则婴儿健康，父母体弱者则婴儿体弱，即我们常说的"先天不足"。所以古人云："男精女血，混合成胎，子形之肖于父母者，其原因有所自矣。"

生育者，必阳道强健而不衰，阴癸应候而不愆，阴阳交畅，精血合凝，而胎之易成矣。因此小儿是否健康成长，与先天禀赋强弱，后天调养适宜有很大的关系，尤其先天禀赋因素，更为重要，说明父母体质与优生有密切关系。

关于晚婚晚育与优生，褚澄曰："合男女必其当年。男虽十六而精通，必三十而娶，女虽十四而天癸至，必二十而嫁。皆欲阴阳充实，然后交而孕，孕而育，育而子坚壮强寿。"由此可见祖国医学早已认识到，晚育有利于优生。封建社会能有这样的认识是难能可贵的。在婚前检查与优生方面，唐·孙思邈《求子论》："凡人无子，当为夫妻俱有五劳七伤，虚损百病所致，故有绝嗣之患。"宋·陈自明《求男论》："凡欲求子，当先察夫妇有无劳伤痼疾，而依方调治，使内外和平则有子矣。"《大戴礼·本命》"五不娶"中就有"世有恶疾不娶"的说法，因此婚前检查就是保证优生的第一关，也是实施胎教的第一步。

近亲结婚与优生方面，在我国春秋战国时代的典籍中就有"男女同姓，其生不蕃"的说法。《礼记·内则》中指出"娶妻不娶同姓"，表明对近亲通婚的危害已经有所认识和总结（在古代，同姓的往往有一定的亲缘关系）。

性生活卫生与优生方面论述更多。唐·孙思邈《千金方》："大风、大雨、大寒大暑、阴晦日月蚀，皆不易交接，所生男女，痴聋，四体不完矣。"

宋·陈自明《妇人良方》："凡求子宜吉良日交会，当避丙丁及弦望晦朔，大风雨雾，寒暑雷电霹雳，天地昏暝，日月无光，虹霓地动，日月薄蚀，及日月火光星辰神庙，井灶圊厕家墓尸柩之旁，若交会，受胎多损，父母生子，残疾夭枉，愚顽不孝，若交会如法，则生子福德智慧，验如影响，可不慎哉。"

明·万全《广嗣纪要》并明确指出性生活禁忌："神力劳倦，愁闷恐惧，悲忧思怒，疾病走移，发赤面黄，酒醉食饱，病体方痊，女子行经。"

古代对胎教的认识和实践

我国是对胎教学说认识和实践较早的国家之一，可以说是源远流长。早在《史记》中就有对胎教生动事例的介绍，书中记载："太妊之性，端一诚庄，惟德能行。及其有娠，目不视恶色，耳不听淫声，口不出傲言。生文王而明圣，太妊教之，以一识百。卒为周宗，君子谓，太妊为能胎教。"古人所说的胎教，是指在妊娠期间为有利于胎儿在母体内的生长发育而对妈妈的精神、饮食、生活起居等方面所采取的措施，以便使母子的身心都得到健康的发展。

要进一步了解胎教的理论、方法及其运用，我们还必须从古代的胎教开始谈起。

古代的胎教多见于我国史籍中。具体来说，我国古人所说的胎教，大体是指母体在妊娠期间为给胎儿在体内创造一个良好的生长发育的环境而自我采取的有

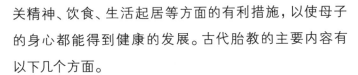

关精神、饮食、生活起居等方面的有利措施，以使母子的身心都能得到健康的发展。古代胎教的主要内容有以下几个方面。

1. 调情志

妊娠是女性生理上经历的一个特殊过程，在这个过程中，孕妇在生理上不仅要发生一系列的变化，心理上同样也会发生相应的反应，这种心理反应的集中体现就是孕妇的情志变化，也就是情绪的变化。比如，《产孕集》就指出："人有清浊厚薄之异，智愚善恶之殊，揆期所始，皆由祖气。祖气者，先天之气也。气清则善，气浊则恶，清则圣哲，浊则昏愚。"这段文字就是说，孕妇要有博大的胸怀和温文尔雅的修养内涵，要语言文明、举止端庄、气质清纯。孕妇的情操气质典雅与否，对后代影响很大，因此，孕妇一定要加强自身修养，做到心无邪念，耳无淫声，目无非视，口无妄言，不粗鲁，不暴躁，不鄙俗，不琐屑。古人还认为：凡有孕之妇，宜情志舒畅，遇事乐观，喜、狂、悲、思皆可使气血失调而影响胎儿。

对于恼怒与胎安的关系，另一本古籍《傅青主女科》中也有"大怒小产"的论述。

由此可见，孕妇的情绪和心境对胎儿的生长发育有着直接的影响，所以孕妇应该做到心情舒畅，遇事通达乐观。

2. 忌房事

房事是指夫妻的性生活。尽管房事是受孕怀胎的必要条件，但为了胎儿能健康平安地生长发育，受孕之后，夫妻房事必须要节制。古籍《产孕集》对此论述道："怀孕之后，首忌交合，盖阴气动而外泄，则分其养孕之力，而扰其固孕之机，且火动于内，营血不安，神魂不密，形

体劳乏，筋脉震惊，动而漏下，半产、难产、生子多疾。"把这一段论述与具体生活结合起来，就是说，怀孕以后，首先要禁房事，因为怀孕早期（头3个月）孕妇由于妊娠的不适，常有恶心、厌食、嗜睡、疲劳等症状发生，而这又常常会导致自身及胎儿的营养供应不足，这时若仍行房事，则易造成流产；而在怀孕末期（7个月以后），孕妇腹大身重，行动不便，此时胎儿又即将入盆，阴道受压变短，若仍行房事，则会造成难产或"生子多疾"。由此可见，孕妇在孕期的头3个月和7个月以后禁房事，不仅能安胎养孕，还能防止流产、难产。

3.节饮食

由于胎儿的营养直接来源于母体，而母体的营养又直接来源于饮食，所以母亲饮食营养的摄入对胎儿的生长发育有着直接的影响。古籍《万氏女科》中说："妇人受胎之后，最宜忌饱食，淡滋味，避寒暑，常得清纯平和之气以养其胎，则胎之完固，生子无疾。"这就是说，受孕之后，孕妇的饮食要讲求节制，既不能少食，又不能过食，特别不能饥一顿，饱一顿，暴饮暴食。且平日饮食应以清淡为宜，避免大凉大热的东西。

4.适劳逸

我们知道，生命在于运动，适度的运动有利于身体的健康代谢，因此，孕妇切不可贪图安逸，坐着不动。由于孕妇承担了两个生命的"运转负荷"，也不能过于劳累。按照传统医学的说法，人禀气血以生，胎赖气血以养，太逸则气滞，太劳则气衰。若劳逸失宜，举止无常，攀高负重，则会致其胎心坠，甚而导致难产。

由此可见，为了增强体力和为将来的分娩做准备，保证供氧充足，改善血液循环，增进食欲，保持旺盛的新陈代谢，促进胎儿大脑、神经及各器官的发育，孕妇

小·贴士

孕妇只有节饮食，多吃清淡平和的食物才能有助于养胎，孕育一个健康的宝宝。若孕妇饮食失节，饥饱无度，嗜食重味，则易导致消化功能失常，使胎失所养。尤其是现代人的生活水平较好，更应注意饮食养胎。

女性在孕前和孕后一定要少拿手机，其危害有：影响孕妇大脑、眼睛、生殖系统；还能使孕妇内分泌紊乱，影响泌乳；手机的电磁波还有致畸作用，影响胎儿的智力及其他器官的发育。

一定要适当地活动。具体安排是：怀孕5个月以前以安逸为主，5个月以后以小运动量为主。

5. 慎寒温

寒温，顾名思义就是指自然界气候的冷热变化。我国传统医学认为，孕妇怀孕以后，由于生理上发生了特殊变化，极易受风、寒、暑、温、燥、火的侵袭，尤其是遭受风寒侵袭之后，极易感染疾病，重则危及胎儿的生命。

因此，孕妇注重怀孕期间的健康保护，慎起居，慎寒温，对孕育一个健康的胎儿尤为重要。

6. 戒生冷

喜食腥辣生冷是一些人特殊的口味嗜好，本无可厚非，但这种嗜好对孕妇来说则必须暂时割舍。一般来说，怀孕以后，孕妇由于生理上的变化往往口味不佳，尤其喜欢吃一些生冷的东西，这是正常的现象，中医认为这是由于怀孕后阴血下注以养胎儿，致阴血偏虚、阳气偏旺所致。殊不知，孕妇若贪生恋冷，便会导致脾胃受伤，呕吐、腹泻、痢疾等病症会乘虚而入，既伤孕妇之身，又伤胎儿，造成的危害不可小视。

古人的胎教智慧

早在3000年前，中国的古人就发现了胎儿身体素质、智力、品格与母亲的情绪、个性和修养、生活起居、生活环境之间的关系。为了养育一个身体健康、品格健全、智力超人的孩子，他们经过观察、实践，积累了不少可贵的经验，这些经验可以说是中华智慧不可忽视的一部分，到现在仍是极有参考意义的。

中国古人的胎教与养胎、保胎密切相连，可以说是自成一体的胎教方法。

1. 西汉刘向的观点

西汉大学问家刘向在他所著的《列女传·周室三母》中就提到，早在周朝时妇人怀孕就很讲究"寝不侧、坐不边、立不跸、食不邪味、耳不闻于淫声，夜则令瞽人诵诗、道正事"，意思是睡觉不侧身睡，坐着不胡乱坐在席子的边上，立着不靠门框，吃食不碰味不正的东西，听乐不听淫荡的音乐，夜晚聆听盲人诵读优美的诗歌、讲解正义和正气的美好事情。认为这样的孕妇生下来的孩子就会"生形端正，才德必过人（体形相貌端正，才气品德必定超过常人）"。

2. 隋代名医巢元方的观点

隋代名医巢元方在他的医学名著《诸病源候论·妊娠候》中也谈到了母亲保持正气、气血调和对孩子会有很大影响："子欲端正庄严，常口谈正言，身行正事。"意思是你要孩子生得端正庄严，就得嘴里常谈好的正气的言语，常做好的正气的事情。

3. 唐代名医孙思邈的观点

唐代名医孙思邈在他的医学名著《千金要方·养胎》中也提出了孕妇要保持血气正常、生出聪明健康的孩子，就得"调心神，和惰性，节嗜欲，遮事清净"。意思是调理自己的心情和精神，去掉懒惰性情，节制自己的各种欲望，万事保求清净。

4. 宋代名医陈自明的观点

宋代名医陈自明在他的《妇人大全良方》中，更是从中医气血理论的角度讲到了母亲健康、血气调和对孩子的健康和气质健全的影响："夫人以胃气壮实、冲任荣和，则胎得所，如鱼处渊；若气血虚弱，无以滋养，则始终不能成也。"意思是母亲必须胃气壮实，阴阳之气调和荣盛，那么胎儿就会有好的生长条件，如鱼游在深水里一样；如果母亲气血虚弱，胎儿就得不到滋养，那样胎儿从头至尾就成长不好。所以要培育健康健全的孩子，必须"阴阳平均，气质完备，成其形尔"。意思是只有阴阳平衡，孩子才会气质完全，各个方面有正形。

5. 明代名医张景岳的观点

明代名医张景岳在他的医学名著《景岳全书》中谈到了胎气不安现象的原因，他认为："盖胎气不安，必有所因，有虚有实，或寒或热，皆能为胎之病。"意思是胎儿出现不安现象，一般都与孕妇饮食起居不当有关，可能是孕妇营养不当，身体过虚或过实，可能是孕妇寒热没有调理好以致受寒或受热，这都会引起胎儿的毛病，所以孕妇饮食起居必须十分小心。

6. 名医陈文中的观点

古代名医陈文中在他的著作《小儿病方论》中除了强调孕妇饮食起居必须十分细心外，还提到了孕妇适当参加劳动的好处："儿在腹中，其母作劳，气血功用，形得充实……且易生产。"意思是怀孕时，孕妇适当做些体力劳动，对气血调和很有好处，可以使身体壮实，日后生产也会变得容易。

陈文中还在书中谈到了富贵家庭女子怀孕易遇到的问题，他认为："豪贵之家，居于奥室，怀孕妇人，饥则辛、酸、咸、辣无所不食，饱则欲意坐卧，不劳动，不运动，所以腹中之胎，日受软弱，儿生之后少有坚实也。"

7. 清代名医陈复正的又一观点

陈复正在他的《幼幼集成》中，对富贵生活以及孕妇生活不当的危害，同样做了相当明确的分析："夫高粱者，形乐气散，心荡神浮，口厌甘肥，身安华屋，卧养

过厚，身质娇柔，而且珠翠盈前，娆妍列侍，纵熊罴之叶梦，难桂柏以参天。"意思是说富贵人家的女子，整天过着快活的日子，真气容易散失，心神容易浮荡不安分，嘴里吃的尽是甜美肥腻的食物，住的是安逸美丽的房子，老是卧着养着过于懒散，体质容易变得娇弱，即使有生育强壮男儿的欲望，终难获得像参天桂树柏树那样健康的孩子。倒是贫贱之家的女子，反而能"形劳志一，愿足心安（身体总在劳动，一心一意过日子没有非分的想法）"，所以能"胎婴自固（胎儿婴儿都能健康结实）"。

《幼幼集成》中还谈到了孕妇自身心理志向不当对胎儿的不利影响："复有痴由贪起，利令智昏者；有雪案萤窗，刳心喷血者；有粟陈贯朽，握算持筹，不觉形衰气瘵者；有志高命蹇，妄念钻营，以致心倦神疲者。"意思是孕妇如果只顾贪婪为利而丧失智慧；或为了追求自己的事业而拼命苦读呕心沥血；或为了囤积财富整日算计费心，不顾气虚形体憔悴；或不自量力拼命钻营，弄得心神疲倦不堪，都会造成胎儿气血失调、先天不足而得病，所以不可不慎。

陈复正认为："凡思虑火起于心，恚怒火起于肝，悲哀火郁于肺，甘肥火积于脾，淫纵火发于肾，五欲之火隐于母胞，遂结为胎毒。"意思是，孕妇如果思虑、愤怒、悲哀、饮食不节制、淫欲过度，都会形成胎毒，造成胎儿的先天性疾病。

8. 明清名医张璐的观点

明清时期江南名医张璐在他的《张氏医通》中十分强调孕妇情志健康与否对胎儿的重大影响，认为孕妇如"郁火弥炽（情绪忧郁，内火旺）"，胎毒就会过盛，孩子多痘疹；孕妇如受惊或常处于恐惧惶惑之中，胎气就得不到滋养，胎儿容易多惊悸，以后会得癫痫病；孕妇如心中总是忧郁不畅，郁气会结于胎中，使孩子"多结核流注"；"怀子常起贪妄之念，则子多贪吝（孕妇常有贪心或过分的欲

21

望,怀子大多会有贪婪吝啬的个性)";孕妇如常有愤怒情绪,或诡诈骗人的行为,孩子就会变得"暴狠""诈为"(即狠毒、善于欺诈)。所以孕妇调节好自己的心理情志、保持情绪的健康,保持良好的品格,注重修养很重要。将做母亲的人要懂得:"适其自然之性,使子气安和,即所谓胎教也(保持心情平静自然,使胎气安康调和,这就是胎教的方法)。"

现代的胎教

尽管我国古代的胎教术从心理和生理上对孕胎进行了较为系统的探索和尝试,但重胎养而轻胎教却是它的明显不足和不完善之处。随着社会的进步和科学的发展,人们对胎教的认识越来越深,把控制和调查母体的内外环境当成实施胎教的最重要内容,提出了更为全面和科学的胎教内涵和理念。

现代医学把胎教的内涵扩展为:保持孕妇心情愉快,生活规律,饮食均衡,环境卫生、安静,创造最优良的条件以保证胎儿正常发育,并采用某些适宜的方法对胎儿进行感觉教育。这种教育是通过母体对胎儿的综合影响来实施的,也就是说,胎教是一项系统工程,它包括两个方面的内容,一是科学地"养胎",二是开拓地"教胎"。

根据现代胎教的理念,人们在提倡更科学地养胎基础之上进行胎教,着力加强了孕妇和胎儿的沟通,强调了孕妇对胎儿的刺激以及孕妇对胎儿的影响,开发了音乐胎教法、对话胎教法、游戏胎教法、抚摸胎教法等。

这些具体而可行的胎教法在继承了传统胎教术精髓的基础上,不仅充实和完善了现代胎教的理论,更为现代胎教理论进行了可贵的实践,使得胎教真正成为一门系统的科学。

胎教三大学派

1. 日本学派。由妇产科医师组成,主要教导准妈妈从生理和心理着手,使胎儿处在最有利的成长环境中。

2.美国学派。由精神科医师组成，较注重心理层面，其研究方向包括：

（1）在孕前及产前，研究使妇女心情松弛的方法。

（2）研究胎儿的生理及心理反应。

3.国内学派。以中国音乐为主做了许多相关研究。

现代胎儿学的进展，主要是借助超音波、脑波、胎心音这些产前诊断仪器，侦测胎儿在妈妈腹中的身心发展情况，让准爸爸和准妈妈能在胎儿尚未出生前就能够更精准、确切地获知胎儿的发展情形。

美国知名的胎幼儿心理学先驱汤玛士·维尼博士根据其多年临床研究，设计出一套包含声乐、抚摸、跳舞、按摩、做梦和对话等内容的胎教课程。不管是哪一种方法，准妈妈在学习的过程中，其直接途径就是学习上述这些胎教课程，让胎儿在良好的环境中学习；其间接途径就是妈妈本身在接受这些胎教课程时心情较稳定，产生好的激素，这些好的激素会经由内分泌系统传输到胎盘、脐带，因而影响胎儿，引发胎儿的潜能。

胎教内容，不管是经直接还是间接实施其作用都是引发胎儿的潜能。胎教大致归纳为下列三大内容：

（1）安抚情绪：安抚胎儿情绪，让胎儿将来有较高的情商。

（2）刺激胎儿：刺激胎儿的感觉神经、运动神经。

（3）胎内沟通：直接可以和胎儿通过血液、心灵来沟通。

国内胎教进展

自20世纪60年代起，由于现代医学的发展，不少学者借助现代科学检测技术，如生理描记器、胎儿监护仪、B超、神经递质的测定和心理测验等，对生命在子宫内形成过程进行了大量的科学观察，发现胎儿在子宫腔内能对外界的触、声、光等刺激发生反应，为直接胎教法的实施奠定了科学基础。

国内有报道提出传统的胎教之道是预防先天性残疾的首期工程，认为我国传统的胎教法以加强孕妇自身保健、提高孕妇自身的生理心理素质为本，进而通过孕妇影响胎儿来优化胎儿生理，被称作间接胎教法，其方法概括如下：

1. 营养法：孕妇应严格遵循妊娠饮食之宜忌。

2. 护胎增益法：加强孕妇自身保健的养胎护胎。

3. 外感内化法：使孕妇接近美好的事物，回避淫邪丑恶。

4. 自我修养法：加强孕妇自身的思想品德修养，培养高尚美好的心灵。

上海市嘉定区计划生育协会对胎教的效果进行了调查。他们以200例实施胎教的周岁内婴儿为一组，未实施胎教的200例婴儿为对照组，进行Apgar评分、婴儿发育商测定及婴儿发病情况的调查。其结果胎教组各项指标均优于对照组，说明在孕期实施胎教对婴儿的生长发育有一定的效果。

上海市王赛珠等人于1992年1月至1993年10月期间曾进行胎教对婴儿智能影响的调查。他们选择70例怀孕12周自愿接受胎教和随访的健康孕妇为研究对象。另选年龄相似的孕妇53例为对照组，用Gese11方法对胎教组和对照组婴儿进行发育商测定，分别于出生4周±3天、6周±3天、21周±3天、40周±3天、52周±3天进行5次检测，结果胎教组发育商高于100的比例为91.28%，而对照组为82.89%，动作、语言能力胎教组均优于对照组，从而显示胎教对婴儿智能发育有一定影响。

上海市第一妇婴保健院胎教课题组与新生儿科曾进行过胎教后新生儿行为神经评估的研究，他们于

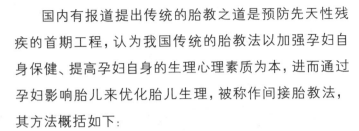

小·贴士

英国心理学家克利福德·奥茨经过多年研究后发现，音乐能帮助胎儿"治病"，使胎儿的心脏脉搏跳动更有规律，当胎儿的心脏跳动出现紊乱现象的时候，聆听音乐会使胎儿转危为安。

1993年6月至1994年3月,选择在该院登记的孕龄5~6个月的孕妇53例作对照。对两组新生儿在出生后48~72小时进行第一次行为神经评估检查,部分胎教组新生儿在出生后12~14天和26~28天进行第二或第三次行为神经评估检查。检查项目有行为能力、被动肌张力、主动肌张力、原始反应及一般评估等五个部分。评估结果经统计学处理,"行为能力"部分两组有显著性差异,其余各部分均无显著性差异。评估总分满分者胎教组占77.4%,对照组占37.7%。此项结果显示胎教儿的行为能力发育优于未胎教儿。

国外的胎教

西方的胎教学

1000多年前,西方用科学方法创建了"生前心理学""胎儿心理学"的理论,从而形成西方的胎教学。在胎教的过程中,它最重视孕妇身体与心理两方面的健康。主要是利用语言和音乐等听觉刺激信号,促进胎儿的语言和大脑的发育;利用抚摸准妈妈腹部的动作刺激信号去诱发胎儿的各种动作,促进动作和大脑的发育。

美国的胎教发展史

1905年美国的一位学者研究发现,妊娠末期的胎儿对声音有反应,并成功地观察到外界声音的刺激,可使胎儿活动增加、心率加快。20世纪70年代,美国医学家将特殊透镜引入对胎儿的研究中,使人们对胎儿的了解进一步加深。到了20世纪80年代,B超的应用和普及完全揭开了胎儿生活、发育奥秘,人们可以更直接、更安全地了解、研究胎儿。

胎儿大学创办于1979年,是美国加州妇产科专家尼·凡得卡创立的。他主张从怀孕第4个月起,孕妇就可以对胎儿进行教育,胎教的方法形式不一,目的是使胎儿在机体和精神方面得到健康发展,从而为以后婴儿学习知识、适应社会打下良好的基础。凡得卡要求孕妇及其丈夫一道加入胎教活动,这不仅能增进夫妻感情，而且对胎儿以后的发展具有良好的作用。

胎儿大学的课程从妊娠第5个月开始，每天上两课，每课用5分钟。每次上课前，母亲用手轻拍胎儿脚踢的部位，告诉胎儿："好孩子，现在上课了。"胎儿大学的课程有：

（1）运动课

5个月的胎儿可以与母亲玩游戏，当妈妈感到胎儿踢肚时，就轻轻地拍打被踢的部位，然后等待胎儿再次踢肚；大约过一两分钟，胎儿会再踢，妈妈再轻轻地拍打几下。如此反复。经过一段时间，妈妈可以改变轻拍的地方，而胎儿也会往发生了变化的地方踢。

（2）音乐课

母亲把一个玩具乐器或耳机放在腹部，让胎儿听美妙的音乐。

（3）语言课

母亲用传声筒对腹内胎儿讲话、重复字句。在胎儿7个月时，开始把外界的声音介绍给胎儿。母亲用扩音器每讲一个字，便用动作在腹部进行表示，如敲、摸、摇、提、划、压等。比如，妈妈一边用指头轻轻敲打腹部，一边告诉胎儿："好孩子，这是妈妈在轻轻敲你。"

到第8个月，开始教那些形容光线、音乐和笑声的字句。最后一个月，开始教生后半年需要接触和理解的字眼，如奶、吻、口、鼻、爱等。到胎儿从母体分娩出来的时候，他已经初步懂得15个词汇的意思。

接受胎教的胎儿在出生后几个小时就可以领到胎儿大学的毕业文凭了。胎儿大学从1979年创办以来，已经培养了数千名"学生"。经过指导出生的孩子大都与众不同，这些孩子显得更聪明、更易于理解教学的语言、更快地认

好孩子，这是妈妈在轻轻地敲你。

26

识父母等。事实表明，认真接受胎教的150名婴儿，在听、讲、使用语言方面的测验中都获得相当出色的成绩。可见，胎儿大学是对孩子进行出生前教育的良好课堂。

日本研究胎教的情况

在外国，重视胎教并于民间广为流传的首推日本。从江户时代开始，胎教学说便和人们的经验结合在一起，以各种方式传了下来；直到西方医学进入日本，因尚未及时重新研究"胎教"的真正意义，才一度被误解成"胎教是迷信"。但近20年来，日本随着经济和科技的蓬勃发展，借助于现代先进的技术与设备，一些医学专家及教育学专家，从胎儿医学、教育心理学和超前教育学等几方面，重新弄清楚了胎教的科学根据和施教方法，因而成为世界上在学术领域中提倡胎教最为热烈的国家。

首先，日本的医学专家以胎儿镜直接触碰胎儿手脚等部位的刺激方法，观察和记录胎儿的听觉、视觉与触觉反应，证明了5个月以后的正常胎儿，可以听到外面传入子宫内的声音，并可见到外面透入子宫内的光线，以及经羊膜镜直接进入子宫内的光照引起胎儿闭眼的动作。

日本已故医学教授室冈一先生，当他证实了母体外的声音确实能传到胎儿的耳朵后，便将子宫内胎儿所听到的声音、母亲的心音和血液流动声，用录音机录下来，给刚出生的婴儿听，婴儿感到安心而停止哭泣。后来，他又制作了装有能发出这种声音装置的小布羊和唱片，把小布羊放在正哭泣中的婴儿旁进行实验，婴儿果然立即停止哭泣而安详入睡。如果是出生一周左右的婴儿，则效果更加明显。这种现象反映出婴儿在母体内便已开始"学习声音"，记住了在母体内熟悉的声音。

英才造就工程是日本科学家阿部顺一主持的项目。他通过自己的观察和科研，得出"后代的智力明显受到胎儿期间各种因素的影响"的结论，并对127名孕妇进行了科学的胎教

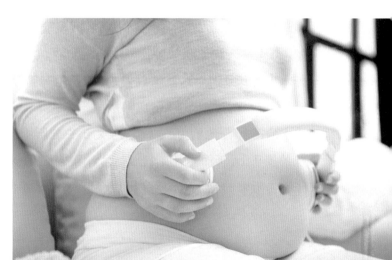

指导，内容包括按他的规定进行体格锻炼、排演短剧、欣赏音乐、阅读书籍、互相交谈等。实验结果是令人兴奋的：在这127名孕妇所生的孩子中，有71%智力发展显著优于平均水平。

英国研究胎教的情况

据报载，英国李斯特大学心理学院的音乐研究小组对11名孕妇进行研究，要求她们自选一首音乐（包括古典音乐、流行乐曲和摇滚乐），在临盆前3个月经常播放。

在婴儿出生后的一年内，这群母亲不可给婴儿听任何音乐，待11名婴儿满周岁后进行测试，重播那首他们曾在母腹内听过的音乐，以及另播一些他们从未听过的同类音乐。结果显示，11名婴儿都被那首他们在母腹内曾听过的音乐吸引，望向音乐来源的时间明显较长。另一组作为对照的11名普通婴儿则对任何一首音乐均无明显偏好。另外，科学家也发现婴儿易被节奏较为明快的乐曲所吸引。

科学家一直以为婴儿记忆力只能维持1~2个月，但带领这项研究的拉蒙特指出："我们知道母亲怀孕20周后，胎儿听觉已完全发展。如今我们发现原来婴儿能记得并且喜爱一年前曾在母腹中听过的音乐。"

法国研究胎教的情况

法国的巴黎健康卫生科学院在20世纪80年代也做了胎教方面的实验。1985年应法国政府邀请，中国医学代表团到法国参观访问，在访问期间，代表团成员之一——北京医科大学胚胎学教授、试管婴儿专家刘斌，应巴黎健康卫生科学院生殖专家邀请，参观了一项胎教试验：一名28岁的孕妇，从妊娠8个月开始，每隔一天就到科学院做一次音乐胎教。方法是将耳筒置于孕妇腹壁上，孕妇本人的耳朵则用耳塞堵住，使她听不见耳筒传出的声音，然后闭上眼睛，处于一种安静平卧的状态，每次都放同一种音乐，就这样一直持续到分娩。在孩子出生的第3天，他们为了测试孩子对出生前所听的音乐有无记忆，将孩子绑在试验的椅子上，下颌用托架托住，让他既能吸奶，双手也能自由活动。当他听见在子宫内听惯的音乐时，就会出现有节奏的吮奶动作，双手也随着音乐作出有节奏的摆动,当音乐停止或改放其他音乐时,婴儿就不再吃奶,双手也不再摆动或虽有摆动但也不规则了。这个试验说明,胎儿在出生前便可接受教育,因为孩子在胎儿期有记忆,出生以后有回忆。

俄罗斯人的胎教

据我们所知,俄罗斯人历来是十分关注胎儿教育的,历史上曾经涌现过不少著名的儿童教育家,民间的育儿经验也十分丰富。他们的孕妇常唱优美的俄罗斯民歌给胎儿听,参加欢快活泼的民间音乐会、舞会,有教养的孕妇总会去音乐厅听优美的音乐演奏,去艺术博物馆看名画,在家读精美的小说散文,这使得不少俄罗斯孩子具有较高的艺术素质,无论在音乐、舞蹈、体操、绘画、文学等方面都表现出相当高的天赋,从而使这个民族在艺术上显得得天独厚。

第二章

胎教的可行性

◎ 胎儿有视觉吗

◎ 胎儿有触觉吗

◎ 胎儿有嗅觉吗

◎ 胎儿有味觉吗

◎ 胎儿有记忆能力吗

"好孕"干货
尽在码中

科学备孕有指导，
胎教干货跟着学。

胎儿有受教的生理

胎儿的大脑怎样发育

做父母的都想得到一个聪明伶俐、活泼可爱的好孩子，然而，聪明孩子的前提却取决于胎儿期大脑的良好发育情况。现在我们就来看看胎儿的大脑是怎样发育的。

早在受孕后的第20天左右，胚胎中已有大脑原基存在；妊娠第2个月时，大脑里沟回的轮廓已经很明显；到了第3个月，脑细胞的发育进入了第一个高峰时期；妊娠第4～5个月时，胎儿的脑细胞仍处于迅速发育的高峰阶段，并且偶尔出现记忆痕迹；从第6个月起，胎儿大脑表面开始出现沟回，大脑皮层的层次结构也已经基本定型；第7个月的胎儿大脑中主持知觉和运动的神经已经比较发达，开始具有思维和记忆的能力；第8个月时，胎儿的大脑皮层更为发达，大脑表面的主要沟回也已经完全形成。

据有关报道，胎儿的脑从妊娠6个月起就已具有140亿个脑细胞，也就是说已经基本具备了一生中所有的脑细胞数量，其后的任务只是在于如何提高大脑细胞的质量，若想再增加一些脑细胞，恐怕是回天无力了。

胎儿在子宫内怎样学习

人们发现，婴儿从出生第一天起就能辨认出母亲的声音，而且对这种声音表现出极大的兴趣。法国学者曾经对一些婴儿进行过法语和俄语的选择试验，结果发现他们对法语发音反应更为强烈。就说明了这样一个问题：这个小生命在胎儿时期就已经具备了学习能力。

人们都说婴儿是一张白纸。其实，早在胎儿时期这张白纸上就已经开始描绘图画了。瞧，深居在母亲子宫内的小生命伸出小脚来探测他的胎盘——这是什么东西。经过几个回合的研究，他终于放心了，确认这是一个柔软、安全的物品。一个偶然的机会，胎儿的手碰到了漂浮在旁边的脐带——这又是什么东西。很快，脐带就成了胎儿的玩具，一有机会便抓过来玩弄几下。对于包围他的羊水，小生命更是潜心研究，不时地吞咽几口品尝一下。母亲子宫的血流声、肠道的蠕动声以及心脏的搏动声，对于胎儿来说无异于一首美妙动听的曲子，统统被收入大脑，储存进记忆系统，以至出生后依然念念不忘。对于外界传入的音乐声，胎儿也颇感兴趣，转动头部，让耳朵贴近外部世界认真倾听，久而久之，一旦这种声音传来，胎儿便产生一连串的动作作为反应。

总而言之，子宫内的小生命具有出色的学习能力，他将利用一切可能的机会抓紧学习。他学习吞咽、学习吮吸、学习运动、学习呼吸……当然，他还是一个小小的"心理学家"，通过母亲传递过来的一切信息揣摩着母亲的心绪，学习心灵感应。鉴于胎儿这种潜在的学习能力，母亲在妊娠期间，尤其是后半期应加强与胎儿的交流，及时施行早期胎教，通过各种可能的渠道，使胎儿接受有益的刺激，获得良好的胎内教育。

胎儿在聆听世界

1. 科学家的深思

出生几天的婴儿，哭闹是常有的事。如果母亲把婴儿抱在左胸前，婴儿会很快安静下来，歇息入睡。这也许并未被年轻妈妈注意，却引起了科学家的深思，这是因为，胎儿在母亲体内时就已习惯了母体血液流动的声音和血管的搏动，出生后，婴儿的耳朵贴近母亲的胸脯，这种声音和跳动，把婴儿带回昔日宁静的日子和安全的环境中，这种早已体验过的安全感，是任何优美的催眠曲无法比拟的。

这使人们自然联想到胎儿的感觉器官和功能的发育。胎儿的眼、耳、鼻、皮肤等感觉器官，在妊娠早期就已形成，但功能的建立和发展，则是妊娠中后期的事，这也和感觉的司令部——大脑的发育有关。妊娠4~5个月，脑的结构已日趋完善，胎儿的各种感觉就逐渐发挥了作用。譬如，妊娠中期，胎儿对声音已相当敏感。这声音既包括母体体内的声音（如大血管的搏动，其节律是与心脏相同的，这也许是胎儿出生后对母亲心音亲昵的缘故），子宫动脉和脐带血管的搏动以及肠蠕动等，也包括母亲体外的声音（如外界的各种响动）。有人发现，孕妇的一次大声喷嚏，也会使胎儿为之一惊，这说明，母亲与胎儿已建立起一套信息传递系统，形成一个母子统一体。

2. 子宫内的"小窃听者"

据最近的研究结果显示，自妊娠6个月起，胎儿就开始不断地"凝神倾听"。妊娠期间，母亲的腹内（子宫）是一个非常"嘈杂"的场所，因此，有大量的声音传入胎儿耳内。在传入胎儿耳内的声音中，最为嘈杂的是母亲胃内发出的咕噜咕噜的声音。另外，即使是父母比较低微的谈话声，胎儿也会全神贯注地倾听。

但是，对胎儿所处环境影响最大的声音，是母亲那富有节奏的心脏搏动声。如其节奏正常，胎儿就会知道一切正常，即胎儿会感到所处环境安全无忧。

何以见得呢？随着现代医学的发展，借助于B型超声波诊断仪，人们已能观察到胎儿在母体子宫内的活动情况，以及吞吐羊水的有趣模样。胎儿能接受外界的刺激，并作出反应：当胎儿听到音响时，胎心音会变快；听到汽车的喇叭声时，会出现频繁的胎动；用光照射孕妇的腹部，胎儿会有眼球活动。在聊天中，做母亲的也常常讲起自己的亲身体会：猛然一下关门声，腹中胎儿竟会缩成一团；置身于车水马龙的街头，噪声与喇叭声常会引起频繁的胎动。

有人还做了这样一个实验：在妊娠期间，父母给胎儿起一个小名，并常常向腹中的胎儿呼唤他的小名。胎儿出生后，当他听到呼唤他的小名时，会突然停止吃奶或在哭闹中安静下来，有时甚至会露出似乎高兴的表情。这项试验结果在一定程度上说明，胎儿不但具有听力，而且有一定的领悟能力。

据数年前的研究对照结果，在新生儿室内给一部分新生儿播放心脏跳动的录音时，听到这种录音的新生儿比没有听到这种录音的新生儿表现得活泼，饮食和睡眠状况良好，体重迅速增加，呼吸能力不断增强，不爱哭闹，不易生病。

专家们认为，胎儿在宫腔内被羊水包围，是生活在一个水环境中，而水对声音具有选择过滤作用，它能除去一部分低音，对高音则有较多的保留，故胎儿对声音具有很强的敏感性。

3. 听觉在胎教上的重大意义

听觉系统是胎儿与环境保持联系的主要器官，也是进行听力训练即音乐胎教的物质基础。因此近年来人们对胎儿听觉机能研究越来越重视了。到20世纪

80年代，人们用现代科学技术对胎儿听力进行测定，除证明胎儿有完整的听力外，进而提出胎儿在子宫内能接受"教育"，进行"学习"，并形成最初的"记忆"。这种新的认识，为胎教提供了科学依据。

随着对胎儿听觉系统的研究，胎儿若患先天性耳聋，在子宫内就能得到诊断，当他出生后，可进行早期听觉训练，为避免部分儿童失去听觉提供了可能。

胎儿在腹内是在认真听吗

胎儿的听觉系统在怀孕期间就已大部分形成，因此，胎儿一直在腹内倾听着各种各样的声音。为此，我们做过一些实验：将诗句录入磁带，在母亲的腹部放给胎儿听，结果发现孩子出生以后，对磁带中的诗句有明显的反应。另外，住在噪声很大的机场附近的产妇所生的新生儿，很少有因为巨大声音惊吓啼哭的情况，因为他在胎儿期就已经听习惯了。

别人都哄不好的孩子，由母亲来哄就很容易停止啼哭，因为他能记得在母腹中听到的母亲的声音。

胎儿听得最熟悉的是母亲的心跳吗？是的。母亲心跳的声音是胎儿在母体内听得最熟悉的声音。

胎儿听觉何时发育

研究表明，在胎儿的几种感觉器官中最为发达的就是听觉系统了。早在受孕后第4周，胎儿听觉器官已经开始发育，第8周时耳廓已经形成，这时胎儿听觉神经中枢的发育尚未完善，所以还不能听到来自外界的声音。到了第25周，胎儿的传音系统基本发育完成，28周时胎儿的传音系统已充分发育完成并可以发生听觉反应，至此，胎儿就已经具备了能够听到声音的所有条件。

胎儿对声音具有分辨能力吗

研究结果证明,胎儿对声音具有分辨能力,对不同的声音产生不同的反应,如对不同的音乐产生不同的喜恶表现。1985年美国妇产科杂志发表了题为《唤起胎儿惊吓反应——一种供宫内神经检查的方法》的科学研究报告。

该报告称此项研究是经"人类研究委员会"批准的。30位受试孕妇是曾分娩过正常婴儿的志愿者,她们躺在安静房间里接受B型超声波诊断仪对胎儿做实时扫描检查。转换器放在允许看到胎儿前臂的长轴上,人工喉轻放在母腹的胎头所在的方位上。每隔5分钟人工喉发声一次,每次发声3秒。30名孕妇的胎儿总共接受100次声波刺激,结果每次均可见胎儿前臂立即运动,每次运动的时间平均为(8.2±2.3)秒。重复对同一个胎儿的声波刺激,可反复产生抬臂运动的反应。

该报告肯定了一个健康胎儿在听力建立后,可做母体外的声响唤起胎儿惊吓反应。结合正常新生儿受声音刺激产生突发的惊吓反应中所表现出的臂动现象,说明胎儿能听见母体外的声音。专家们认为用声音唤起胎儿惊吓反应的方法,可用做检查宫内胎儿神经发育的一种定量反应的手段。

美国佛罗里达大学医学院和芝加哥伊利诺大学医学院妇产科,由医学博士等人做了胎儿对声音刺激反应的实验研究。证实了舒缓轻柔音乐和强节奏迪斯科对胎动和胎心变化有不同的影响。如给胎儿以强节奏迪斯科音乐刺激时,胎动次数明显增加,胎动幅度也增大,厉害时伴有胎心率增快和抽泣样呼吸;当给以轻柔舒缓音乐刺激时,胎动次数明显减少,心率减慢,胎儿甚至处于安静睡眠状态。

胎儿有视觉吗

胎儿的视觉发育比其他感觉的发育缓慢,其原因是显而易见的。即子宫虽说不是漆黑一片,却也不适于用眼睛看东西。然而,胎儿的眼睛并不是完全看不见东西,从胎儿第4个月起,胎儿对光线就非常敏感。母亲进行日光浴时,胎儿就可通过光线强弱的变化感觉出来。

对母亲腹部直接进行光线照射,有时会使胎儿感到不快。这时,即使胎儿不背过脸去,也会显出惊恐不安的样子。现代医学利用B超观察发现,用电光一闪一灭地照射孕妇腹部,胎儿心搏数就会出现剧烈变化。

刚刚生下不久的婴儿,视觉并不特别敏感,而且其视野比较狭窄,但不至于把一棵树看得像一个足球场那样大,这只不过是个比喻。其实,树木也好,球场也好,都不是新生儿所关心的东西。如果把一样东西放在新生儿眼前,新生儿能够十分清楚地看到那件东西。而且,新生儿还能够在离自己15~30厘米处分清自己母亲表情的变化。甚至还有报告说:新生儿能够在离自己3米左右的地方看清手指的轮廓。

艾伯特·赖利博士从理论的角度精辟地论述了这一点。据博士讲,新生儿视觉上的缺陷,至少还部分残留着胎内生活习惯的痕迹。如果说新生儿只关心30~40厘米以内的物体,那是因为这一距离与他所刚刚脱离的子宫长度相等。几年前日本的小林登教授用强光照孕妇的腹部,发现胎儿闭眼。近两年间发现,当摄影灯突然打开发出强光后,强光透过躺着的孕妇腹壁进入子宫内后,胎儿马上活动起来,要等几分钟适应之后,才使胎动减弱下来。为了避免因强光的热效应刺激孕妇腹部而引起的胎儿反应,北京天坛医院产科实验中把白炽灯泡浸入装水的玻璃槽内,光线透过装水的玻璃槽照在孕妇腹壁,然后光线透入子宫内,同样发现了受光线突然照射引起的胎动增强。

胎儿有触觉吗

上面已经介绍了胎儿的听觉和视觉,其实,胎儿的感觉功能远不止这些,胎儿还具有皮肤感觉(触觉)、嗅觉以及味觉等感觉功能。

胎儿的触觉出现得早,甚至早于感觉功能中最为发达的听觉。由于黑暗的宫内环境限制了视力的发展,所以胎儿的触觉和听觉就更为发达。妊娠第2个月时,胎儿就能扭动头部、四肢和身体。4个月时,当母亲的手在腹部摸触到胎儿的脸时,他就会作出皱眉、眯眼等动作。如果在腹部稍微施加一些压力,他立刻就会伸小手或者小脚回敬一下。有人通过胎儿镜观察发现,当接触到胎儿的手心时，他马上就能握紧拳头作出反应，而接触到其嘴唇时，他又努起小嘴作出吮吸反应。更为有趣的是，国外一些研究人员根据超声波图像报道，生活在子宫内的男性胎儿阴茎居然能够勃起。这一切都充分地说明了胎儿触觉功能的存在。

胎儿对触觉刺激的反应灵敏，对人工流产的研究进一步证实了这一点。如2个月的引产胎儿即可对细尖的刺激产生反应活动。胎龄4~5个月的引产胎儿，触及他的上唇或舌头，嘴就出现开闭活动，好像是吮嗫的样子。用胎儿镜还发现，如果用一根小棍触碰胎儿的手心，他的手会握紧手指，碰他的足底，他的趾可动，膝和髋还可屈曲。

胎儿有嗅觉吗

胎儿的鼻子早在妊娠第2个月就开始发育，到了第7个月，鼻孔就能与外界相互沟通。但是，由于被羊水所包围，他虽然已经具备了嗅觉，却无法一展身手，自然其嗅觉功能也就不可能得到较大的发展。尽管如此，胎儿的嗅觉一出生就能派上用场，新生儿在吃奶时能闻出母体的气味，而且以后只要他一接近母亲就能辨别出来。

胎儿有味觉吗

同鼻子一样，胎儿的嘴巴也发育于妊娠第2个月。在妊娠4个月时，胎儿舌头上的味蕾已发育完全。尽管羊水稍具咸味，胎儿还是能够津津有味地品尝。新西兰科学家艾伯特·利莱通过一个简单的实验证明胎儿的味觉在4个月时已经出现。他在孕妇的羊水里加入了糖精，发现胎儿正以高于正常一倍的速度吸入羊水。而当他向子宫内注入一种味道不好的油时，胎儿立即停止吸入羊水，并开始在腹内乱动，明显地表示抗议。

胎儿有记忆能力吗

这是一个有争议的问题。有人认为从妊娠第4个月开始，胎儿的大脑中已经偶尔会出现记忆痕迹；也有人认为8个月以前的胎儿不可能具备记忆功能，但同时又认为记忆能力从胎儿期就已经开始萌芽。目前医学界多数人都认为，胎儿具有记忆的能力，而且这种能力还将随着胎龄的增加逐渐增强。

这是一个有趣的例子，讲的是钢琴家鲁宾斯堤、小提琴家梅纽因以及乐团指挥罗特等人的经历。在他们的演奏生涯中都曾对一些从未接触过的曲子"似曾相识"，即使不看乐谱，乐曲的旋律也会不由自主地在脑海中源源不断地涌现。究其原因，发现原来是他们的母亲在怀孕时曾经反复弹奏过这些乐曲。加拿大哈密尔顿乐团的指挥鲍里斯在一次演奏时，一支从未见过的曲子突然在脑海里出现，而且十分亲切，这使他迷惑不解。原来他的母亲曾是一位职业大提琴演奏家，在怀鲍里斯时曾多次演奏过这支曲子。一位名叫海伦的妇女经常给她腹中7个月的胎儿唱一首摇篮曲，等孩子出生后，不论其哭得多么厉害，只要海伦一唱那首摇篮曲，孩子立即就安静下来。这些例子都无可辩驳地说明了这样一个问题：胎儿具有一定的记忆能力。

为什么记忆从胎儿开始

德国医生、催眠疗法的先驱人物保罗·比库博士，治疗过一位男性患者。这位患者的情况清楚地证明了胎儿期的潜在记忆对人的一生将产生巨大的影响。这位患者感受剧烈不安时，全身常出现暂时性发热感觉。

为查明原因，比库博士将患者引入睡眠状态。于是这位患者渐渐回到胎儿时期，回想起当时发生的重大事情。他在讲述胎儿7个月以前的情况时，语调平缓、神情自若。当开始讲述其后的情况时，突然嘴角僵硬，浑身颤抖，身体发高烧，露出惊惧的神色。显而易见，这位患者回忆起了导致他出现这一症状的胎儿时期的体验。然而，其原因何在呢？数周后，博士走访了这位患者的母亲。据患者的母亲说，当她妊娠7个月后曾洗过热水浴，试图堕胎。

在出生前数月内，胎儿的行为渐趋复杂、成熟，这是因为迅速增大的记忆储存促进了自我形成，并开始引导胎儿行为的发展。

在某一个阶段，人的对立情绪皆起源于记忆，不管这一记忆是有意识的，还是无意识的。譬如说，比库博士所治疗的男患者，在他的记忆中并未储存不安的发生源，但从其发生源中产生的恐惧却并未因此而销声匿迹。因为20年来，胎儿期的深刻记忆一直潜在地支配着这一患者的行为。每个人都有自己所忘却的记忆，但这种记忆，却正在无意识地对人们的一生产生着巨大的影响。

胎儿能上学吗

在母亲腹中的胎儿能够到学校学习。这话听起来挺可笑，但这的确是事实。

近年来，胎儿教育越来越受到人们的重视。美国加利福尼亚州成立了一所胎儿大学，担当教员的有产科医生、心理学家和家庭教育学家。怀孕5个月的妇女便可入学，在教员的指导下，孕妇用扩音器对胎儿讲话，同时用手在腹部做各种示范动作，与胎儿做游戏，如推、拍、摇、抚摸等。选择一些优雅动听的音乐让孕妇和胎儿听，有时还让孕妇唱一些歌曲。

另外选择教胎儿一些最常用的词汇，包括牛奶、打嗝、笑笑、看看、尿尿等。给胎儿起一个动听的乳名。按时上课，按时休息。经过一段时间的学习，胎儿出生时已懂得大约15个词汇和其中的意思，并能对这些词作出反应。在我国，怀孕的妇女可和家人制订胎教计划，在家上课。

胎儿的性格与习惯

胎儿和新生儿的区别仅在于是否经历分娩这一过程，其实作为一个具有能力的人来说，两者是没有本质区别的，他们都有自己的性格。比如，刚出生的新生儿有只爱睡觉的，有睁着眼睛东张西望、手舞足蹈的，也有低声长时间哭泣的；胎儿也一样，有爱动的，也有不爱动的，他们的性格特征随母亲的环境和母子组合的不同而呈现不同特点。

研究报告证明，若对孕妇施以雌激素和黄体酮（或是其中之一），那么所生的孩子就具有明显的女性特征。另一个事实是，由于所服药量与行为有密切联系，所以，同时注射了雌激素及黄体酮等雌激素化合物的孕妇所生的孩子，与只注射雌激素孕妇所生的孩子相比，前者更具有女性特征。胎儿过分接受母体的特定激素，就会引起器官上的变化，使胎儿的性格发生变化，从而导致胎儿出现先天的性格变异。这种先天的异常，不仅表现为行为上的异常，心神不宁，性格变异，而且还表现为缺乏男孩子气质或女孩子气质。

黄体酮和雌激素均为孕妇血液中常见的激素，其分泌量的多少取决于孕妇植物神经与中枢神经互换信号的平衡状态，控制这种信号的正是孕妇日常精神状态，即孕妇的思维、感觉、行为和语言。由此看来，胎儿的个性和母亲妊娠期间的环境、生活方式、身体状况有密切的关系。因此，为了培养胎儿良好的性格，孕妇就必须调整好自己的精神状态，在此前提下对胎儿实施的科学胎教才能有所成效。

据瑞士小儿科医生舒蒂尔曼博士的研究报告分析，新生儿的睡眠习惯是由母亲在怀胎后数月内决定的。舒蒂尔曼博士在此项研究中将孕妇分为早起和晚睡两种类型，分别对她们所生的孩子进行了调查，结果是早起型的母亲所生的孩子一生下来就有早醒的习惯；而晚睡型母亲所生的孩子，一生下来则有晚睡的习惯。这表明，胎儿在母亲腹中就会准确地适应母亲的日常生活节律，他的习惯与母亲的习惯密切相关，而且出生前就与母亲存在"感通"。据舒蒂尔曼研究，在胎儿出生前的数月内，母亲和胎儿就已经能把生物节律和情绪相互连接在一起了。出生后母子间的"感通"是出生前就早已存在的那一"感通"过程的延续。因此，"感通"不仅为胎教提供了科学的依据，也是胎教实施的途径。

从实验看胎教

　　关于胎教是否有利于优生，国外行为遗传学家设计了一个被称之为"丰裕环境"的实验。科学家们安置了2个不同的环境，分别饲养了2组大鼠，饲养在"丰裕笼"里的大鼠，可以享受充足的美食、舒适的洞穴，有好玩的云梯、转车、跳板、滑绳，还有它们喜爱啃的木头、磨牙的物品等；而对照组小笼里的大鼠，则除了给予充足的饲养和水之外，没有任何玩耍条件。经过一段时间饲养后，对比发现，2种饲养条件下的大鼠其脑重量、同神经有关的酶的比例、神经的解剖形态都有显著的差异。1970年，科学家研究了"丰裕笼"鼠室里出生的544只小鼠的脑平均重量后还发现，鼠脑重量随着母体条件优化而增加。由此可见，环境的复杂性不仅能增加鼠脑重量，而且能增强其生存适应能力。

　　针对此实验结果，专家们认为，基因决定遗传行为，比如"老鼠的儿子会打洞"，这些基因在自然选择过程中受到优待，从而不断强化了祖辈的适应性行为。同理，"丰裕环境"下的大鼠，其适应环境的遗传基因被强化了，所以其孕育的后代要比普通笼中的大鼠所生的后代更聪明，这正说明了良好的孕胎环境对强化基因的重要作用。

　　让我们再看一组科学家的胎教实验。在某家医院的育婴室里，让实验组120名正常的新生儿夜以继日、毫不间断地听一种复制的85分贝、每分钟72跳的正常心搏声，除每隔4小时送往母亲处喂奶这一短暂间断外，婴儿所有时间都在育婴室里；对照组的120名正常新生儿则安置在另一间没有心搏声的育婴室里。4天后，听心搏声的新生儿70%增加了体重，而对照组的新生儿只有33%增加了体重。实验还对2个育婴室里的新生儿哭叫的时间进行了测算，结果显示，听心搏声的新生儿哭叫时间占38%，而对照组新生儿哭叫时间为60%。由于这2组新生儿的饮食没有重大差别，因此有理由相信，由于听心搏声的新生儿哭叫时间少，从而帮助他们增加了休息。

　　从表面上看，这个实验是在测定新生儿对心搏声的反应，实际上它是在模拟胎儿在出生前所处的母体环境，并力求探索胎儿对这个生前环境的感觉。毫无疑问，每一位母亲都有心搏声，而且这种节奏均匀的声音一刻不停地伴随着胎儿直到出生，胎儿熟悉这种声音并有一定的习惯感和印象。

再看这样一个有趣的实验：日本的幼儿教育家井深先生请播音员录制了小林一茶的俳句："秋风扶枝摇，飒飒落叶遍地飘，猫儿追逐跳。"之后，他将录音带交给孕妇请她每天听2次，每次3分钟。由于这句俳句有一种独特韵律，这样一来使深居子宫内的胎儿反复受到这种声音的刺激。新生儿出生后2~6天，实验人员分别对在母亲体内听过此俳句和从未听过此俳句的2组新生儿进行测试，即让他们听上述俳句、其他俳句和普通讲话3种录音带，看2组新生儿听后分别产生什么样的反应，观察指标是记录新生儿的心脏跳动次数。结果，发现了一个十分有趣的现象：在胎儿期从未听过俳句的新生儿，听了这3种录音带后都表现出了相同的反应；而在胎儿期反复听到上述俳句的新生儿，再次听到上述俳句时反应比较稳定，而听到其他句子时则显示出强烈的反应。由此可见，新生儿能够把在母体内一直听过的俳句同其他相似而又不同的俳句准确地区别开来。

对此实验结果，研究了20多年幼儿教育的井深先生认为："新生儿在母亲体内听过'秋风'俳句以后一直把它记在心上，当他再次听到这首韵律相同但内容不同的俳句时，作出反应'这是什么呀？'"

总之，上述几个实验都证明了胎儿在母体内对声音、语言的反复刺激有记忆能力，这就为胎教的科学性和可行性找到了依据，同时也证明了胎教的切实作用及意义。

胎教成功案例

教出4个天才儿童的"实子·史赛狄克式"胎教

利用"实子·史赛狄克式"胎教法调教出4个智商160分以上天才女儿的消息，曾被《妈妈宝宝杂志》报道过。如果你有兴趣，也不妨试试看！

这个世界瞩目的天才家庭，居住在美国俄亥俄州，全家共6口，爸爸是乔瑟夫·史赛狄克，妈妈是日本人实子，大女儿苏珊，二女儿丝特姬，三女儿丝特法妮，四女儿乔安娜。令人瞩目的是，这四位姐妹智商全在160分以上。

大女儿苏珊5岁时从幼儿园直升相当于我国初中二年级，10岁时取得进大学考试资格，以接近最高分入榜，成为全美最年轻的大学生。

二女儿丝特姬也不逊色，13岁时也成了堂堂的大学生。

本来才该上小学的三女儿丝特法妮已在高中求学。

小女儿乔安娜9岁就已是中学三年级学生。

除了这些辉煌的学业成绩之外，他们的这些天才女儿也不是死读书本的书呆子。她们都有特殊的专长：

苏珊精于弹钢琴。

丝特姬好赋诗词。

丝特法妮热衷于电脑。

乔安娜偏爱画画。

四姐妹个个智商高，精力充沛。一般人都以为，智商高低是来自双亲的遗传。但是，史赛狄克夫妻的智商也不过120分左右，实在称不上是天才。然而，这样一对夫妻，为什么能培养出天才儿童呢？其实，这是胎教的功劳。

1. 怀孕5个月起开始"子宫对话"，教胎儿所有的知识

好的胎教基础是："胎儿已是独立的个体，拥有无限的能力。这能力不是来自遗传，而是通过正确的程序设计，和睦家庭的爱实行胎教获得的。"

最具体的胎教，是以妈妈拥有平和、开朗、优雅的心为根本，再加上与胎儿的沟通，实子称它是"子宫对话"。

对肚子里的宝宝说话、唱唱歌大家都会做，但是实子做得更彻底。她从怀孕5个月一直到宝宝出生，每天都有课程，从最初的基本单字、数字、加减算法、自

然界现象到社会知识，全部都教。实子用大声朗读的方式，将内容悉数反映在自己的脑子里，再传达给体内的胎儿。

2. 宝宝出生2周后会说话，9个月大就能识字

像实子这样做，真能传达到胎儿的脑部？实子认为并非不可能。

人类的脑部由内至外，分别有古皮质、旧皮质和新皮质3层，胎儿的脑部发育，也依此顺序生长。其中，以最外层的新皮质最发达，这是人类的特征。与其他动物不同的是，这层新皮质是人类进行智能学习、精神活动的地方。相对地说，"先天情报"更不容易输进去，就像一部性能不错却不能输进资料和程序的电脑。而实子的胎教法，恰好是像为胎儿打开开关一样，将大量好的情报输了进去。

做这项胎教课程时，有一重要的要求是：妈妈要有持续不断的爱心、关怀和安定的心。

结果，大女儿苏珊生下第2周，已会说"吃奶""妈妈""漂亮"等词汇，3个月大时，会说简单的句子。9个月开始学走路时，已能读文字了。

看到实子的这番话，你是否有所感触而改变以往对胎教的看法？对她自创与胎儿对话、沟通的"史赛狄克胎内教育法"有兴趣的人，不妨试试，你的宝宝很可能就是未来的天才儿童。

智能教育在胎儿期最有成效

1. 胎儿出生到2岁期间，最好激发所有智能因子

女作家三石由起子曾以自己教育3岁儿子和4岁女儿的经验，写了一本《创造天才儿童》（For You出版）的书。她在书中提道：

"现代的'才能教育'，应该以胎教当作启蒙。我是在孩子3岁和4岁时开始做的，当我愈了解孩子的天赋时愈后悔，自己做得太慢、太迟了。如果让我重新来，我一定从'胎教'开始做启蒙工作。因此，当我瞥见大腹便便的准妈妈，都会忍不住由衷羡慕她们，有更好机会启蒙孩子。"

为什么三石由起子如此关心宝宝的早期教育？她的动机是什么？说起她的教育观念，其实是从看到《奇迹之子·杜兰》这本书时开始的。这本书是关于一位母亲，为了让智障孩子获得比一般孩子高的智能，依照美国脑研究权威学者格兰·杜曼的《脑部活性法》理论，进行启蒙教育的真实报道。

杜曼的理论很简单。他认为，人体内脑细胞极多，但有关脑部的运作，到目前为止科学尚无法解释。不过，可以确知的是，一旦脑部有一处坏死，其他部分便会加以弥补，发挥替代效果。

三石由起子心里在想：这个训练智障儿的方法是不是可以应用到脑部发育还未健全的幼儿身上？

一般而言，人类的大脑约在8岁时才发育完成。而且年龄层愈低，脑部的发育速度愈惊人。如此推算，便回归到胎儿时期。

据说人有102个智能因子。这些因子若在幼年时期不使用，就会死掉。如果曾经受刺激开发过，就会像睡觉一样，再经刺激就会自觉醒来。像孩子升上中学，成绩突然变好的情形，就是因为胎儿时期受过刺激，而到中学时期才自觉造成的。所以，一切刺激智能因子的方法，应该从胎教时期开始，持续到0岁、1岁、2岁时期。

2. 对没反应的小生命进行胎教是种信仰

三石由起子提醒跃跃欲试的妈妈们，胎教需要有相对的觉悟。也就是说，对没有任何反应的胎儿灌注"能源"，并不是一件容易的事，需要持之以恒。

"妈妈若看到孩子有喜欢的反应，自然会有想为孩子多做些事情的感觉，但对看不见反应的胎儿说话，从旁人角度来看，实在是有些不正常。所以，我常觉得胎教是一种'信仰'，不下定决心就无法做好。我常说一句话，怀孕中的妈妈持有青云般的崇高志向，将自己的胎儿当作最珍贵的资产，唯有持这种态度，才能持续维持胎教的热诚。"

3. 怀孕期间亲手做教材也是一种胎教

说归说，实际上要怎么做才会刺激胎儿的脑部，增进智商呢，这是一个问题。三石由起子认为，只是对宝宝说说话，起不了什么作用，应该设计更高的课程。

譬如，在怀孕期间，亲手制作一些"幼儿教育"使用的原始教材，每天读给胎儿听，也是一个方法。

这里介绍三石由起子对自己的两个孩子进行"个人幼教"的示范，供大家做个参考。她准备了一些稿纸，一册册用钉书机装订。要教"眼镜"这个名词时，她就在第一页中央贴一张从杂志剪下来的眼镜图片，或自己涂鸦，然后在最上面写文字"眼镜"，下方写注音符号。在下一页写"眼睛不好的人要戴眼镜"，次页再写"眼镜有两个镜片""透过镜片，眼睛不好的人会看得更清楚""眼镜是眼睛不好的人，借以看清楚东西的工具"。如此，将眼镜用浅显易懂的话加以说明。

建议准妈妈不妨在闲暇的时候，准备类似这样的教材，作为胎教的依据。

此外，每日朗诵歌词，也颇有效果。待宝宝足岁开始学说话时，以前妈妈口诵的句子，早就潜移默化深植在他的脑子里了。

胎教，丰富多彩的音乐之旅

1. 音乐开启了天才的心扉

孙素意家出了一位天才儿童，这位天才是她的女儿——刘航安。当别人问起女儿今天的成就，她会笑着说："这是自己刻意制造安排的。"目前在科隆国家剧院交响乐团担任竖琴首席演奏的女儿，无疑是孙素意引以自豪的掌上明珠，也是世界乐团争相邀请的出色演奏家。

孙素意结婚时28岁，而先生已届不惑之龄。这样的组合，曾令他们担心不孕。然而，老天爷终究是慈悲的，在新婚燕尔期间孙素意怀孕了。也许是天注定，他们给孩子起了刘航安的名字，取航行平安之意，果真应验了妈妈的期盼，日后忙碌地奔波在世界各地。

11岁就以天才儿童出国深造的刘航安，自小即流露出对音乐的特殊喜好。当然，这必须归因于母亲的胎教成功。

据她所说，怀孕时期，由于尚就读于师大主修钢琴，每天念书认真的态度和不间断的练琴，无形中陶冶了小生命的音乐感。另外，晚年得子使他们不论何时都有一张笑眯眯的脸孔，心情愉悦。因此，刘航安从小就是人见人爱的甜姐儿，她性情开朗、乐观、上进。也就是这个无所畏惧的个性，支持她11岁离家远赴奥地利深造，继而在21岁时以杰出的成绩取得竖琴教师、钢琴教师与竖琴演奏家三张文凭，又于重要的世界比赛中脱颖而出，赢得无数的掌声。

2. 胎教是顺其自然

孙素意是一位充满活力、洋溢自信的女性。对于怀孕、生子、育儿，她有独特的见解。认为造万物者赋予女人生育权利，就该以健康心情去面对它，绝不能因怀孕而停止一切活动。

因此，怀孕时她照常做学生、教学生钢琴、做家庭主妇，认真地扮演生活中的每个角色。尤其是练琴方面，没有一天懈怠过，几乎整天沉浸在音乐世界里。自然小刘航安对美的事物就容易入神，听到音乐声便安静下来不肯离去，看书时能从图画中理解整个故事内容，小小年纪已具备了音乐发展的潜力。这使孙素意感觉到，这孩子是可造之才，应全力培养。

3. 胎教是开始不是终点

弹得一手好钢琴的孙素意是刘航安的启蒙老师。4岁学琴对小孩而言是件苦差事。但她认为，父母亲有责任延续小孩的兴趣，才不致胎教前功尽弃。一开始，丈夫觉得让4岁的孩子学琴太辛苦了。于是，她背着丈夫，在家里偷偷地教，结果，从一次次出色的表演中，丈夫才认同了她的教育方法。然后为孩子安排课程，聘请名师指导，训练她的胆识，才造就出现在的刘航安，使之为世界创造更多美妙的音符。

无尽地对话，宝宝会聪明

凌鸿健与李惠美，一对很可爱、很幽默的夫妻。他们儿子3个月大时就会叫

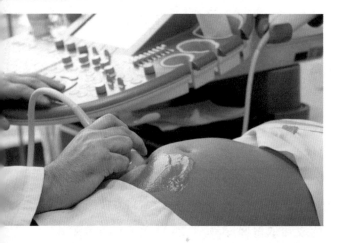

"爸爸""妈妈",而且是有意识地叫。让我们一起来听听他们的胎教经。

他们的儿子豆豆,一出生就会"啊啊……呜呜……"地与人对应;3个月有意识地叫"爸爸""妈妈";5~6个月会站、会简单地表达,懂得什么叫"危险",什么是"后面"等抽象名词;7个月会扶着婴儿床边的栏杆螃蟹似地走路,也能分辨左边右边;1岁会放手走步。现在他1岁8个月了,会自己穿袜、穿鞋。

每个人看到他都喜欢他,以为他生来就是这么聪慧敏捷,然而如果回顾李惠美的怀孕过程,你会发现豆豆并非天之骄子,甚至是7个月的早产儿。

1. 不算顺利的怀孕过程

他们才结婚一两个月就发现有了孩子。那时候的心情不是很平稳,一方面是因为结婚前太累,婚后即得了急性肠胃炎,所以怀孕前几个月都在生病。虽然毫无准备,但夫妻从没有过拿掉小孩的念头。电视台忙碌紧凑的工作,令他们喘不过气来;由于住家旁边就是菜市场,晚上睡觉很容易被吵醒。

心脏能不能负荷也是他们所担心的。鸿健曾有一个朋友患先天性心脏病,怀孕8个月突然暴死,死前无任何征兆。这事鸿健一直瞒到产后才告诉妻子,也因此,他常有事没事打电话给妻子,东聊西扯,只为确定"妻子还健在"。

5个多月时第一次照超声波,医师发现豆豆是"站"在李惠美肚子里的,两脚踩她的髋骨,头顶住她的肋骨,即使到后来按照医师的指示做胎位矫正运动,也改变不了他"与生俱来"的姿势。因此,她脊椎负荷比一般准妈妈大,水肿导致全身变形,血管也受到压迫,甚至到6个多月时胎儿压迫神经,造成她右半身完全麻痹。

待她赴医院检查时发现胎儿生长停滞,也就是和前一个月比没有明显变化,医师说可能是血液不流通造成胎盘供血不良,再拖下去对母体来说也很危险。于是医师要她请假休息,硬是"熬"到儿子不用住保温箱的体重——2500

克，随即剖腹产，那时她怀孕才刚满7个月。

2. 成人般地对话

虽然她怀孕前3个月生病，后4个月也不怎么舒服，但她的心情始终因为能拥有一个孩子而感到喜悦。打从小生命一"住进"她肚子开始，她就把他当成一个"人"来看待，而且是大人，不是小孩。所以像"风吹树叶摇摇摇""红灯停、绿灯行"都是她与宝宝常常说的话。

而且，她是真的说出来，完全融入情境地碎碎念，不管别人怎样看她。举例子来说：在怀孕三四个月时她去夏威夷玩，踩着细细的沙子直奔向大海，手拍打着浪花，兴奋地嚷着："哇！宝宝，你看，多清澈的海，多洁净的沙，多蓝的天……"倾尽每一个描绘的字眼，只希望肚里的孩子和她一样亲身经历和感受。

3. 对话时间多到数不清

李惠美和胎儿说话的时间可以说多到数不清。起床跟他说早安，描述今天的早餐、路边的风景、看到的人和事物等，进了公司在电脑前坐定，她就会告诉他："宝宝，妈妈要开始上班了喔！你要自己一个人乖乖的，别调皮，等妈妈工作完再陪你玩。"说来也好玩，从这刻起他就安静得像猫一样，很少乱动。

有几次她比较忙，忘了先和他打招呼，他一听到键盘敲打的声音，就"咚"地猛踢她的肚子，她只好跟他又是道歉又是安抚的，他才肯放她一马。

除了和豆豆讲中文外，她也和他讲英文，尤其是单词。他出生后，她依然维持同样的对话模式，中英文一起教，还帮他买了一套英语教材，现在的他，许多英文单词都能朗朗上口地读出来。

4. 和他解释生命无常的现象

怀豆豆的时候，由于任职民视的剪接，所有民众在电视上看不到的或被处理过的暴力、血腥画面，她都不能避免，像华航空难事件、埃塞俄比亚受难儿童。或许别人说准妈妈看这些画面是不好的胎教，但这就是她的工作，她反倒是用另一个角度对肚里的豆豆诉说她经历的这些人生百态：这些人很可怜，也是人生的一面，我们要寄予同情，慈悲为怀。

当时，李惠美并没有预想到这样做会为豆豆带来怎样的影响。然而令她惊讶不已的是，在豆豆才出生两三个月大时，听到新闻报道受虐儿事件，他没看，只是听，居然哭得稀里哗啦。是巧合吗？不，屡试如此。"九二一"地震发生不久，他们听收音机知道死了好多人，快满1岁的他又哭了；听到他们要把他的奶瓶、尿布捐给灾区的小朋友，他也欣然同意。

5. 爸爸教他看盘，他向爸爸报名牌

从怀孕开始，李惠美就逼着鸿健每天跟豆豆说话。刚开始，鸿健显得生涩而不太知道要说什么，几经"磨练"下来，他们父子俩居然能叽叽喳喳地"谈"上好一会儿。后来，鸿健还向豆豆分析股市行情，并且向他问名牌，用踢李惠美的肚子表示。嘿！还蛮准的，帮他自己赚了不少钱。豆豆就这样和爸爸培养了无比的默契，出生后听到爸爸的声音就很兴奋，爸爸唱歌他也会对应，甚至还在医院的那几天，只要鸿健推着婴儿车开始快跑，并喊："飙车了！"他就会高兴得手舞足蹈。对于股市，他也表现出浓厚的兴趣，才几个月大就会看盘，看到一片惨绿脸就拉下来，看到红海翻腾就笑容满面。当然，他也继承了爸爸的兴趣——摄影。现在豆豆也有一架照相机，只是他还是钟情于爸爸工作上使用的"高档货"。

6. 老公是我的支柱

怀孕的过程不尽顺利，让李惠美越发感激鸿健对她所做的一切。他很会逗她开心，疏解她工作上紧张的压力与情绪；当她水肿变形，大家都说她"丑"时，只有他不断地赞美她，说她可爱（现在看到孕期照片，她才知道他扯的谎有多大）；每个礼拜载她回娘家，还帮她游说公婆让她回娘家坐月子。

所以，虽然她处于紧张的状态居多，但因为得到适当的疏解，豆豆出生后不仅情绪调理得很好，也很懂得体贴大人，很讲理。五六个月大，听到加班的妈妈从公司打电话回来，他不发一语，一串串眼泪从眼角流了下来；他也知道妈妈因为剖腹产时麻醉弄伤了腰，总是自己走路，不会随便耍赖要她抱。从豆豆在肚子里时妈妈就当他是一个独立自主的"人"，她用大人的方式和他对话，用大人的方式和他相处。胎教是如此，他生出来后更是如此。她始终认为孩子什么都懂，所以她相信胎教，更重视日后的培养教育。

看新好男人如何取悦妈妈

自由作家及摄影师李宪章，是朋友眼中不可多得的新好男人。因为两个孩子出生后一切生活起居，奶粉、尿布的选择，游戏空间的布置及后来幼儿园的挑选，都是由他一手包办的。去年，《天下杂志》的《教育专刊》曾报道他与孩子相处的方法，让我觉得以他对孩子的细腻，应该可以谈谈做丈夫的如何参与妻子的怀孕过程。让我们一起来听听他的故事：

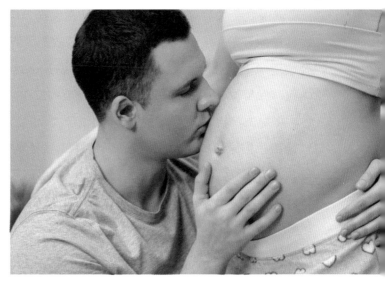

老实说，在我太太怀胎十月的过程当中，我并没有想过直接对胎儿做什么事以决定他的未来。因为在我的认知里，所有事实早在受精的刹那就已决定，而其他还未成形的则有待出生后培养，毕竟孩子有权选择他要走的路。然而母亲的健康与情绪却是胎儿健康的关键，因此，那段时间我一心只想着如何"取悦老婆"。

1.时时制造小惊喜

想想，年轻时谈恋爱是怎样取悦女友的？随时关照她的心情，投其所好。让生活中充满各种小惊喜。你会发现，那时的你不会等你的女友跟你抱怨或对你把话讲白了，你才有所行动；你可能细心到她连暗示都没暗示，你就"洞烛先机"了。这就是你让准妈妈快乐的方法。

其实，平常的时候我就很乐于取悦老婆，这是个性使然。只是当她怀孕后，我更加注意她的不便、心理变化与生活上的需求；而事实上她并不需要你如何大费心机，只要你主动关心，把她怀孕这件事也视为你的事，她就很满意了。

小·贴士

孕妈妈的各种情绪变化，可以引起神经内分泌系统的反应，释放各种神经递质和激素，通过血液影响胎儿和身心功能。如果孕妈妈处于忧郁、苦闷、悲伤、烦躁、激动、愤怒状态，可导致胎儿脑血管收缩，使大脑的供血量减少，影响中枢神经系统的发育。

就像我会去挑可爱的婴儿海报，贴在家里，让她看了就觉得开心；我会帮她挑喜欢的音乐，古典与流行不拘，买回来放给她听；买回怀孕书籍，我会先把各种孕产知识消化一遍后讲重点给她听；说笑话给她听，排解她忧郁的心情，让她随时保持愉快的状态，这是我每天重要的工作。

陪她做产检、做家事那就更不用说了；我也会注意她口味的改变，各种酸梅蜜饯在我们家的橱柜从没有缺席的时候；我甚至在这时候买了一辆车，一方面是载她上下班，一方面则考虑到未来有小孩出门较方便；即将生产前，我也帮她订好了坐月子中心，让她能无忧无虑地迎接小生命的来临；当然，一些关于传统忌讳的事情我们也不去碰，如准妈妈不在家钉钉子、不拿剪刀、不拿重物、不搬家等，以求心安。

2. 小事情也能发挥大作用

你会发现，老婆怀孕，我为她做的很多是"小事情"，这些事情看似很小，却能发挥比你所预期还大的功能。就像你知道她喜欢看某一部电影，让她自己去看和你把票买好了请她一起去看，那两种感觉是不一样的。她仍是一个独立的个体，我也没有改变自己什么，只是尽力营造了一个让她心情愉快、全心全意对生命充满憧憬的环境，而我所做的事就是取悦我的亲密伴侣。

正负两极的胎教经验

张淑华，是《张老师月刊》的前任执行主编，生产后即辞职做全职妈妈。但当女儿丁丁出生后，却带给她极大的挑战。因为怀孕时的焦虑不安，全都反映在丁丁身上，回想起那段倍感挫折又爱女心切的日子，张淑华只有一个感想：胎教真是太重要了。现在就让我们来听听张淑华的真情告白：

婚后，我们并没有避孕，想说自然就好，很快就有了好消息。然而我的工作状态并没有因为怀孕而改变。杂志社工作压力很大，晚上加班到10点、11点是司空见惯的事。到了怀孕中、后期，我先生连震黎实在看不过去，便将每天接我下班的时间往前提早到7点至8点，借以约束我早点结束工作。

1. 情绪紧张，严重失眠

虽然加班的情况终于获得改善，但是我的情绪依然紧绷，常累到无法入眠。失眠时，我只好起来看看书。有趣的是，每次我摸黑开灯，灯一亮肚子里的丁丁就动得厉害，非得十几分钟才能停下来。到了天亮终于能睡了，不过到了早上10点又得起床，开始忙碌的一天。晚上睡眠不足，白天只好硬撑，下午便靠咖啡提神，到了下班时一坐上震黎的车眼泪便自动流下来。不是因为情绪上的伤心，实在是眼睛和脑力已达过度疲劳的极限。

2. 孕期状况全版复制

怀孕时的紧张焦虑，完全表现在丁丁的身上。当我屡次见识到这个火爆姑娘的威力之后，我才明白了什么样的胎教生出什么样的宝宝。丁丁虽是女生，但脾气并不柔顺，倔得很，遇到不如意的事，她通常先是皱眉，涨红着脸，然后尖叫。如问题仍未能获得解决，她即会大哭一场，这时要安抚她可得花上一段时间。

睡眠状况也是应了"有其母必有其女"的箴言。丁丁从一出生也很会撑，我从来没看过一个初生婴儿这么困却无法入睡。她困又睡不着所以只好哭，做母亲的我只能抱着她给予安慰，经常持续1~2小时，耗光了所有精力后才能睡着。

然后，你以为就此天下太平了吗？不，刚出生时，丁丁大概每20~30分钟便会醒来，现在她比较大了，有时候能拉长到1~2小时。一个没有获得充足睡眠的宝宝是不会开心的。

她浅眠的原因也与我怕吵有关。还记得我为了躲出版社吵闹的声音而躲到餐厅去，丁丁出生后也是受不了噪声。只要一点点声音，哪怕是敲电脑键盘的声音，都能把她从睡梦中唤醒。所以我坐月子那段时间真够惨，婆家位于高架桥旁，一天24小时车声不断，丁丁从没睡好过，而我又喂乳，所以她没有吃几分钟就因体力不支睡着了。没睡多久又被吵醒，醒了觉得饿又再吃，恶性循环，没完没了。

另外，喝咖啡是我原本的生活习惯，虽然怀孕前6个月我禁止自己喝咖啡，可是到了后期还是因工作忙碌、精神不济而破戒。或许是这样的缘故，丁丁从出生后只要闻到煮咖啡的香味，便显得特别兴奋。

3. 均衡饮食为健康加分

丁丁的情绪虽然困扰着我，不过饮食上却从不挑剔，喂什么吃什么，因此她的体质也一直保持在高标准，健康情形令人欣喜。我相信，这与我怀孕时什么都吃有很大的关系。

另外，怀孕时我始终遵守姐姐告诉我的秘方：每天必定喝牛奶、吃苹果和新宝纳多，不知这是否是丁丁皮肤白皙、圆圆润润的原因，完全不像我和震黎那般瘦黑，许多人都说她实在不像我们的孩子。

4. 美好的生产经验

我还有另一个很好经验，那就是生产。从阵痛开始到生产，不过8个钟头，这是我的第一胎。由于丁丁很大，因此足月前我就按照医生的指示每天爬楼梯。当阵痛发生时我百般克制着，并浮想着美好的未来……在护士按压肚子5次后，4000克的丁丁娩出了，看到脐带还与我相连的她被医师举得高高的，我深刻感到生命的美好。

5. 幸福从孩子送你一个微笑开始

孩子总是令父母忙碌，然而，不管她多么令人为难，当她从满月开始送你一个笑时，所有的辛苦都觉得很值得，做父母的也终于知道自己为什么而忙。当然，整个过程中先生的支持与协助是很重要的，如耐心地倾听我心中的委屈，还陪我上拉梅兹课，和我一起体验生产的美感。

我的胎教经验让我深刻体会到胎教的重要性：如果每位妈妈怀孕时都能在情绪、饮食上为胎儿做准备，相信父母们在孩子出生后养育上遇到的挫折会比较少。

每天弹钢琴，教出小小音乐家

周丽珍，一家蒙特梭利幼儿园的园长，现育有一子一女。采访周园长，是因为她是蒙特梭利教育工作者，也拥有儿童心理学的学位，我相信她对胎教一定有独到的见解。让我们一起来听听她的胎教经：

我女儿的生日正好是我们的结婚纪念日，也就是才结婚没多久，我就怀孕了。在还不知道性别之前，心里深深期盼她就是女娃儿，等她长大后一定让她学音乐和舞蹈，给她一个机会编织那属于每个女孩的梦想。

1. 钢琴的启蒙

我在音乐领域的学习告诉我，胎儿在妈妈肚子里可以感觉到音乐的振动而非弦律，所以"敲击乐"是最适合胎儿的音乐。因此，每天除了固定练琴之外，我都会特别再找一段时间坐在钢琴前，弹单音给正好对着键盘的胎儿听，就这样一直持续到生产。临盆前夕，我又在市面上买了一套专给初生婴儿听的"心跳音乐"，从女儿千千一出生住在医院开始即放给她听，吃饭时听一种，睡觉时听一种，活动时再听一种。音乐由单纯的刺激变成了一种生活情境。或许你会好奇：睡觉也要听音乐？其实，睡觉时听音乐可以让宝宝养成好睡的习惯，即使在休息时有点"声响"也无所谓，免得他日后非"安静无声"睡不着或容易被声响吵醒，累了孩子也累了大人。

在千千5个多月时，我即带着玩的心情教她分辨高低音，左手按"咚咚咚"，嘴里说"这是低音"，右手按"当当当"，告诉女儿"这是高音"。神奇的是，在千千6个多月大的某一天，我又带着她坐在钢琴前，姑且一试地问："千千，高音在哪里？"她敲敲钢琴的高音；我惊讶地再问："那低音呢？"她敲敲钢琴的低音。起先以为这只是巧合，后来才发现她真的知道，因为我屡试不爽。

渐渐地，钢琴变成了千千的慰藉，只要她心情不好，带她弹弹琴就可化愁容为欢笑。故此令人欣喜，但当她半夜也吵着要弹琴时就麻烦了，我们怕会吵到邻居，于是踩住静音踏板，孰料，她愈敲不出声音，就愈用力敲，愈敲愈生气。

在千千1岁前后学说话的时期，她很爱乱唱，虽不见得成调，但却有一种说不出的和谐性。后来我们发现，许多曲调只要让她听个一两遍，就可以很轻易地跟着哼，她的音感很好，节奏感也很棒。4岁多时，千千就会模仿许景淳用声乐的唱腔唱歌；5岁多时，千千被朋友推荐参与一个儿童节目的主持工作，制作人试了她的音准，她连续以五个不同的音调把同一首曲子唱了出来，而且每个音都很准，在没有受过特殊训练的情况下，令在场所有工作人员都觉得不可思议。

现在她14岁了，会柳琴、竖琴、小提琴、钢琴，当然还学习舞蹈，没有满足大人虚荣心的逼迫，纯粹只因她喜欢音乐，而我们尽力提供她学习的环境。我想一切都起因于胎教。

2. 老二经验

老大这么用心做胎教，那么，对老二是否也一样呢？

就像许多妈妈一样，第一胎让做娘的太放心、太满意，自以为是基因"太优秀"的必然结果。再加上怀儿子时正值幼儿园开业未久，工作忙碌，胎教的事就这么被搁到一边了。等到儿子出生后，我才惊觉自己应面对墙壁罚站。弟弟不像姐姐那样具有音乐的天分，个性上也比较"叛逆"。

然而我觉得他在某一方面却表现出深受幼教胎教的影响，他不论对人或动物都特别有爱心，喜欢热心助人，也愿意与人分享。譬如，有一次我们全家开车上阳明山，途中看到有一位老太太在路边卖海芋，他很急切地请求我说："妈！我们把整桶的海芋都买下来好不好？这样阿婆就不用站那么久了，可以赶快回家了！"

所以，或许我可以大胆地下个结论，怀孕时你让孩子生活在什么样的环境，无论你是有心或无意，那都是胎教。

生活正常，宝宝健康脾气好

林丽喜目前担任达美乐比萨公司的训练部协理，她的胎教方式部分来自于一般母亲对怀孕的认知，只是她实行得格外认真、确切；另一部分的胎教方式则与佛教有关，那就是"念经文"。丽喜所做的胎教，其作用随着孩子的成长一一得到印证。让我们一起来听听她的胎教经：

说起我对老大玮玮的胎教，我把它分成几个部分。

1. 听音乐

首先是音乐。我没有大费周折特意挑选什么音乐，只是买了一张"黄韵玲胎教音乐"。我听，也给肚子里的儿子听。大概从怀孕6个月开始，每天晚上我便把随身听耳机的两端用胶带粘在肚子上，让儿子一直听到天亮。令人惊异的是，玮玮睡觉听音乐的习惯一直持续到现在，如果半夜偷偷把音乐关起来，本来睡得很熟的他就会"惊醒"过来。玮玮对音乐也表现出特别的喜好。出生后六七个月，听到好听的音乐就会拍手表示高兴；他在牙牙学语的阶段，成天都哼唱着。

2. 常和胎儿说话

我喜欢和胎儿说话，有空就讲，把我在做什么、对他的期待等都告诉他，也会要求爸爸睡前一定要和他说说话。也许在肚子里就建立了良好亲子关系，玮玮不仅语言发展得很好，和我们也有一种说不出的默契，很少无理取闹。

3. 作息正常

怀孕的时候容易觉得疲劳，所以晚上8点到8点半之间就上床就寝了，第二天大约6点钟起床，中午在公司还会小睡半小时，整个怀孕过程都维持这个作息模式。好玩的是，玮玮出生后一直到现在，我没有刻意养成他何时睡觉、何时起床的习惯，但他却自然而然和我怀孕时候的作息相吻合。

4. 三餐定时定量

我怀孕时吃饭时间固定，三餐吃八分饱就满足了，很少吃零食。玮玮现在也是如此，更妙的是，他从不吃副食品，一吃到鱼就整口吐出来，到现在仍坚持不吃鱼肉，怎么威胁利诱都没办法，只肯吃一点鸡肉。整体上偏好植物性的饮食，我想可能和我怀孕期间念经有很深的关系。

1985年2月14日的《人民日报》上，详细介绍了对胎教儿小津津的实验成果。他在4岁半时，就被武汉大学录取为少年科技预备班的学员进校学习，是当时年龄最小的大学预备班学员。

小津津的父亲是位医生，他吸取中国古老质朴的胎教学说中的科学成分，同时结合了现代医学知识，对小津津施行胎教。他非常注意给妻子调节饮食，让妻子在怀孕时期吃了许多高蛋白的食物，以及猕猴桃、梨、苹果、番茄、西瓜等维生素含量高的水果。

　　另一方面也相当注意环境对优生的影响，他们选了一个青山绿水、空气清新的地方度假，并且还注意调适心情，阅读一些有趣且轻松愉快的小说，看一些轻松又有益的电视或电影。1980年小津津出生，他的体重为4千克，出生时不哭只是笑，正因为他那副对任何事都津津有味的模样，大家才都叫他"小津津"。

　　到他半岁多时，当人们以汉语或英语说出他近处的物体，他就能用眼睛示意或用手准确地指出来；在1岁左右，他就知道自己身体各部位的名称与位置，并能指出心脏的位置；到1岁半时便能听懂英文及中文的一些常用语，并且认识英语字母表，数字能从1数到10，并会辨认16种不同的颜色；2岁半时懂得加减乘除及平方根等数学符号；3岁时已认得万以内的数字；4岁半时则能解一些初中一二年级的数学难题。他的智商测定为140以上，已超过了11岁年龄组的智商。

PART ②

胎教优生篇

第一章

优婚优孕

- ◎ 配偶的选择
- ◎ 婚前检查
- ◎ 受孕的必备条件
- ◎ 优孕要做的准备
- ◎ 受孕计划的制订

 微信扫码

跟着专家学干货
让你成功接"好孕"

严格选择配偶

优婚首先是择偶，即要严格选择配偶，这也是优生的首要条件。这里所说的择偶并非指对恋人的人才、品德、风度、学历甚至地位、财产的选择，而是围绕优生这个主题，对配偶进行以医学遗传学为基础的选择。夫妇双方的身体健康状况是家庭幸福的重要条件，更是保证子女健康的物质基础。

择偶的第一条就是禁止近亲婚配。远在春秋战国时代，古人就有"男女同姓，其生不蕃"的记载。我国《婚姻法》中明确规定："直系和三代以内旁系血亲禁止结婚。"直系血亲是指以本人为中心，垂直上下三代以内的血亲，包括父母、祖（外祖）父母、子女；三代以内旁系血亲是从祖（外祖）父母同源而出的男男女女，如兄弟姐妹（包括同父异母或同母异父），叔、伯、舅、姨、姑、堂、表兄弟姐妹等。因为近亲结婚，会增加隐性遗传的两个相同"病态基因"的结合机会，引起生育畸形儿、怪胎、低能儿、痴呆儿、流产、死胎等不良后果。因此，在法律上明确禁止近亲结婚，这就在最大范围内为优生创造了一个十分有利的条件。

如果在择偶时忽视健康条件，与严重的精神分裂症或麻风病人结婚，则下一代患遗传病的机会将显著增加。若本人患有一般性遗传疾病，如原发性高血压、动脉粥样硬化、糖尿病、先天性心脏病、重症肌无力、先天性哮喘、先天性聋哑和高度近视等，应该避免与患有同种遗传性疾病的人恋爱，防止同种遗传病人相互

婚配。因为这类病人之间婚配，其子代患与其父母同种遗传病的机会将显著增加。据统计，两个原发性高血压病患者婚配，其后代患原发性高血压病的几率将高达47%以上！

▮▍一定要进行婚前检查

优婚还要进行婚前检查，就是男女双方在办理结婚登记之前，到指定的医院由医生向男女双方进行详细的健康询问及家族遗传病史追询，并进行全身体检、生殖器检查及其他特殊检查。这是优婚的必要条件。有很多人对婚前检查不理解，认为是多余的，这种看法是错误的，婚前体检有重要的意义。

首先，婚前体检有利于下一代的健康。通过婚前全面的体检，可以发现一些异常的情况和疾病，从而达到及早诊断、积极矫治的目的。如发现是近亲结婚的或男女双方均罹患无法治愈的精神病或重度低能者，一定要予以阻止其结婚；发现患有性病、麻风病未治愈者，精神病处于发病期间者，以及罹患某些传染病如霍乱、伤寒、鼠疫、白喉、乙型脑炎、脊髓灰质炎、狂犬病、病毒性肝炎者，按规定仍处在隔离期内的患者，应暂缓结婚；如发现一方患有严重的常染色体显性遗传病，如强直性肌营养不良、软骨发育不全、双侧视网膜母细胞瘤等，或婚配双方均患有相同严重的常染色体隐性遗传病，如先天性聋哑、白化病等，或男女任何一方患有严重的多基因遗传病，如先天性心脏病、有高发家系的精神病等患者，可以结婚，但不能生育。

其次，婚前体检有利于优生，提高民族素质。据测算，广东省每年出生的先天畸形儿总数在5万~6万，约占出生人口总数的4%~6%，全省目前残疾人总数为270万，其中14岁以下残疾儿童达47万人，且有明显遗传倾向，整个广东省每年用于治疗和照顾新增病残儿的费用已高达5亿元。通过家族史的询问，家系的调查，家谱的分析，结合体检所得，医生可对某些遗传缺陷作出明确诊断，并根据其传递规律，推算出影响下一代优生的风险程度，从而帮助结婚双方制定婚育决策，以减少或避免不适当的婚配和遗传病儿的出生。

另外,婚前体检有利于主动有效地掌握好受孕的时机和避孕方法。医生根据双方的健康状况、生理条件和生育计划,为他们选择最佳受孕时机或避孕方法,并指导他们实行有效的措施,掌握科学的技巧。对要求生育者,可帮助其提高计划受孕的成功率。对准备避孕者,可使之减少计划外怀孕和人工流产,为保护妇女儿童健康提供保证。

因此,婚前检查是结婚前必不可少的一项工作,不论是对结婚双方,还是对下一代,甚至对整个国家都有着重要的意义,是每个人必须履行的义务和责任。

受孕的必备条件

受孕,简单地说就是男女成熟的生殖细胞(精子和卵子)结合的过程,但受孕是一个极为复杂的生理过程。男子射出精液中的精子,经女子阴道、子宫向上游动,抵达输卵管时与女子卵巢排出的卵子结合,成为受精卵,受精卵的形成标志着新生命的诞生。受精卵一边进行分裂一边由输卵管向子宫方向移动,经过4~5天受精卵到达子宫腔,并埋入子宫内膜里面,称受精卵着床。受精卵着床后,子宫内膜发生一系列有利于胎儿生长的变化,给予胎儿丰富的营养,使胎儿生长发育,直到足月分娩。妊娠全过程平均约38周,是非常复杂、变化极为协

调的生理过程。

受孕必须具备一定的条件：

1. 合适的生育年龄和受孕时机。女方的卵巢能周期性地排出正常和成熟的卵子，男子的精液中必须含有足够数量并具有正常活动能力和正常形态的精子。

2. 精子与卵子相遇的通道必须畅通无阻。精子要在适当的时机（女方的排卵期）与卵子结合才能成为受精卵。

3. 从受精卵要继续发育成胎儿这个角度看，受精卵要在子宫内正常生长发育，还必须能通过输卵管到达子宫腔内，而子宫内膜必须在激素的作用下变得可以适合受精卵着床，着床后的胚胎能吸取母体中的营养物质来维持其发育和生长。

以上这些条件是能够正常受孕的必备条件，缺一不可，若由于病理因素或人为因素，使其中任何一个环节发生了异常，就会导致不孕。如果婚后没有采取避孕措施而不能怀孕，就可以从以上各方面去分析寻找病因，而不是主观臆断，胡乱猜测。

小·贴士

生命的孕育不仅仅是妊娠的那10个月，为了把父母双方的精良基因，如容貌、智慧、个性、健康在受精卵中高度重新组合并表达，在精子和卵子结合那一刻前的3个月，甚至6个月，就应开始孕育准备，尽量为受精卵创造一个健康、舒适的最佳环境。

优孕要做好孕前准备

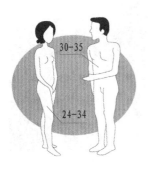

首先，要选择最佳的生育年龄段受孕。研究表明，中国妇女最佳生育年龄为24~34岁，母亲在此年龄段生下的孩子易成才，这是因为处于最佳生育年龄的女性生理与心理均趋成熟，精力充沛，骨骼系统发育完善，腹部肌肉发达有力，骨盆韧带处于最佳状态，有利于孕育和抚育胎儿及婴儿，可避免胎儿发育不良、妊

娠合并症及流产、死胎或畸胎。男性生育的最佳年龄为30~35岁，男性的精子质量在30岁时达到最高峰，然后持续5年到35岁为止。胎儿的智力遗传大多来自父亲，30岁以上的父亲不仅智力成熟，且生活经验较丰富，能够懂得和接受胎教知识，特别是会关切爱护妻子，从而使胎儿生长发育良好。

其次，要选择最佳的受孕季节。夏末秋初气温适宜，避开了病毒流行、疾病暴发的时间，有丰富的食品可使孕妇得到最充足的营养并贮备于体内，以预防妊娠早期孕吐反应所造成的营养损耗，有利于胎儿早期大脑发育，因此是最适宜怀孕的季节。

到妊娠中、晚期正值春季，宜人的环境非常有利于胎教。若在冬春季节受孕，灰尘多、风沙大、气候不稳定，孕妇极易被流行病毒感染，情绪波动大，抵抗力下降，从而导致胚胎畸变。当然，除了考虑上述几方面因素外，育龄妇女及其家人还要考虑自身的个别条件，怀孕的季节理想与否也不是绝对的，即使不在夏秋季怀孕，只要注意改善不利条件或注意弥补不足，也不能说就是不理想的。

再次，要选择最佳的受孕时机。女性要学会测定自己的排卵日，因为让刚排出的卵子立即受精，可避开外界环境的干扰，孕育体质佳、智商高的孩子几率最大。测定排卵日的方法有以下几种：

1. 测定基础体温法

基础体温是机体处于最基本情况下的体温，反映机体在静息状态下的能量代谢水平，在月经周期中，基础体温呈周期性变化，在月经后及排卵期基础体温较低，排卵后体温上升0.3~0.5℃，一直持续到经前1~2日或月经第1日，体温又降至原来水平。测量方法是每天早晨清醒后，不要活动，用体温表测口腔温度5分钟，连续测量至少3个月经周期以上，将测得的结果记录于基础体温单上，并连成曲线。

2. 根据阴道黏液变化判断排卵日

正常育龄妇女在卵巢性激素的影响下，宫颈黏液的理化性状有周期性的变化，月经前和增殖早期黏液量最少，排卵期黏液量最大，含水量最多，延展性最大，故此时宫颈黏液稀薄透明，排卵后宫颈黏液分泌量减少，变为浑浊黏稠。

3. 运用避孕镜检测排卵日

每天清晨，用舌尖将1滴唾液滴到镜片上，风干或灯下烤干后看到"羊齿状结构"即为排卵日。在安全期则会出现不规则气泡和斑点状图像，如果这两种图像同时出现，说明你处在过渡期。此种方法新颖且操作简单，便于掌握，测试迅速。

可以综合运用以上测定方法分析观察，以获得准确的排卵日。

最后，要具备良好的生理和心理状态。父母保持良好的身体素质是优生的前提条件，因此要建立有助于两性生活的节律和格调，这不仅是家庭生活幸福的源泉，从生育观点来看，也关系到未来的父母分别产生的性细胞能否始终处于最佳状态，以利于新生命在形成过程中获得优良基因遗传的第一个生存环境。怀孕前3个月双方身体要健康无病，任何一方如果患有结核病、肝炎、肾炎，特别是女性患有心脏病、糖尿病、甲亢、性病、肿瘤，都不宜受孕，病愈后也要3个月后再受孕；怀孕前3个月双方停止酗酒和吸烟；怀孕前3个月双方都要慎用药物，包括含雌激素的护肤品；长久采用药物避孕的女性，要在停药6个月后再受孕；过胖和过瘦的女性应把体重调整到正常状态后受孕；从事对胎儿有害职业的夫妻，尤其是女性一定要在孕前3个月暂时避开这项工作；为减少"早孕反应"对身体的营养损失，要在准备怀孕前的3个月积极进食富含营养素的食物，如含有叶酸、锌、钙的食物。在准备怀孕前的3个月，要多吃瘦肉、蛋类、鱼虾等海产品、动物肝脏、豆类及豆制品、新鲜蔬菜、时令水果。男性多吃鳝鱼、泥鳅、鸽子、牡蛎、麻雀、韭菜，少进火腿、香肠、咸肉、腌鱼、咸菜，不要吃熏烤食品，如羊肉串等，少吃罐头，少喝饮料。洗菜时注意以浸洗方法去掉残留农药。

老婆，我们先锻炼几个月再要孩子吧。

不要在疲劳时性交受孕。以受孕为目的的性交特别需要视觉刺激，所以要开灯，沉浸在微弱的红粉灯光下，摆上迷人的鲜花，播放些轻松优雅的音乐。必须打破沉默，在心情愉悦、没有忧郁和烦恼的状态下进行负有受孕使命的性交。丈夫要重视并让妻子达到性高潮，这对于得到一个健康聪明的孩子至关重要。

要有计划地受孕

怀孕前有一个周全的考虑会给妊娠带来最好的开始。夫妇双方可以根据个人情况，做好充分准备，选择最佳受孕时间，创造最优受孕环境，预计宝宝出生时间，实现后代优生的措施，这就是计划受孕。计划受孕不但可以在心理上做好妊娠的准备，而且能够采取很多措施，以增加受孕的机会，并且保证你能拥有一个正常又健康的宝宝。

计划受孕的第一步是制订妊娠计划。最理想的安排是至少在开始怀孕前3个月，你和丈夫就要制订妊娠计划。因为在怀孕的最初几周，胎儿的发育是最容易受到各方面影响的，所以，你要保证自己身体健壮，吃得好，这样才能使子宫内的胎儿得到足够的营养和保护。如果女性在怀孕以前曾采用药物避孕，最好等停药后恢复到正常的月经周期再进行受孕，否则，婴儿的预产期就不好计算，而且药物会对胎儿的发育有一定的影响。此外，还应该考虑你的工作是否对胎儿有危害，你是否进行过风疹的预防注射。制订了妊娠计划后，你可以有时间去考虑这些带有危害性的问题，还可为消除这些危害采取一些有效措施。

制订了计划后，还应到医院做一次全面的孕前检查，医生会询问以往的饮食和运动习惯、家庭和工作岗位接触的坏境要素，以及预备妈妈的健康和生活方式，并对其给出合理的建议及指导。假如你长期患某种疾病，如糖尿病、高血压或癫痫等，并且是在治疗中，那么在你打算怀孕之前应该告诉医生，即使医生没有询问，也要将这期间所用的药物以及避孕法、打胎、流产、生产等情况对医生做充分的说明。

除了讯问病史外，还要做一些必要的化验及检查。通过血液检查可以了解

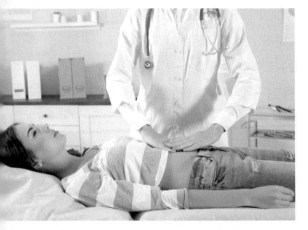

自己的血型，并可以检查是否具有贫血或其他异常状况。通过尿液的检查，可以了解生殖器是否感染，是否具有糖尿病等，因为感染可能导致流产、早产等后果，而糖尿病可导致死胎和畸胎的发生。通过血压的测定可以了解是否患有高血压，因为患有高血压的孕妇在生产过程中发生问题的几率很大，测定血压可以制订计划，从而较好地把握和管理怀孕期的血压。通过骨髓检查，可以得知子宫和卵巢是否正常，还可查出畸形及艾滋病等疾病，如果查出感染或子宫囊肿等非正常情况，要立刻治疗。性病对怀孕来说是致命的打击，例如患有梅毒的女性怀孕易在5~6个月时流产，并且易致死胎，梅毒还会导致生育低能儿、聋儿、发育不良儿等残疾儿，因此性病需要在怀孕前检查并接受治疗。与此同时，丈夫也要接受检查和治疗。据调查，如果在怀孕前或怀孕14周以内发现性病并治疗的话，对胎儿不会产生不良影响。风疹接种后马上怀孕可能导致耳聋、癫痫、心脏病等产后畸形，为防止婴儿感染潜伏在体内的病原体，需要在怀孕前制造免疫抗体，所以必须在接受风疹预防接种3个月后才能怀孕，因为接种后的病原体需要一段时间后才会消失。对水痘、麻疹、流行性疾病、破伤风、肝炎等疾病则需要确认是否在幼儿时期因患过而具有抗体，如果没有进行预防接种或没有抗体的话，最好与医生商量注射疫苗。另外，还要检查甲状腺功能，因为甲状腺控制荷尔蒙的分泌，其分泌过量或过低都会给维持成功的受孕生活带来困难，会影响配卵，导致流产甚至不孕，因此有甲状腺疾病的人在怀孕前一定要接受检查，在彻底治疗后才能怀孕。还要进行寄生虫和巨细胞病毒（CMV）的检查，因为寄生虫和CMV引起的感染，与成人相比，对新生儿与成长中的胎儿威胁更大。CMV 一般通过体液感染，因而幼儿易患此病，目前这种病没有治疗方法，所以最好在怀孕前及怀孕中避免与小孩亲吻等亲密行为。最好还要做遗传基因的检查，这在受孕前检查中是不可缺少的，一般来说，家族中有遗传病史，孕妇在35岁以上，本人或丈夫携带危险要素等情况下，最好向专科医生进行咨询。

第
二
章

优育优教

◎ 孕期监护是优育的必要措施

◎ 胎教的科学本质

◎ 胎教的经营

◎ 胎教要忌懒惰

◎ 需要掌握的胎教知识

☺ "好孕"干货尽在码中

科学备孕有指导，胎教干货跟着学。

孕期保健是优育的前提

对孕妇来说，孕期保健有利于孕妇拥有良好的心态和健康的身体，为将来的分娩做好准备；对胎儿来说，则有利于胎儿的智力发育以及健康成长。所以孕期保健是非常重要的。

首先，要注意饮食营养。由于胎儿发育和母体代谢的需要，孕妇的膳食应有足够的营养，特别是应充分供给蛋白质、各种维生素和钙等矿物质，但注意不要饮食过量，特别要避免摄入过多的糖和脂肪，防止孕妇过于肥胖或胎儿过大，对母婴不利。另外，饮食要多样化，鼓励孕妇多吃蔬菜、水果和杂粮，避免偏食。

其次，孕妇一定要戒烟。根据多年来的实验和临床观察表明，吸烟孕妇所产的新生儿平均体重明显低于未吸烟孕妇所产的新生儿，早产、宫内生长迟缓、产前出血等围生期疾病发病率与死亡率都高于不吸烟妇女。所以，为了宝宝的健康，孕妇应杜绝吸烟。另外，丈夫要关心妻子和胎儿，也要戒烟，避免孕妇被动吸烟，给妻子一个无烟环境。

再次，孕妇要注意孕期的生活卫生。妊娠期间孕妇的衣着要以宽松为原则，乳房、腰部、下肢不宜束缚过紧。妊娠期汗腺和皮脂腺分泌增多，应该勤洗澡、勤更衣。孕期白带增多，每日应用温水洗外阴。经常用温水擦洗乳头，然后涂上油脂，以防哺乳时乳头皲裂；乳头如有内陷，可经常用手指向外牵拉纠正，以免日后哺乳困难。妊娠最后2个月应避免盆浴，防止感染。妊娠早期（最初3个月）及妊娠末期（最后3个月）应避免性生活，以免流产、早产或感染，中期性生活也应尽量减少，尽量减轻动作的幅度，缩短时间，避免压迫孕妇的腹部。

另外，要注意孕期的工作和劳动。妊娠期间仍可参加工作和劳动，但应避免过量劳动和接触有害物质，污染环境的各种化学物质如工业三废、有毒农药等，可通过孕妇危害胎儿。国外的一些调查资料表明，在环境污染严重的地区，无脑儿、痴呆儿、畸形儿的发生率有逐年增高的趋势。故一旦确诊妊娠，应及时将孕妇调离有害工种（如接触汞、汽油、苯、三氯乙烯的工作），在农村最好不接触或少接触农药。要注意不干重活，对劳动强度大、震动强、长期立位或弯腰（如插秧）等工种最好不要做。

最后，要注意孕期安全用药。胎儿是通过脐带由母体的血液供给营养的，孕期无论从何种途径给药，都可能经过母体血液再通过胎盘输送到胎儿体内，影响胎儿的生长发育，甚至有致畸的作用。所以在怀孕期间用药一定要小心谨慎，不要随便服用药物和补品，应当在医生指导下用药。

在孕期，丈夫应特别关心妻子，体贴爱护怀孕的妻子，不要惹妻子生气。假如妻子遇到难于处理的事，应耐心劝导，多方安慰，搞好后勤，多分担一些家务劳动，自觉节制性生活。平时应多陪妻子散步、谈心、听听音乐，大自然的美会使孕妇赏心悦目，精神愉快。这样对妻子的健康和胎儿的发育都大有裨益。

孕妇和丈夫只要按照以上的要求去做，一定会有一个健康舒适的孕期，那么腹中的胎儿也一定会健康成长。孕期孕妇可能还会碰到以下一些问题需要解决，如恶心呕吐、肌肉痉挛、便秘、晕厥、贫血等，出现这些情况时，孕妇首先不要紧张害怕，这些是妊娠期间常见的症状，处理起来也是很简单的。大约半数以上孕妇在孕期都有轻度恶心呕吐，症状轻者可不予处理，症状明显者可口服维生素B_6，如果口服无效或呕吐到不能进食，可找医生静脉滴注维生素B_6，一般经过这样处理后，症状可消失。便秘也是孕期妇女常见的症状，可能与孕期肠蠕动减弱和运动量减少有关，应鼓励其多喝水，多吃新鲜的蔬菜和水果，必要时服用缓泻剂软化大便，并温水坐浴等。妊娠期由于孕妇体内的铁质需要增加，常导致缺铁性贫血，故宜补充铁剂与维生素C。

孕期监护是优育的必要措施

孕妇各系统因胎儿生长发育而出现一系列变化，这些变化一旦超越生理范畴，或孕妇患病不能适应妊娠变化时，则孕妇和胎儿均可出现病理情况而成为高危妊娠。通过对孕妇及胎儿的孕期监护和保健，能够及早发现和治疗并发

症，及时纠正异常胎位和发现胎儿发育异常等，并结合孕妇及胎儿的具体情况，确定分娩方式。孕期监护包括对孕妇的定期产前检查和对胎儿的监护，以及胎儿及胎盘成熟度的监测，这是贯彻预防为主、及早发现高危妊娠、保障孕妇及胎儿健康、安全分娩的必要措施。

孕妇监护主要通过定期产前检查实现。产前检查的时间应从确诊早孕时开始，除进行双合诊了解软产道及内生殖器官有无异常外，还必须测量血压作为基础血压，检查心肺，测量蛋白及尿糖，对有遗传病家族史或分娩史者，应进行绒毛培养，也可在妊娠中期抽取羊水做染色体核型分析，以降低先天缺陷儿及遗传病儿的出生率。

经上述检查未发现异常者，应于妊娠20周起进行产前系列检查，于妊娠20~36周期间每4周检查一次，自妊娠36周起每周检查一次，即于妊娠20，24，28，32，36，37，38，39，40周再做9次产前检查。

在孕期孕妇和丈夫应该熟悉和掌握家庭监护胎儿疾病的方法，即通过听胎心、测胎动、量宫底等自我检查的方法，来对胎儿进行监护，以便证实胎儿是否有病。

听胎心音时可以用听诊器，也可准备一只木制的胎心听筒，大的一头顶在孕妇腹部胎心音最清晰的位置，另一头放在耳处仔细听。胎儿的心脏很早就开始发育了，但是，胎心音要在18~20周后才能听到。胎心音的位置随胎儿的体位不同而变化。一般情况下，妊娠24周前，胎心音在肚脐下正中或左右。胎心音的特点是双心音，即第一心音与第二心音相近，所以很像钟表的"滴答"声。正常胎儿的胎心音为120~160次／分，当慢于120次／分或高于160次／分时，说明胎儿在子宫里有危险，应去医院进一步诊治。

怀孕18周以后，母亲就能感觉到胎儿在体内的运动了。一般来说，胎动每小时不少于3~5次，通常为3~20次，以下午7点到9点这段时间出现最多，清晨最少。计算胎动时，可选择早、中、晚各测1小时胎动，3次胎动数相加乘以4，即为12小时胎动数。应当注意,有时胎儿在一次胎动中可以连续作出几个动作,这时计算胎动只能算作一次,不要连续计数。如果12小时胎动数小于10次,或突然胎动减少,说明腹中的胎儿可能有问题,应去医院进行检查。

子宫底随着妊娠月份的增加而逐渐向上增高,子宫的增大有一定的规律,它反映了胎儿在子宫内生长的情况,因此可以用测量子宫底的高度来了解子宫中胎儿的成长情况。测量子宫底的高度可以推断怀孕的天数:一般怀孕第3个月末,子宫底在耻骨联合上线以上二三横指;第4个月末,在肚脐与耻骨联合上缘之间;第5个月末,肚脐下一横指;第6个月末,肚脐上一横指;第7个月末,肚脐上三横指;第8个月末,肚脐与剑突之间;第9个月末,剑突下二横指;第10个月,由于胎头下降到骨盆,子宫底回复到第8个月末的高度,但是子宫体增宽。测量子宫底高度的方法很简单,在排空小便后,用一根皮尺,测量自耻骨联合上缘中点处到宫底的距离,一般可以从怀孕的第20周开始测量。

胎教利于优生

胎教是当今优生、优育、优教的一个热门话题。南京市妇幼保健院的科研组一项名为"胎教与非胎教新生儿行为神经测定比较"的研究发现,将一枚小鸡蛋大小的红球在数名接受过胎教的新生儿眼前慢慢移动,新生儿的眼光会齐刷刷地盯着红球并随之扭头,不少新生儿的头甚至扭到180°,而将同样的球放到没有接受过胎教的新生儿眼前,多数新生儿虽然也会盯着红球看,但基本不会扭头,更不会扭到180°。对41例在妊娠期间定时接受音乐、语言、抚摸等胎教内容的新生儿分别于出生后的第4天、第5天、第6天进行行为神经监测与评估,并与26例非胎教新生儿进行分组对照,结果显示,胎教组新生儿的安慰反应、对光习惯形成、对声音习惯形成、非生物视听定向反应、生物视听定向反应、非生物视听反应及生物视听反应7项行为能力得分及总分均明显高于非胎教组。

因此,胎教有利于优生。不过胎教只是对孩子进行教育的第一步,孩子出

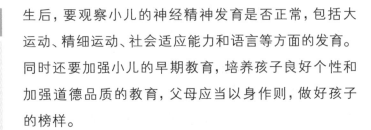

胎教的科学本质是在保证孕妇合理与充分的膳食营养的基础上，给胎儿输送听觉的或视觉的（光线）及肢体触摸的刺激，以适度的上述刺激诱导相关的神经通路以及诱导中枢部位神经锥体细胞增长更多的树突，从而促进它和周围的锥体细胞建立传递脉冲的"突触"联系，使大脑与感觉、运动、思维、记忆等功能密切相关的神经网络更丰富，有益于出生后的智力开发。

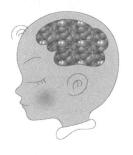

生后，要观察小儿的神经精神发育是否正常，包括大运动、精细运动、社会适应能力和语言等方面的发育。同时还要加强小儿的早期教育，培养孩子良好个性和加强道德品质的教育，父母应当以身作则，做好孩子的榜样。

认识胎教的科学本质

很多父母为了把自己的孩子培养成为一个神童或者天才，不惜一切代价对胎儿进行出生前的"早期教育"，但往往事倍功半，取不到应有的效果。这主要是由于对胎教的本质缺乏正确的认识。尽管医学研究发现胎龄到4个月时胎儿皮肤对冷刺激有了反应，5个月时对温热有了反应，6个月时有了嗅觉，7个月时有了视觉和对噪声的厌烦动作。然而，所有这些仅仅是感觉功能和运动功能的初步建立，还不能形成知觉，更没有产生思维及意识的神经组织。

学习的本质是大脑条件反射的建立。条件反射的建立是在非条件反射（生来就有的由生物遗传得到的）基础上，由外界给予的信号（生理学称第二信号，如声音或视觉的刺激信号）与引起非条件反射的信号（生理学称第一信号）相结合，共同反复地作用于大脑建立起来的。胎儿生长到6个月后，虽然有了各种感觉，但受环境限制而不能看到外界的事物，无法建立包括学习在内的各种条件反射。因此把胎教认为是早期教育是不科学的。

良好的胎教需要经营

为什么同样进行过胎教的胎儿，出生后还是有很大的区别，对此很多父母都存在疑问。这是因为胎教并不仅仅是按照书上写的那样做就可以了，胎教还受到很多因素的影响，如父母的心情、环境、健康等。同婚姻一样，良好的胎教也需要经营。

首先，要做好充分准备。男女双方来自不同的家庭与背景，两人一定要对"新生命"的来临有共识和周全的准备；了解双方家庭中每一份子的心情，因为婚姻不是个人的事，更何况是孕育下一代；在安静、舒适的环境中受孕；放松自己，灯光要柔和，制造幸福的气氛。

其次，要保持良好的心态。要保持愉快平稳的情绪，对胎儿进行胎教的最好方法莫过于所有家庭成员给予胎儿充足的爱了，在家人的祝福和关怀中享受将成为母亲的幸福。对生活充满信念和希望，对婴儿的信念和希望不仅有利于顺产，而且有利于婴儿形成一个有意志、有自信的性格。要具备坦率而舒畅的心情，不去想、不去看，也不去做那些不好的事情。不说谎话，不去计较一些琐碎的事情，要努力用愉快而宽容的心情和胸怀做好心理准备。

再者，保证生活质量。首先要强调的是营养均衡的饮食，因为胎儿发育需要大量的营养，这都必须从母体获得。为了维持健康的身体，尽量避免过咸或有刺激性的食品，多吃有益于身体健康的食品。做适度的运动，可促进血液循环，提供胎儿适当的营养和健康成长的气氛，对脑部的发育十分有效。

最后，要培养一些兴趣爱好。画画，听一听好

的音乐，或是读一些有趣的书等，都可以使生活变得愉快。温柔而轻快的音乐对胎儿尤其好，有助于胎儿心智的发展；用爱关心胎儿，和他谈话、打招呼，看树，看花，并且告诉胎儿今天是几月几日等；怀孕期间所写的日记充满着对孩子的爱与关心，孩子长大后也是一份很好的礼物；要努力做好梦，因为梦是以事实为根据的，好的梦想也是可以实现的；建立属于母体与胎儿的母子理想王国，学习家庭盆景或学习黏土制作，捏塑一个理想中的孩子的脸庞，或带着胎儿欣赏美的事物。这些既可使孕妇拥有好的心情，又有利于胎儿的发育成长。

实施胎教不要心切

生育一个健康聪明的孩子，是父母们共同的心愿。而胎教正是帮助实现这一愿望的有效手段。但有些父母出于对后代的责任感，他们意识到此生只有一次养育子女的机会，因此"只能成功，不能失败"。这样往往容易出现操之过急、期望过高等情况，有时反而收不到好的效果。

胎教可以使每个普通的孩子身心发育得更健康、更聪明，而且可以提高其综合素质。其主要目的是，让孩子的大脑、神经系统及各种感觉功能、运动功能发展得更健全完善，为出生后接受各种刺激和训练打好基础，使孩子对未来的自然与社会环境具有更强的适应能力。

为了正确实施胎教，使胎儿真正受益，孕妇必须认真学习胎教内容，准确掌握胎教的正确方法。孕妇生活要有规律，这既是胎教的一项内容，也是对每位孕妇的起码要求。在实施胎教过程中，严格按胎教的方法去做，如抚摸胎教，一两天不足以和胎儿建立起联系，只有坚持长久地、有规律地去做，才能使胎儿领会到其中的含义，并积极地响应。但不是所有方法比规定的多做一些就会更有效，比如有的孕妇在进行语言胎教时，长时间将耳机放在腹部，造成胎儿烦躁，导致胎儿生下来变得十分神经质，以致对语言有一种反感和敌视态度。听音乐时也不能没完没了地给胎儿听，连孕妇本人都感到疲惫不堪，那胎儿的感觉也绝对不会好。某些父母盼子成龙心切，想把胎儿培育得更出色一些，这种心情是可以理解的，但任何事情都有个度，一旦过度其结果就会适得其反，不仅达不到预定的目的，而且会导致不良结果。

胎教的每项内容都会使胎儿受益，如果不能适度地对胎儿实施，恐怕胎儿不但不能获益，还会受害。因此，孕妇对胎儿进行胎教，不能热情过度，也不能太急。孕妇的信心和持之以恒，是胎教的成功保证。只有母亲和胎儿相互配合、相互协作，在这种配合的乐趣中，胎儿的智力发育才能得到激励和发展。

胎教要忌懒

许多妇女在怀孕后，由于害怕过多的活动会伤着胎儿，对胎儿不利，于是容易发懒，什么也不想干，什么也不愿想。有人认为这是孕妇的特性，随它去好了。殊不知，这正是胎教学说的一大忌。

研究证实，胎儿能够感知母亲的思想，孕妇与胎儿之间是有信息传递的，如果母亲既不思考也不学习，胎儿也会深受感染，变得懒惰起来，这对于胎儿的大脑发育是极为不利的。

因此，怀孕的母亲要始终拥有浓厚的生活情趣，保持强烈求知欲和好学心，充分调动自己的思维活动，从自己做起，勤于动脑、勇于探索，在工作上积极进取，在生活中注意观察，把自己看到和听到的事物通过视觉和听觉传递给胎儿，使胎儿不断接受刺激，促进大脑神经和细胞的发育。

要掌握必要的胎教知识

为了生一个健康聪明的孩子，有些父母很早就开始为胎教做准备了。但胎教是一门科学，并不是人们想当然地按照自己的爱好及想法去培养胎儿，那样只会取得相反的作用。

小·贴士

在准备怀孕之前,应从正规的专业单位及渠道学习一些有关儿童发展方面的知识,包括孕期心理卫生、儿童心理与教育学及胎教早教的有关常识。这能使自己做到心中有数,保持冷静的头脑,善于识别和选择适合自己的方法。在选用胎教音乐时,要选择经过医学界优生学会审定的胎教音乐,以免对胎儿造成伤害。

例如,有一位已怀孕半年多的王女士酷爱打麻将,一有空闲就搓上几局,"哗哗"的麻将声在其心目中简直就是一曲美妙的音乐,时间长了,她似乎摸出点"门道",只要响起"哗哗"的麻将声,腹中的胎儿就安静起来,似乎在欣赏美妙的音乐。而一旦停止打麻将,胎儿就会在肚子里"拳打脚踢",这正中王女士的下怀,她索性天天坐在麻将桌边进行"胎教"。还有一些孕妇自己喜欢忧伤或者喧嚣的音乐,于是也将其作为胎教的音乐,结果,腹中的胎儿听了以后,感觉压抑或烦躁。有的甚至破坏了孩子的耳蜗和听觉神经,致使宝宝刚出生就出现听力受损或耳聋。

这种让胎儿听麻将声或忧伤音乐的"胎教"方法,使得一些心理专家对此担忧不已,认为这样会给孩子带来负面影响。专家认为,音乐胎教是孕妇在保证充足营养与休息的条件下,对胎儿实施定期定时的音乐刺激,比如一些名曲中舒缓、轻柔、欢快的部分就适合胎教,可促进婴儿的感觉神经和大脑皮层中枢的更快发展,但悲壮、激烈、亢奋的音乐以及像麻将声那样的"音乐"只能把孕妇的不良情绪传给胎儿,会影响胎儿的正常发育,严重的会造成婴儿畸形或心理闭锁。

因此,父母必须要掌握必要的胎教知识,才能正确地选择适合自己的胎教方法。现在社会上打着"科学""专家"旗号的方案种类繁多,令父母们眼花缭乱，无从选择。年轻的父母们不忍心让自己的孩子落伍，于是没有选择地纷纷解囊参加培训或购买"方案"。其实，有很多方案的指导思想就是错误的，比如有的指导思想就是遗传决定论，明显违背了儿童发育的自然过程，只是为了商业目的而误导父母。

跟着专家学干货，
让你成功接"好孕"

为了帮助你更好地阅读本书，我们提供了以下线上服务

快来学

· 听【科学备孕指南】　专家指导，轻松备孕

· 看【孕期饮食手册】　吃对三餐，母婴健康

跟 着 做

· 听【胎教音乐合辑】　保持妊娠期间好心情

· 做【孕期运动指导】　宝宝发育好，妈妈反应少

来分享

· 进【育儿交流群】　育儿过程有困难，宝爸宝妈来帮忙

微信扫码，添加智能阅读向导
看【孕妈心理课堂】，缓解孕期压力

PART ③

妊娠养胎篇

第一章

情绪养胎

◎ 怀孕的女人最美

◎ 孕期着装有讲究

◎ 孕期的皮肤变化

◎ 孕期的秀发保养

 "好孕"干货尽在码中

科学备孕有指导，胎教干货跟着学。

孕妇也有美丽的权利

从精子遇上卵子的那一刻起，一件美丽的事初萌了！

正因为美丽的事才开始，请以美丽的心情迎接它的来临。

而妊娠期的孕妇心理与身体的压力会比平日大一些，也常会被莫名的情绪搞得乌烟瘴气，再加上孕期种种的不适症状，让很多孕妇的情绪因此而沮丧低落、花容失色，这会给胎儿以负面影响。反过来，孕妇如果能穿一些合适的漂亮衣服，做一些清爽的打扮，必定会让自己有一个好心情，而好心情无疑会给胎儿以积极影响，这就是我们所说的情绪养胎。

大家都说："怀孕的女人最美！"所以，你不妨拟订一套计划，添置所有的孕妇行头，再花一点心思，不要让自己的美丽打折扣！

舒适的孕妇装

孕妇着装的目的不只是因为腹部日渐隆起，穿不下太窄的衣服，而是要让孕妇的动作利落自如，仪态大方，并向众人告知，好让大家都知道你的腹中正孕育着小生命，能在必要的时候多关照三分。传统的孕妇装总是那几个式样，而且又昂贵，想要穿出美丽虽然有点难，但只要你有巧思，一样能漂漂亮亮！

在怀孕初期，孕妇的腹部不会一下子就大起来，所以尚不需要穿较正式的孕妇装，只要挑选一些设计简单，比较宽松的衣裙就行了，例如娃娃装和伞状裙。考虑的大前提是舒适、通风、吸汗。因此，此时服装选择的空间较大，能挑选的款式也比较多，价钱上要比正式的孕妇装便宜，孕妇绝对可以轻轻松松就穿得漂漂亮亮，而唯一的不便是可能很多人看不出来你是怀孕了还是体态臃肿，于是投以关注与怀疑的目光。

很多孕妇怀孕前的体形本来就比较苗条，十月怀胎好似微微发了福，所以可能根本不太需要买孕妇装，只要挑一些比原来大一点尺寸的衣服即可。如果你已经迫不及待地想穿上孕妇装，以昭示亲朋好友自己怀孕的信息，就不妨挑一些"缩放空间"较大的服装，这些服装不但比较耐穿，而且多半在产后的1~2个月还可以再次派上用场，也很划得来的！

至于该如何挑选耐穿又好看的孕妇装，每个人的考虑是不同的，我们在此提供一些讯息，孕妇不妨在添购孕妇装之前参考参考。

挑款式，选材质

孕妇装的款式极多，但是价钱大多令人咋舌，而且未必有你喜欢的样式。如果你想依平日穿着的喜好来穿孕妇装，那么，你可能要花掉一笔数字惊人的置装费。

事实上，要穿得舒适、美丽又有特色，需要一点小技巧，你可依自己的工作性质、喜好及需要来采购一些基本款式，再多花一点心思来做搭配。例如，背心裙在平日家居时可以搭配T恤来穿，穿起来简单又舒适。如果是当上班服穿，就不妨搭配比较正式一点的衬衫。若是天冷了，可将衬衫换为高领衫，或直接就套上外套，就是三件式的组合套装，还可以在颈子上打上一条小方巾，轻轻松松就变换出另一种妆扮。

挑孕妇装选材质时要根据季节，大原则是：夏装要能通风吸汗，冬装要能御寒保暖而不厚重。若就材料而言，棉质的衣衫穿起来最舒适，也最吸汗。不管是夏装或冬装，最好选择容易清洗而且不需要整烫等特别呵护的孕妇装。如果你真的愿意，而且预算也允许，或许可以挑一两套美丽、高贵又需要特别清洗的质料，或是名牌的孕妇装，在出席比较正式的场合时穿着。但建议你最好还是将着眼点放在"耐穿"上，免得还要花心思照顾孕妇装。

哪里买孕妇装

一般而言，买孕妇装大都到超市的妈妈、宝宝用品专柜去买，但是价钱都不低；也可以到孕妇装专卖店去选购，服饰的样式会比较多，但是也便宜不到哪里去；还可以到夜市去逛一逛，偶尔也会有卖孕妇装的摊位，款式不少，质料可能比专柜货的品质稍逊色一点，但是比较便宜。

孕妇装俱乐部只租不卖

如果你认为花大钱添购孕妇装不划算，或根本不符合投资报酬率，你不妨考虑以租赁的方式来变换自己的美丽。

正因为市场有需求，近来在一些地方出现了一种能满足孕妇服饰需要的孕妇装出租店，只要加入会员，就能以付费的方式租穿到国内外各种名牌的孕妇装，好几百套多样款式的孕妇装可满足不同场合的不同需求，不仅有上班服、休闲服，甚至还能租到小礼服、泳衣……尺寸上更细分为怀孕初期、中期、后期，让孕妇轻轻松松穿出好身材。

如何处理孕妇装

有人认为花钱让自己美丽是理所当然的，更是绝对超值的，所以即使是十月怀胎也要倾尽全力让自己看起来闪眼、亮丽。

如果你不打算花大把银子在孕妇装上，你可以选择比较廉价的美丽方式：不妨考虑加入会员制的孕妇装中心。如果你不介意穿别人已经穿过的服饰，就不妨探听一下是否有人愿意转让或馈赠孕妇装，这样你便可以省去不少银两。所以，当你不打算再生育时，也请大方转让你的行头，或者捐给灾区，物尽其用，你也省去堆藏及处理的工夫，"资源共享"也是功德一件！

孕妇的内在美

孕妇的体形随着妊娠周数而变化，在衣着上也必须有所调整。最主要的目的无非是保护腹中的宝贝，也让自己漂漂亮亮、舒舒服服当个快乐的孕妇。

孕妇的内衣

孕妇在怀孕3个月左右时，如果仍穿着原来的内衣，就会有胸口郁闷、有点喘不过气的感觉，这是因为你的胸部已经明显地长大了许多，这信息提醒你："该换内衣了！"

一般来说，每个孕妇乳房增大的情况因人而异，但大都在怀孕3个月、5个月、7个月及授乳期会有相当明显的变化，尤其是生产后的乳腺扩张期（大约在坐月子期间，也就是哺乳期），而后乳房会慢慢地恢复原来的大小。很多的孕妇都很担心在产后乳房会缩小，甚至变形，其实只要在怀孕期及产后选择合适的胸罩，就可以保持原来的胸部曲线，再加上按摩与运动，线条就更完美了！

你可以到孕妇用品专卖店去看看孕妇专用的胸罩，那是专为孕妇设计的，它可根据孕妇怀孕初期至分娩前乳房的大小来调整罩杯的尺寸，机动性比较强，美观倒是其次。目前市面上的孕妇专用胸罩有产前用、产后用、哺乳用等多种。

一般的内衣比较强调美化曲线及视觉美感上的设计，仅仅具有一般的保护与支撑作用。如果你喜欢，当然也可以在妊娠期仍穿一般的内衣，但是当你到专柜去选购内衣时，一定要重新测量一次尺寸，而且要试穿，千万别因为害羞或怕麻烦省掉这些步骤。另外，最好在乳房变化较大的几个时期，重新再测量胸部的尺寸，并更换新内衣，以给乳房最舒适、更周全的保护。

有些孕妇在平日（非妊娠期）就比较崇尚自然，不喜拘束，家居时根本不穿内衣。那么，孕期到底该不该穿胸罩呢？其实，如果你选择的是不合适的胸罩，当然

小·贴士

孕期胸罩的4大要求：

1. 肩带必须牢固不易掉脱，并能支持乳房重量。

2. 罩杯线条要宽松，伸缩性大，能紧密地包覆及支持乳房。

3. 材质要透气，触感要舒服。

4. 具有调整式的勾扣，以满足胸围变大的需求。

是干脆不穿为好。因为不压迫乳房，使乳腺呈现自然的放松状态，能使母乳分泌充沛。但是，目前的孕妇专用胸罩是专为孕妇设计，自然也将孕妇对胸罩的各项要求列入了考虑及设计重点。所以，孕妇不妨就将自己的需求及对舒适度的要求，作为是否选穿胸罩的依据。

孕妇内衣的洗涤方式

最好的方式是手洗。你可以在洗澡时将内衣泡在温水中，加入适量的冷洗精，大约10分钟后稍微搓洗一下，冲净后加以整形，吊挂在通风处晾干就行了！

孕妇的胸护+乳垫

为了避免孕妇在产后乳房因增大而下垂，除了可选择孕妇专用胸罩之外，还可以选择能支撑乳房、具有挺胸效果、可以内衬乳垫的胸护。

胸护最好是采取前扣自粘式的设计，这样可以完全包容怀孕期及产后乳房形状的变化。胸护随着乳房大小而调整，不但哺乳方便，而且也十分舒适。如果孕妇的乳腺比较发达，乳汁充沛，还可以加上乳垫，以防止乳汁外溢，穿脱也十分方便。

孕妇的内裤

孕妇从怀孕起至大约3个月，子宫底的长度已有些微小的变化。此时，孕妇该换穿大尺码的内裤或孕妇专用内裤了！

在选内裤时，要考虑内裤的长度能包覆整个子宫底，穿起来不会前低后高，较舒服。所选择的质料最好具有伸缩性，而且透气性佳，如棉制品（千万不要选择尼龙制品）。裤底要宽大，而且最好是白色的，以方

便观察分泌物。裤头最好有松紧带，可以调整松紧程度。

孕妇在妊娠期很容易患念珠菌阴道炎，若患上此病，不但会有如白色乳状的分泌物出现，同时也有强烈的瘙痒感。如果有疑似此症的现象时，应该马上到妇产科接受医师的检查。最好平日就避免穿透气性差的内衣或丝袜，要穿棉纤衣物，并勤换洗。

至于该买多少件内裤，这就要看个人对洁净程度的需求了。因为孕妇在妊娠期间白带的分泌量会增多，所以最好是勤换洗贴身衣物，时时保持清洁，心情也会跟着愉悦起来！

孕妇内裤的清洗方式

最好的方式是手洗。你可以先搓揉一下裤底，洗去分泌物，再与内衣一起泡在冷洗精中，大约10分钟后再稍微搓洗一下，冲净后拉平，晾于通风处就行了。

孕妇的托腹带

每个孕妇腹部的大小多少有些差距，但都必须给予一样周全的保护。产前使用腹带除了具有御寒保暖的作用之外，更重要的是能舒适地托住又大又重的腹部，减轻腹部对腰部及脊椎造成的压力，并且保持臀部的优美线条。市面上出售的托腹带款式质料都相当多，孕妇可以随喜好选择。

孕妇的产褥裤和束裤

在产后最令孕妇头疼的事大概是恶露的排出吧！为了给自己一个洁净、清爽、舒适的坐月子时间，孕妇最好准备几条生理裤，或是选择触感好、吸水性佳、不

小·贴士

完美孕妇产褥裤的4大要求：

1. 材质透气性极佳，质感柔细。可适当紧缩下腹部，支撑腹部肌肉。

2. 裤底垫布使用魔鬼贴及下掀式设计，方便更换卫生棉片，内侧完全防水加工，不易弄脏、洗涤方便。

3. 裤头可拉到肚脐上方，平整地包覆肚脐，避免产后的孕妇着凉，以达到御寒效果。

4. 采用高衩设计，不勒紧大腿，能活动自如，穿起来舒适、轻松愉快。

闷、不热、裤底有魔鬼贴的设计、方便更换棉片的产妇用内裤。为了帮助孕妇恢复窈窕的腰部曲线，孕妇可以再准备1~2条束身用的束裤，但在设计上最好是开高衩，才不会绑住大腿及腹股沟，并可穿到腰际。为了强调束身效果，你还可以在束裤外加上一条束腹。

孕妇的鞋

孕妇除了保持正确的姿势外，还要选一双合适的鞋。最好是选择穿起来舒适又透气的平底鞋，才能脚踏实地，这样，既有安全感，又可以减轻腿部的压力。鞋跟的高度以2~3厘米为宜，鞋跟要大，鞋底要防滑。买鞋时，要多预留一点足部空间，才不会太紧勒脚趾头。

如果孕妇走动频繁，双足多少会有肿胀感，此时可多做一些可以促进腿部、腰部肌肉运动的柔软操，也可以将脚泡在水中，或用毛巾包着冰枕垫于脚下，都会有意想不到的舒适感。

另外，由于孕妇的出汗量会比较多一点，除了注意足部的清洁之外，也别忘了给鞋子"洗洗澡""做做日光浴"！

孕妇的行李包

预产期就快到了，孕妇都准备好了吗？挑个时间把住院需要准备的用品——地整理好，最好请先生在一旁帮忙（就算观看也行）。收拾好后，将全部物件放入一只旅行袋中，再放入一张明细表，并告诉先生及家人所放置的内容及位置，当一有产兆时，就可以避免手忙脚乱，提上预备好的行李从容不迫出发到医院去。

孕妇的皮肤变化

爱美是不分年龄的，是无时间限制的。其实，美丽并不需要特别花工夫，只在于掌握重点，养成习惯而已。所谓"习惯成自然"，将所有动作纳入一般的生活作息之中，便无所谓压力的存在，而你便可以美得自然、轻松。因此，你必须认清的是：你的偷懒才是阻隔美丽的大敌！

怀孕后，多数的孕妇会发觉自己的肤质与往日大不相同。一般而言，妊娠中的肌肤有两大变化：其一是汗流量增多；其二是色素容易沉淀，长斑点。

汗流量增多

皮肤上分布着汗腺和皮脂腺，汗腺的功能是排出多余的水分，皮脂腺的功能是分泌油脂以保护皮肤。平时它们的分泌状况十分良好，一旦怀孕后，微血管

就会扩张，使汗腺机能亢奋，于是孕妇变得容易出汗。

预防对策：在怀孕期间，孕妇最好经常淋浴，保持身体清洁。每当出汗时，就用湿毛巾或纸巾将汗擦干。

保持愉悦的心情，不轻易牵动情绪也是很重要的！而且要补充适量的水分，保持一定的"平衡"状态。

色素沉淀，长斑点

孕妇由于体内激素分泌的增加，再加上日晒的缘故，极易刺激黑色素的增加及沉淀，从而形成黑斑、雀斑。大多数的孕妇均会在产后恢复原来的容

貌，但也有人会一直残留在脸上。

预防对策：这该如何是好呢？最佳的预防措施便是不直接照射阳光，其次是使用具高效能、防紫外线的基础化妆品。

只要做好防晒措施，就可以避免黑斑及雀斑的出现。所以，当孕妇外出时，务必谨记下列防晒守则：

1. 上午10点至下午2点，是日晒最强的时间，这段时间内尽量不要外出。

2. 外出前先擦拭防晒品。

3. 外出时可撑把遮阳伞或戴上宽边帽，来隔离紫外线。

孕妇可于平日饮食中多多摄取维生素B_2或维生素B_6，因为这两种维生素具有促进皮肤新陈代谢的作用，也可防止黑色素的沉淀。日晒后，最好以清水轻拍脸部。

> **小·贴士**
>
> 若是因晒伤而皮肤发热时，千万不要以湿布或按摩方式触摸肌肤，只要以清水轻拍脸部，便能缓和发热的情形。晒伤未痊愈之前，只要做脸部基础保养工作即可，千万不要给肌肤太多的负荷。

孕妇的基础保养

美容专家常说：世上只有懒女人，没有丑女人。但女人偏偏又爱美，只好勤快一点啰！

孕妇在怀孕期间仍应继续做好基础的保养容颜工作，千万不要以孕期不适作为借口，你总不希望自己变得又丑又邋遢吧？

卸妆

洗脸前一定要先卸妆，不要让污垢、油脂和化妆品残留在毛孔内陪你过夜。每晚将妆卸除干净后，不妨再

以热毛巾敷一下脸，如此可提高肌肤温度，使肌肤活性化。如果你是油质分泌旺盛的孕妇，一星期要做1~2次的深层清洁。

洗脸

选择质地温和清爽、无刺激的洗面乳或洗面皂，洗净脸上的污垢、汗渍，能促进脸部肌肤的新陈代谢。在一天当中，只要早晚用洗面皂洗脸，其余时间用水冲洗即可。

洗脸的方法：洗脸时的水温最好与体温差不多。水温若太低，就不易洗净洗面皂的泡沫；若是水温太高，则会使皮脂过度剥离形成皱纹。洗脸之前，先将双手洗净，以清水将脸打湿，再将适量的洗面乳或洗面皂挤在手心，搓揉起泡后再洗脸。记住一定要将泡沫冲干净，否则会引发皱纹。

洗脸之后，接着以化妆水拍打脸部，因为化妆水能补充角质层的水分，使肌肤柔软、湿润，收缩毛孔。

如何拍化妆水

因为孕妇的肤质比较敏感，所以最好选购不含酒精成分的化妆水。使用时直接将化妆水滴在化妆棉上，轻轻拍打脸部就行了；或是洗净双手，将化妆水直接倒在手上，再以手拍打脸部。

孕妇可以将化妆水存放在冰箱的冷藏室中，冰过的化妆水凉凉的，拍过的脸会有一阵清凉快感，很舒服！

擦美容液

主要目的是滋养肌肤，但如果太过于油腻，反倒会对肌肤造成负担。

美容液是高效的保湿品，只需取少量均匀地抹在脸上就行了。若是有些部位比较干燥，不妨再擦上一点乳液。擦完美容液之后，可顺便做一下脸部按摩，因为按摩可以促进血液循环，让孕妇看起来容光焕发、神采奕奕！

按摩的方法：以中指及无名指的指腹依顺时针的方向轻轻缓缓地按摩，在太阳穴、人中及眼角处做重点的按摩，效果会更好。

孕妇的基础彩妆

妊娠中，孕妇的肤质会变得十分敏感，即使是平常所使用的化妆品，也可能会有过敏现象。所以，在使用化妆品之前，先在手臂内侧试用一下，一旦产生斑疹，务必停用；若无反应，即可安心继续使用。

孕妇最好不要浓妆艳抹，只要上个淡妆就可以了！上妆时，应选择质地温和及附着性良好的粉底，再涂上透明性的蜜粉，涂上明亮色调的唇膏及眼影，再勾勒出眉形。涂唇膏时，先将唇形清晰地描绘出来，然后再淡淡地刷上唇膏，或是不刷也行。其实，只要做重点式的修饰，保持轻松愉快的心情，你就是一位娇娆美丽的孕妇了。

孕妇的身体护理

除了以上所述外，可不要忘了身体的保养。

首先，要勤洗澡，因为孕妇的新陈代谢特别旺盛，保持身体的洁净，心情才会轻松。

其次，沐浴之后，毛孔全开，肌肤特别柔软，吸收力特别强，正是保养的好时机。趁此时以乳液擦遍全身，再进行全身性的按摩，不仅触感细腻，还可以有效预防妊娠纹的产生！

如果你特别容易出汗，可在洗完澡后先擦干身体上的水分，抹点乳液，再拍上爽身粉，那就更舒服了！

孕妇的秀发保养

孕妇比较容易掉发吗

其实，头发的脱落是很自然的一件事，根本不必大惊小怪。一般人每天的掉发约70根，只要不是太离谱，就无须担心。反倒是该注意头发的清洁，如果孕妇是属于油性头发，更应该勤清洗，并且要彻底冲洗干净，才能有效对抗头皮屑。

不良的饮食习惯和压力是健康、乌黑秀发的大敌，所以，孕妇应该放松心情，摄取均衡的饮食，吃得好，睡得香，便不容易掉发。

其实，头发是很脆弱的，不正当的梳理、洗发或过度的吹整都会使头发受伤，例如分叉、断裂等。若是孕妇遇到这样情形，最好是快刀斩乱麻——剪掉！反正头发是会再生的。

孕妇最好剪个舒适美观又方便整理的发型，这样，既不必花太多心思，又看起来会比较有朝气、有活力。

当孕妇将压力排遣掉后，平日洗头时要多多按摩头皮，以促进血液循环。一旦血液循环畅通，头发生长的速度便会增快，发质自然就会变好了。另外，还可以多食小鱼干和牛奶，其所含的钙质能预防白发。

头皮的按摩

洗头时，除了洗去污垢之外，最好顺便按摩头皮。按摩时，以指腹揉、捏、敲、擦头皮。动作要领是：揉时以"画圆"的方式进行，捏时力道不要太重，敲时以发旋为中心做前后左右式的移动，擦时以拇指由耳后往下按。经过一阵按揉之后，你将觉得特别清爽，而且神采飞扬！

第二章

运动养胎

- ◎ 孕妇运动的好处
- ◎ 锻炼前的安全措施
- ◎ 孕妇的正确活动姿势
- ◎ 孕妇保健操
- ◎ 孕妇放松技术

"好孕"干货
尽在码中

科学备孕有指导,
胎教干货跟着学。

运动的好处

我们知道，对普通人来讲运动可以增加肺活量、疏通经络、促进血液循环、提高免疫力、改善人的精神状态，从而达到防病健身、延年益寿的目的。对于孕妇来说，适当的运动也同样是大有好处的，孕妇气血正，又有活力，胎儿就会得到充足的营养而得以顺畅地生长。孕妇活动，对自己的身体也大有好处，可以预防感冒和其他疾病，有利于身体更快、更好地调适，从而避免怀孕带来的不舒服。户外活动还可以使孕妇获得必要的新鲜空气。另外一点是，多活动可以增加孕妇子宫、腰部、腿部等处肌肉的弹性和耐受能力，有利于减少难产、顺利分娩，也有利于产妇产后身体的保健和迅速恢复。劳动多、活动多的孕妇生产容易，这是民间早已关注到的不争的事实。

现在生活于大城市的孕妇，可能会因为有车或整日坐在办公室工作而非常缺乏活动，更有必要每天增加一些活动，以促使血液运行流畅，加速新陈代谢，增强活力。农村的孕妇现在也有很大一部分人在经商或进了乡办企业工作，工作性质已与城市居民一样，所以也会缺乏必要的活动，容易气滞血虚，所以适当的体育锻炼也是很必要的。

再一点，现在我们的物质生活水平提高了，出门有车，在家有洗衣机、煤气灶，在单位工作有各种全自动机器，城里不少人甚至连坐公共汽车也觉得累，不是"打的"就是自己开车，活动量已经大大减少。这种生活按中医的理论来说是容易"气壅"，也就是容易使身体内的气血流动不畅。这种情况对孕妇和胎儿是否有利，每位准父母都是可以想到的。所以现代人的生活应该更加关注运动、关注锻炼，孕妇也不能例外。

运动的优点

运动可以防止妊娠中的体力衰弱，若更加努力，也可能逐渐产生肌力和持久力。

因过度肥胖而烦恼的孕妇确实很多，若想维持适当体重，最重要的是饮食生活有规律，做运动。据统计，没有特别做运动的孕妇体重平均增加12.9千克，一直进行游泳的孕妇体重平均则增加12.2千克。

利用运动也可消除腰痛、浮肿、麻痹、静脉瘤、痔疮等妊娠中令人不快的症状。

产前运动一定要注意安全，不可过度勉强自己，以免引起早产、流产或关节损害等严重后果。

适宜的运动强度

腹中怀着宝宝做运动，到底应进行到什么程度才适宜呢？

虽然做同样的运动，有些人感到很吃力，有些人则觉得轻松，运动的强弱因人而异，感受也各不相同。根据消耗掉的氧气（氧气消耗量）来估计运动的强弱，是较科学的方法，可是，氧气消耗量无法靠自己测量，所以一般的方法都只是以计算心跳数（脉搏）的多少来判断运动强弱。

关于妊娠中的运动强弱，以何种程度为宜众说纷纭。一般来说，脉搏一分钟跳动不要超过140次。运动结束之后，计算一下自己手腕的脉搏，看看一分钟跳了多少次，检讨一下运动是否过度。

那么孕妇该如何锻炼才能保证母子得益，又不致影响胎儿健康呢？有些准父母一定听说过民间说到的孕妇活动禁忌，如不能跳绳、不能跑步、不能双手举高、不能持重等，因为这样的活动可能会引起流产或孕妇阴道出血。

一边做运动，一边感受自己的承受力来了解运动量，也是重要的标准（称为自觉性运动强度）。根据这

小·贴士

孕妇是不能进行太剧烈的体育活动，尤其在怀孕的头3个月，此时胎儿尚未完全成形，孕妇的肌体和激素也尚未完全调整好去接纳、保护胎儿，过分的运动容易造成流产。但适当的轻微活动、适当的劳动还是可以的，3个月后孕妇还可以进行一些运动。

种自觉性的标准，从稍感轻松的运动到稍感吃力的运动（汗流浃背的程度）之间，皆是适宜的运动量。

运动的种类

妊娠中并不是每一种运动都可以做，安全、效果好、轻松快乐的全身运动是前提，如利用呼吸，使用从肺送入的氧气制造出能源的运动（有氧运动）。如果是太剧烈的运动，造成体内氧气不足及肌肉疲劳，反而会得到相反效果。

1. 太极拳。太极拳是我们中国人的宝贝，孕妇不要轻视它，它要求人的精神处于放松和虚灵状态，动作柔和、气脉连贯，又比较轻松，没有突兀和剧烈的硬性动作，追求身体内气血的融和畅通，很适合孕妇锻炼，对胎儿也极为有利。中国古代胎教注重的就是孕妇气血的融和畅通，认为这样对胎儿成长是最好的。

太极拳需要学，好在现在城市、乡村不少地方住家附近就有练习的群体，建议有条件的孕妇去学一学。

2. 跳舞。专家认为慢步交谊舞是孕妇的一项很好活动，有利于身心的调节和健康，并且整个孕期都可以跳。只是注意不要弄得过于劳累，跳舞场所如果空气不好最好不要参与，孕妇如果觉得身体有不适也最好不要跳。

3. 广播操。广播操可以活动全身关节肌肉，锻炼面比较全面，又不那么剧烈，3个月以后的孕妇可以经常做做，只是有些高举的动作、扭腰下腰的动作、跳跃的动作、转身的动作不宜做，或者做得幅度小一些。不要用力过猛，不必过于追求动作到位，一般以孕妇不感到勉强、难受、过于疲劳为好。

4. 简易气功和瑜珈。孕妇躺着和坐着时可以做做简单的气功。先暗示自己全身放松，要一个部位一个部位地放松。然后柔和地开始深吸气，再慢慢地、细细地、自然地呼气，呼吸时尽可能让内心处于愉悦状态。这对调节体内血液循环，放松肌体，解除疲劳很有作用。

孕妇由于体内的负担，容易出现腰酸等不适。可将注意力放在腰部，暗示自己放松腰部，再进行上述的吸气呼气，可以减轻腰酸。

瑜珈的练习与做广播操一样，要避免过度弯腰、扭腰、转体、举胳膊等动作，以静功及动作柔和、无任何不适感为好。

5. 适当做家务劳动。"劳动是最好的医生。"这是流行在欧洲的一句名言。适当体能劳动能使人气血融和畅通、经络疏通、精神愉快，它显然对孕妇也是一种很好的活动。孕妇在家里可擦擦桌子，洗洗菜，洗洗碗，步行或骑车去买点菜，做点饭菜，用手搓洗点衣服，织织毛衣，扫扫地，坚持走路，骑车或坐公共汽车上班。在农村，仍可参加不重的田间劳动，手脚老在活动，筋骨会更有活力、更结实，身体会更好，胎儿也会从中得益。实践证明，活动的母亲生的孩子远比不活动或少活动的母亲生的孩子有活力、健康。民间观察发现，原先的大户人家的孕妇由于经济条件好，无须自己从事体力劳动，结果难产率较高，她们的后代懒散、肥胖、没出息的也较多。

现在的情况是，娇生惯养的女子较多，许多独生子女家庭的女子也到了结婚生子的年龄，其中有些孕妇显得很娇气，一怀孕就什么活都不敢干、不愿干了，动不动就嚷嚷着不舒服躺在床上，动不动觉得累就去坐着休息，动不动要人来伺候自己。对此，我们的建议是：最好适当参加一些家务劳动，适当承担一些生活担子，这不会害你，只会对你有好处。以前农村里，许多孕妇都是除了极重的挑担、下河等劳动不做外，从头到尾始终参加各类劳动，有的甚至在农忙时节把孩子生在了田里。她们这样并没有什么危险和不适，反而自己和孩子都很健康。当然，我们今天不必这么提倡，这样提只是希望娇气的孕妇们明白，劳动是不会有什么不好影响的。

6. 游泳。国外专家一直鼓励孕妇游泳，认为这是一项有利于孕妇舒展身体的全身运动。要注意的是，水不能太凉，以免引起孕妇腿部肌肉痉挛；游泳的动作要轻柔缓慢，不要太猛；要适可而止，不要弄得很疲劳。

7. 骑自行车。如果孕妇没有什么不适，整个怀孕过程都可以骑车。要注意的是，上下车时动作不要太猛，腹部过大骑车不方便时最好不要骑。

8. 散步。孕妇产前经常做力所能及的活动，对于分娩将大有帮助。但到了这个时候，身体沉重的孕妇最适宜的运动莫过于散步了。

散步会给孕妇带来很多益处：

孕妇肌肉的力量得到锻炼而加强，还可帮助骨盆运动，有助于产妇分娩时减轻疼痛。

改善孕妇脚部的血液循环，促进全身的血液循环，使胎儿血液供应更充足。

可刺激脚下的诸多穴位，因此而调理脏腑功能，可使孕妇健力祛病。

安定神经系统，增加肺部换气功能，帮助消化、吸收和排泄。

每天早晨或傍晚，孕妇最好能到户外散散步，呼吸呼吸新鲜空气，原因是孕晚期的胎儿长肉长骨骼迅速，需氧量会大增，孕妇每天有一定户外活动不仅有利于胎儿养成好的生活习惯，也有助于胎儿的健康发育。注意户外活动的孕妇容易有活泼健康的孩子，这是肯定的。孕妇如果爱活动、爱户外，胎儿也会养成这样的好习惯，出生后会比较喜欢活动、喜欢户外、喜欢新鲜空气，这就为他将来有一个好的生活习惯奠定了基础。

值得注意的是，散步锻炼不宜在饭后马上进行，更不能选择在雨后、下雪后，以免跌倒引发意外。

散步时步履要和缓，心里不慌，脚步不乱，从容地行走，做到形劳而不倦，汗出而微见，气粗而不喘。这样有利于气血通畅，百脉流通，内外调和。散步行走，地点不拘，或在庭院花木丛中，或在房前屋后青草绿叶之中，唯求空气清新。千万不要到车辆行人多的马路街道上去，因为不仅不安全，行人的喧闹、车辆的噪声及排出的废气不利于健康，而且清静的心境也易被扰乱，影响锻炼效果。

散步时，宜每分钟走60~80步，每次20~40分钟。可配合擦双手、浴眼、浴鼻、浴面等活动，以增强健身效果。

┃ 锻炼前的安全措施

要有规律地锻炼，使孕妇身体处于良好的状态，以迎接妊娠的考验。但是锻炼时要量力而行。

妊娠期间的锻炼将提高孕妇心肺的适应性，改善孕妇体态，增加血液循环，控制体重，减少消化道不适，缓解肌肉疼痛和痉挛，使肌肉更加强壮。

身体锻炼能使脑释放某些化学物质，如5-羟色氨、多巴胺和内啡肽，它们能帮助孕妇减少情绪波动和精神压力并保持一个乐观向上的心态。研究表明，健康的身体能使孕妇精力充沛，顺利分娩，并且产后身体快速恢复（肌肉酸痛减轻、快速恢复体形），便于有更大的精力投入到对宝宝的照顾之中。

慎重选择锻炼项目

选择那些可以和伴侣或者朋友一起参与的项目。如果喜欢它，就有更大的积极性坚持锻炼下去。不要做那些易摔倒，易失去平衡或者易损伤腹部的危险运动，如骑马、翻滚、高山滑雪或打篮球、打排球等。妊娠期间避免潜水，以防气泡进入胎儿的血液。

保持体温正常

由于胎儿产生的热量通过孕妇的皮肤散发，所以孕妇的体温比正常略高，这叫做"健康妊娠玫瑰热"。这种体温的升高在锻炼时会让孕妇对高热敏感、易疲劳甚至脱水。

因此，在锻炼前后及锻炼过程中，当感到热的时候就要停止活动并且大量饮水，每天饮水量不少于2升，喝水要一口一口地喝，多喝几次。适当穿衣，无论天气温暖还是凉爽，穿衣服都不要太多。如果室外较冷，多穿几层，当感到热时可以适当减衣。锻炼时要穿优质的运动内衣，并戴好护腕以保护脚踝。

孕妇的正确活动姿势

恭喜你怀孕了

你会不会也和有些孕妇一样，知道自己怀孕后凡事战战兢兢，深怕自己可能会早产或流产，因此特意减少平日的活动量，甚至从怀孕一开始就停止了一切工作和家务。其实，如果你的体力和精神还不错，根本无须这样做，因为，过犹不及，一样无意义。

孕妇在妊娠期间，由于腹部渐渐隆起，腹肌和腰肌也逐渐伸展，从而减弱了对脊柱的支持作用；更由于受内分泌的影响，关节韧带松弛，对人体的支持也很不利。因此，孕妇在妊娠期务必要保持正确的站立、行走、坐位、睡卧等姿势，这样，不但能减少孕妇在妊娠期所承受的疲劳，也有利于腹中宝宝的成长与发育。

孕妇的睡姿

孕妇在怀孕初期体态还没有什么大变化，动作自然也和往常一样，睡姿也无须有太多限制。但由于宝宝在孕妇体内不断成长发育，子宫也逐渐地增大，到了妊娠后期，腹腔大部分的空间会被子宫占据。因此，专家建议孕妇在怀孕6个月以后不宜长期采取仰卧姿。如果孕妇仰卧睡觉，已经增大的子宫就会向后倾，压在腹部的主动脉上，将会减少子宫的供血量。当孕妇仰卧时，已经增大的子宫还会压迫到下肢静脉，使下肢静脉血液回流受阻，引起下肢及外阴部水肿、静脉曲张。同时，由于运回心脏的血量减少，将会引起胸闷、头晕、恶心、呕吐、血压下降等现

象。仰卧时，子宫还会压迫输尿管，致使尿液排出不顺畅，易患肾盂肾炎。

正确睡姿的要点：

孕妇在妊娠初期，最好是仰卧，好让全身的肌肉放松，以消除疲劳。

在妊娠中、后期，就要换个姿势休息或睡觉，侧卧可以使腹肌松弛，呼吸和血液都会比较通畅。所以，孕妇睡觉时最好是左侧卧、右侧卧位交替进行。

孕妇该睡什么床

如果孕妇的睡床太软，当孕妇仰卧时，脊柱会呈弧形，使已经前曲的腰椎小关节摩擦增加；侧卧时，脊柱也向侧面弯曲。若是长期如此，将会使脊柱的位置失常，并压迫神经，增加腰肌的负担，这样，不但不能消除疲劳，不利生理功能的发挥，还会引起腰痛。

一般人的睡姿在一夜之间是变动频繁的，辗转反侧将近30次。专家认为，辗转翻身有助于大脑皮质抑制的扩散，能提高睡眠质量。但如果睡床太软，孕妇恰好身陷其中，想要翻身可就难了。孕妇在怀孕期间，睡醒之后起身及下床的动作不能太快太猛，尽量放轻缓，千万不要过度拉扯腹部肌肉而对腹部造成压力。

总之，软硬适中的床与侧卧能提高孕妇的睡眠质量，使孕妇消除疲劳，甜蜜入梦。

孕妇的起身动作：

1.当你仰卧时，把膝盖弓起，两腿并拢，缓缓地转到身体的左侧或右侧。

2.将身体的重心放下，以双手支撑全身重量，慢慢地翻坐起来。

3.再把双手放在一腿的膝盖上，慢慢地将重量由

小·贴士

孕妇在睡觉时采取左侧卧位，不但可以避免增大的子宫对下肢动、静脉及肾脏的压迫，保障心脏的排血量，并保持肾脏有充分的血流量，改善子宫和胎盘的血液供应，有利于胎儿的生长发育，而且可使右旋子宫转向直位，纠正异常的胎位。

膝盖移开，稳稳地站起来。

孕妇的休息姿势

当孕妇的肚子渐渐膨胀起来后，难免会感到压力沉重，累时记得要稍事休息，不管是在什么场合，一定要告诉自己："我一定要休息。"

不管孕妇是采取什么姿势，哪怕是紧闭双眼几分钟养养神都行。

坐下来休息后，尽量动动双脚，脚趾头也趁机伸展一下，或是甩甩手、耸耸肩、转转脖子，这些都会让你舒服许多。

如果你可以躺下来，仰躺时，可在膝盖和脚下垫个软垫子；若是侧睡时，就在左腿或右腿的膝盖下垫个软垫子。

孕妇的站姿

需要久站的孕妇，常会忽视正确的站立姿势，从而使骨盆底肌肉松弛。如果能保持正确姿势，凸出的小肚子不太明显，看起来不仅姿态优雅，而且还能预防怀孕期最容易引起的腰酸背痛、肩部僵硬、头痛等毛病。

所以，孕妇最好常常站在镜子前面练习，养成时时刻刻都保持正确姿势的好习惯。

更要注意的是，不要一个姿势站到底，换个姿势会舒服些，比如耸耸肩、转转头会让筋骨放松许多。

正确的站姿：

1. 挺直站立，抬头挺胸，两腿平行，双脚稍微打开，把重心落在脚板上。

2. 缩紧小腹和臀部，下颚往内收，将背部肌肉伸展开来。

3. 若是站立时间长，最好每隔几分钟就调整一下脚的位置。

孕妇的走姿

孕妇的昂首、挺胸、凸肚的姿势，极易使人疲劳，而怀孕后期隆起的大腹，遮挡了目视脚前的视线，也易使孕妇在行走时发生意外。因此，孕妇行走时一定要抬头挺胸，下颚微低，后背直起，臀部绷紧，一步一步地走，不可急行或踮脚尖走。

孕妇可以一边走路一边欣赏路边的景致及来往的过客，或是嘴边哼唱歌曲，踩踏着有节奏的步伐，心情自然轻松愉快，便不觉疲劳。

孕妇上楼梯

爬楼梯是很好的运动。孕妇平日就应该养成经常运动的习惯，分娩时才会不费力气。

孕妇爬楼梯时，腰部要挺直，脚尖先踩地，脚后跟再落地，落地后立即伸直膝关节，并将全身的重量移到该脚上，这时再以同样的方式举起另一脚。如果楼梯有扶手，最好扶着扶手慢慢爬梯而上，这样会比较安全些。下楼梯时，要踩稳步伐，因为隆起的腹部会遮到视线，所以一定要确定是否踩实。手要攀着扶手，不要过于弯腰或挺胸凸肚，看准脚前阶梯再跨步，看得准自然就走得稳。

若是体力不佳，别勉强一口气爬完全程，要边爬边休息，量力而为。尤其是到了妊娠8个月以后，孕妇的腹部容易发硬，更不可勉强进行。

孕妇的坐姿

孕妇想要坐下时，要先确定椅子是否稳固，不要眼不看就一屁股往后坐。不妨以手作为"探测器"，确定椅面后慢慢地由椅边往里靠，直到后背笔直地倚靠在椅背上，股关节和膝关节最好成直角，大腿要保持水平状态。一屁股猛然就坐下，或长时间坐在软绵绵的沙发上都是不好的。

坐在椅子上的正确坐姿：

坐在差不多是椅面的1/2处，再慢慢地挪动下半身，直到背部紧紧地靠在椅背上，并把背部的肌肉伸展开来。腿部要并拢，以免腰酸背痛。

坐在地板上的正确坐姿：

当孕妇腹部越来越大，坐在地板上时，一定要在臀下放个软垫，保持良好的平衡感，同时也

比较舒服。若是侧坐时，要使腰骨平行，并于倾斜的一方下面垫个软垫。

孕妇的蹲跪姿势

当孕妇想要蹲下来捡东西、做事或抱小孩时，应该先屈膝蹲下再弯腰，双足平稳地踏在地面上，然后缓缓地站起来。应该由大腿来承受所有的重量，腰部才不容易受伤。

正确蹲跪法：

左脚先往前跨出一步，双膝慢慢弯曲，如果身边有稳固的支撑物，最好攀扶一下，腰随着下弯，直至双足踏实在地面上。如果需要跪下时，就将双膝缓缓着地，以腿来支撑全身的重量。

孕妇做家务

每个孕妇的妊娠现象并不完全相同：有人可能病恹恹的，也有人需要卧床安胎，但也有人依旧生龙活虎般地行动自如。从健康着想，适度的运动对孕妇本身和腹中的胎儿都是有帮助的。

因此，孕妇不能什么都不做而变成懒骨头，偶尔也可以做做家务活动一下筋骨，才不会一直沉浸在孕期不适的忧郁中。只要小心一点，不要过于劳累就好。

由于孕妇大腹便便，所以在做家务时要确定姿势是否平稳、正确，尤其不能打滑，否则后果不堪设想。

吸地板：

1. 双脚前后站，后脚弯曲。

2. 尽量不弯腰，只是将重心前后移动。

擦地板：

如果腹部还不大，可以偶尔擦擦地板。如果你不用拖把，最好采用跪姿。如果是以拖把来拖地，姿势大致与吸地板相同。

熨衣服：

熨衣服时，不要立正站好，而是打开双足，向前或向外跨出一步，挺起腰部，以免使腰部活动量过大。将一脚踏在低矮的小板凳上，可以消除腰部的紧张感，也比较轻松。

■ 孕妇健身操

虽然，在怀孕期间女性身体变粗变笨是不可避免的，但是即便如此，也要坚持做力所能及的健身操。做健身操，可以使你继续拥有美丽的皮肤，有弹性的胸部，结实的臀部，并且为产后尽快恢复昔日的窈窕身材做准备。

靠近体操

这个运动可强化腋下至胸部的肌肉，预防乳房向两侧松弛扩散。若在热水里练习，将更有效果。

1. 挺直上半身，手臂平举于两侧，手肘与手臂成直角，吸气。

2. 一边吸气，一边让手肘保持向上，两手肘在脸的前方会合。以此动作重复30次。

腹肌运动

虽然游泳或散步等全身运动对于预防过胖有很好的效果，但若要防止妊娠纹及产后松弛，腹肌运动不可缺少，对安产也有益。怀孕期间不可做剧烈运动，但腹肌运动是允许的，最好是每天都做。

第一组

1. 坐下后，双手贴地，双脚伸直。

2. 一边吸气，一边把右脚向腹部弯曲过来，而后边吐气边把脚伸直。左右交换重复做10次。

第二组

1. 两膝弯曲仰卧，双手放在腹部上。

2. 边吸气边把脖子抬起,抬到不能再勉强的程度把气吐出来,使脖子放下恢复原状。重复做10次。

伸展运动

伸展运动是锻炼开始和结束的重要组成部分,它能够帮助缓解某些常见的妊娠不适,例如腿脚抽筋。但是,在伸展活动以前,先要柔和地活动肢体,以温暖肌肉。要当心伸展过度。

腿部伸展:

两脚稍微分开,右脚后退一步,左膝稍弯曲,压右脚跟,上身稍微向前倾斜,直到右腿肚有牵拉感,然后复原。如果腿肚牵拉感不明显时,则向后移动一下右脚。换左脚,反复进行。

伸展大腿前部:

两脚分开与臀部同宽,左手扶椅背,微屈左膝,向前抬右腿,手抱小腿。然后屈右膝,使右膝与左膝并列,右脚踝位于臀部之下。稍微向前倾斜骨盆,保持一会儿,直到有牵拉感,然后松开。再换左腿做同样的动作,并反复几次。

侧伸展:

两脚分开与肩同宽,膝部微屈。左手卡腰,向上伸右臂至头顶上方,身体向左弯,幅度超过左肘关节,保持一段时间,直到有牵拉感为止,然后复原。再换右侧做同样动作,并反复几次。

上臂的伸展:

脚分开与肩同宽,收腹,向上伸右臂。后屈右肘关节、手指伸达两肩胛骨之间。左手放在中肘关节上,轻轻向后拉右肘。坚持一段时间,直到右侧背感到有牵拉感为止。然后复原,再用左臂重复进行同样的动作。

腿部的伸展:

坐在地板上,右腿前伸,将右脚放在左膝上。轻轻屈左膝,向躯体侧滑动右脚,保持腹部肌肉拉紧。保持一段时间,直到右大腿和右侧臀部感到有牵拉感为止,然后复原。用另一侧重复进行。

胸部的伸展:

坐在地板上,两腿轻松交叉,手放在臂部,使腹部肌肉拉紧,脊柱伸展,两

肘关节向后拽，两肩胛骨向中线靠拢。坚持一段时间，直到胸部有牵拉感为止。如果需要，反复进行。

会阴肌肉运动

仰卧，双膝屈起，尽量使会阴肌肉收缩，好像制止大、小便动作一样，保持一会儿，然后放松。此动作重复20次，每做5次便稍作休息。此运动可在整个孕期进行。

伸脚运动

仰卧，左膝屈起，右脚伸直，收缩腰侧肌肉，使右脚沿着床向上缩，然后放松，将右脚沿床向下滑，做5次。然后右膝屈起，左脚伸直重复同样动作。做5次便稍作休息。

脚部运动

深坐在椅子上，腿与地面垂直，两脚并拢，脚板平放在地板上或双脚交叉，脚尖使劲向上翘起，同时做深呼吸运动。待呼吸一次后，再恢复原状。左右脚轮流进行。

双肩环绕

双手放在肩头，手心向下，分别向前后环绕，练到肌肉微微发酸为止。此种运动，可锻炼胸肌和乳腺，为产后哺乳做准备。

胯部摆动

直立，双手叉腰，向前、后、左、右推动胯部，或是扭动胯部做圆周运动。其目的在于锻炼腹肌、背肌，为胎儿长大时增加腹部承受能力做准备。

在整个孕期应经常做这种体操。运动要适宜，感到疲劳时立即休息，保证舒服轻松为宜。

扭动骨盆

1. 孕妇仰卧，两臂伸直，双手摊平，双腿屈曲、并拢，双腿开始向左倒，直贴床面后再向右中侧倒，直贴床面，这使双膝在空中划了一个半圆，同时带动骨盆运动。整个腰部要来回扭动，但上半身要保持完全不动。连续来回做6次。

2. 左腿伸直，右腿屈曲向左倒，直贴床面，这种右膝在空中划一个半圆，再恢复到原位。然后右腿伸直，左腿屈曲向右倒，直贴床面，这使左膝在空中划一个半圆，再回复到原位。整个运动中要保持上半身完全不动。连续来回做6次。

该运动在妊娠4~7个月时做。

振动骨盆

1. 仰卧，双腿微屈，借助腿、腹胸部肌肉力量，使腹部提起，再使臀部抬高，然后放下到卧位，放松。

2. 翻身面向床，膝盖及双手支撑身体，头下垂，再抬头挺胸，后背翘起，胸腹腰前移。重复练习，目的是锻炼下腹部肌肉和产道出口的肌肉。

每天早晚各一次，进行5~10个来回。此项运动可一直进行到分娩时。

盘坐压腿

盘腿坐定，双手放在膝盖上，配合深呼吸，把膝盖向下推按和放松收回。该运动可放松髋关节，伸展骨盆肌肉。每次进行5~10个来回，盘坐压腿可一直进行到分娩时。

孕妇保健

多运动保健康

孕妇在妊娠期间多多少少会有不适症状，轻重则因人而异。想要完全避免这些不适的症状，几乎是不可能的事，所以，孕妇最好在日常生活中练习一些简易的柔软体操来减轻不适。

保证适量的运动，不仅可以预防各种症状的发生，同时也是为了养胎、顺利分娩及锻炼肌肉。如果有不正常的情况，最好是立即停止运动确保安全。

消除手部发麻

很多孕妇在早晨起床时会有手部发麻不能持物的情形，这是因为孕妇在妊娠期间体内容易囤积盐分，产生浮肿，导致手腕的韧带肿大，韧带一肿大，便压迫到神经而使得手部发麻。尤其在夜间安静的状态下最容易发生，通常只要加以按摩后，就会慢慢地自然消失。

除了做运动及加以按摩之外，在饮食上也要多加留心，千万不要摄取过多的盐分。

可喜的是在分娩后这些现象自会消失无踪。如果想稍微缓和一下发麻的现象，可将手腕来回地上下转动，或是做手部握合等运动，都有助于减轻发麻的症状。

有时上腕部和肩膀也会发生发麻的现象，只要多加按摩即可无碍。但如果有持续严重发麻的现象，最好是找医师诊治。

消除手脚发麻的具体方法：

早晨睡醒后，别急着下床，可躺在被窝里做手指伸直、弯曲、握合、张开等动作，顺便动动脚板，伸张一下脚趾头。

消除腰酸背痛

每一个孕妇腰酸背痛的程度都有所不同，这是因为，妊娠期间肌肉或韧带组织松弛，从而减小了对身体的支撑力，而日渐隆起的腹部会使身体重心往前移，为了取得平衡，就必须常保持挺胸突肚的姿势，因此使腰部往前方弯曲的压力增大，从而对腰部造成极大的负担。此症状虽然不必太担心，但如果持续时间较长且强烈疼痛，就可能是椎间盘突出压迫到了神经，所以要找专门的医师来诊治。

只要孕妇稍加留意日常生活中的各项动作及姿势，就可以预防症状发生或缓和症状。从妊娠初期一开始，背脊就要保持挺直，若是必须长时间站立时，千万不要一种姿势站到底，偶尔坐下来或躺着休息一下。当孕妇坐下时要将腰部贴紧椅背，最好穿低跟的鞋子，或是穿上孕妇专门用来防止腰痛的紧身胸衣（帮肚）。如果能加做一些适度的运动和柔软体操也会有不错的预防效果。

消除酸痛的方法：

1. 趴跪在地上，以双手和双膝着地撑住身体，吐气，并将背脊伸直，头仰起。

2. 将背拱起，弯曲肚子，吐气。

3. 每日做3~5次即可，起身时动作要慢。

消除脚抽筋

当孕妇怀孕满6~9个月时最容易发生脚抽筋，有绝大部分的孕妇都有过这种经验。脚抽筋现象容易发生在晚上睡觉时，有时会让孕妇痛得醒了过来。

脚抽筋的主要原因是钙质不足，而筋肉疲劳、血液循环不佳也会产生抽筋症状。

当孕妇脚抽筋时，可抓着抽筋那只脚的大拇趾，就像要把脚后跟抬起一样将脚拉长，然后按摩小腿肚，就可以缓解疼痛。

在日常饮食中，孕妇要多多摄取含有丰富钙质的食物，如牛奶、油菜、萝卜干、乳酪、小鱼干、芝麻、芹菜等。

孕妇要注意保暖，不要使脚部受凉，洗澡时要经常按摩脚部，走路时脚跟要比脚尖先着地。如果抽筋现象十分频繁，就该找医师诊治。

消除脚抽筋（一）：

1. 挺直站立，抓住椅子。

2. 将双脚前后分开，右脚在前，左脚在后，把后方的左脚打直。

3. 尽量伸展。左右脚交替练习数次。

消除脚抽筋（二）：

1. 挺直坐立，右脚伸直，左脚往内收，平贴地面。

2. 右脚脚尖打直，脚板上下弯曲。重复此动作约10下，左右脚交替练习。

浮肿是孕妇在妊娠期很常见的症状之一。在妊娠中期一开始时，如果长时间站立，在小腿和趾甲处就会出现轻微的浮肿。因为孕妇怀孕时，身体很容易储积水分，而这些水分就会从血管或细胞中渗透出来，并且囤积在皮下组织下面，再加上子宫变大，下半身的血液循环不佳，从而造成浮肿。浮肿时孕妇常会伴随全身发酸、有倦怠感、体重增加、口渴、如厕次数减少等症状。

消除浮肿

消除背部酸痛的方法（一）：

1. 挺直站立，双脚打开与肩同宽，双膝微弯。

2. 双臂平伸与肩同高，头朝下，双目注视肚脐。

3. 将十指交叉，掌心朝外前方压伸并拉直，将头抬起，夹紧双膝。

消除背部酸痛的方法（二）：

1. 挺直站立，双脚打开与肩同宽，双膝微弯。

2. 把手腕拉至背后，使胸部稍微往前突出，臀部用力夹住。

3. 双臂平放在背后，十指交叉，将手腕提升至肩胛骨上方，头顺势后仰。

消除脚浮肿应做到以下两点：

1. 仰卧平躺于床上，全身放松。

2. 两手平放在身体两侧，将双脚平放在软垫上，静卧休息一下，即可缓解浮肿症状。

预防静脉曲张

主要发生在下肢皮下浅直的大隐静脉，其次是小隐静脉。静脉曲张往往随着孕妇妊娠月份的增加而加重，越到妊娠晚期，静脉曲张的程度越严重。经产妇患静脉曲张要比初产妇更常见且严重。

小·贴士

浮肿是妊娠毒血症的唯一自觉症状。如果只是轻微的浮肿，孕妇可自己压压小腿；要是无法改善，并且一周内体重增加0.5千克以上，那就要找医师诊治了。如果只是下半身浮肿，属自然的生理现象。在分娩完后，浮肿现象就会渐渐自然消失。

静脉曲张的主要原因：妊娠时子宫和卵巢的血容量增加而影响下肢静脉血液的回流，增大的子宫压迫到盆腔内的静脉而阻碍下肢静脉的血液回流，或者受到激素的影响而使血管扩张。

其实静脉曲张是可以预防的，万一孕妇已有症状发生，也是可以缓解的。在妊娠期间孕妇要多多休息，忌久坐、久站和负重，否则出现下肢静脉曲张的几率十分高。

预防静脉曲张运动：

1. 仰躺于床，双脚弯曲，将一脚往上抬起伸直。

2. 将抬起的一脚打直脚板，然后弯曲放松。每天练习即可使下半身血液畅通，预防浮肿。

解除便秘

很多孕妇从妊娠开始就有便秘的烦恼。这是因为妊娠使黄体素的分泌量增加，也减弱了肠的功能，而且日渐增大的子宫也会压迫肠子。

预防、消除便秘的最佳方法就是食物疗法。孕妇应多多摄取纤维含量丰富的蔬菜、海藻类食物、牛奶、乳酪等，以增进肠部的蠕动功能。也不妨晨起时喝杯冷开水或牛奶，就会有不错的效果。另外，每天上厕所的时间也要固定，并做一些适量的运动，例如柔软体操、散步都是不错而且不可缺少的预防妙招。

如果孕妇的便秘情形很严重，除了更加注意日常作息外，应找医师诊治。千万不可大意或强忍，否则极有可能引起痔疮。

解除便秘运动：

1. 仰卧于床，双膝曲卧，不必紧靠臀部。

2. 以膝盖夹住一个软垫，缩腹，拉紧骨盆底的肌肉，再把骨盆往上提。

预防尿频、渗尿

膀胱位于子宫、耻骨和腹壁之间，因此，如果子宫变大，就会压迫到膀胱，使膀胱的容积变小。再加上怀孕而增加的卵泡激素，使膀胱黏膜充血，所以孕妇会尿意频频。一到妊娠中期之后，这些症状都会缓解，但到了妊娠后期，膀胱又会再一次受到压迫，孕妇于是又尿意频频。

如果孕妇除了尿频之外，老感觉尿得不干净，而且排尿时还有轻微的疼痛，即有可能是得了膀胱炎，那就得马上接受治疗！

白天尿频立即解决，尚无大碍，但要是夜间也如此，就会影响睡眠质量。遗憾的是，这并没有任何解决方案，只好请孕妇在睡前少喝水。

由于孕妇骨盆内的肌肉松弛，很容易有渗尿的情形，但只要做些锻炼肌肉的体操，就可以改善了。若要预防膀胱炎，就要摄取足够的营养，以增加抵抗力，并且时时保持外阴部的清洁。

预防尿失禁的方法（一）：

1. 仰卧于床，双膝曲起，大腿紧靠，双手平放在腹部，以感觉腹部的起伏。

2. 以鼻吸气，使腹部膨胀，再以口吐气，使腹部缩小。

3. 多练习几次，持之以恒，必有成效。

预防尿失禁的方法（二）：

1. 仰卧于床，双膝曲起，双腿紧靠，双臂微张，平放在身体两侧。

2. 双脚膝盖夹紧，一起往左侧或右侧倒下平放于床面，而脸必须刚好与脚的方向相反。

预防妊娠纹

妊娠纹在医学上的正式名称是"线状皮肤萎缩症"。大部分的孕妇在怀孕6个月之后，腹部及乳房快速增大，此时覆盖在表面的皮肤（表皮、真皮）就会跟着扩张，而下层的结缔组织纤维因为无法跟着扩张而断裂，于是出现了妊娠纹。

妊娠纹容易出现的部位是胸部、腋下、乳房、腰部、大腿、大腿根部、臀部……很多孕妇十分在意妊娠纹，因为妊娠纹一旦出现基本上就不会消失，只会变得淡一些。预防妊娠纹的关键：妊娠4个月后开始勤做肌肤按摩，适度的运动，饮食均衡。

预防妊娠纹的按摩方法：

1. 臀部：以整个掌面由脊椎处往腰的两侧推，约10次。

2. 腹部：以整个掌面由腹部的中心往外推，约10次。

预防妊娠纹的手部运动：

1. 挺直站立，双手手肘打开。

2. 手肘微弯成90°，握拳并朝上。

3. 双手手肘用力，向胸口内侧靠拢，开合8次。

预防妊娠纹的腰部运动：

1. 吸气，并举高右手。

2. 吐气，并将上身侧弯，再伸直。不可向前弯曲。左右手交换练习数次。

预防妊娠纹的腹部呼吸法：

1. 一边深呼吸，一边鼓起腹部，保持5秒钟。

2. 收缩腹部，将吸入的气移到肺部后，于5秒内完全吐出。

预防妊娠纹的紧缩脚部法：

1. 仰卧平躺于床上，脚板打直。

2. 抬起上半身，以左膝碰触右胸，右膝碰触左胸。左右交互做10次。

呼吸操

仰卧腹式深呼吸

孕妇躺在床上，膝盖稍微弯曲，两脚轻松分开，两手轻放在下腹部两侧，两拇指位于脐正下方，小指位于耻骨联合上3~4指远，围成三角形。

深呼气，用鼻深深地吸一口气（吸气时使下腹部隆起），当不能再吸气时，慢慢地用嘴呼出气体，呼气同时使下腹部凹隐恢复原状。

侧卧腹式深呼吸

　　孕妇侧卧在床上，两膝轻松自然弯曲，身体下方的手向上弯曲，手掌放在脸旁，上方的手轻轻放在下腹部，然后如腹式呼吸方法，用鼻子深吸一大口气，使下腹部鼓起，不能再吸气时再慢慢用嘴呼气，使下腹部恢复原状。

短促呼吸

　　仰卧后膝盖弯曲，双手交叉握在胸前先吸气后用鼻快速短促地重复呼吸5次，口微微张开，慢慢呼气。重复练习。

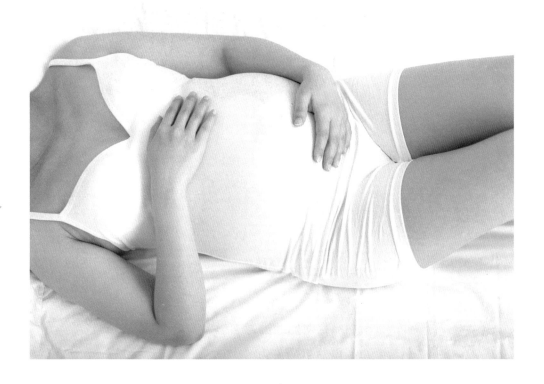

第三章

品格养胎

◎ 孕妇品格对胎儿的影响

◎ 孕妇应注重的行为

◎ 品格养胎心灵操

"好孕"干货尽在码中

科学备孕有指导，胎教干货跟着学。

既然决定要孩子，谁都希望生个正气、德行好、品格高的孩子，自古至今，有多少父母因为有这样的孩子而骄傲自豪、神气欢喜啊！那么如何才能得到这样的孩子，如何才能避免生出不孝、无德无行的孩子呢？

孕妇品格对胎儿的影响

在这一点上，我们的古人经过长期的观察和经验积累，还是总结出了一些经验。前面我们已经提到过，古人认为孕妇的为人处事、日常生活起居的方式，会通过气血运行的规律对胎儿产生不小的影响，孕妇身正则气正，孕妇品性正，孩子就不会有邪气，只会才德过人、有大出息。

古书中记载的周文王、周成王之母"目不视恶色，耳不听淫声，口不出傲言"，"立而不跛，坐而不差，独处不倨，虽怒不骂"就是很好的例子。我国隋代名医巢元方总结得更好："子欲端正庄严，常口谈正言，身行正事。"就是说，如果想要孩子品格高、行为端正，孕妇自己就要说正气的话，不说邪气的话；做正气的事情，不做邪恶的事情。否则就会出现民间所说的"上梁不正下梁歪""有其父必有其子（女）""有其母必有其女（子）"的现象了。

119

孕妇应注重行为

1. 学会尊重他人，宽厚待人，不斤斤计较，不做怨妇。

2. 乐于为他人或集体做事，乐于赞美他人，能由衷地为他人的成就高兴。

3. 遇事不打小算盘，不贪小便宜，把"君子爱财，取之有道"当作自己的做人准则。

4. 不在背后说人长短、说人坏话，不搞阴谋诡计。

5. 不欺诈，不霸道，不侵犯他人利益，不以破坏他人前途为快。

6. 不欺凌弱小，不乘人之危。

7. 克服不良欲望，不听淫乐，不看淫片，不吸毒、不酗酒、不赌博、不放纵自己，生活不依赖他人。

8. 不允许自己随意发脾气折磨人，注意克服自己的粗俗、疯狂、娇气、懒惰、小心眼和自以为是的缺点，追求大气、大义。

9. 待人处事讲求诚信，处处以诚为本。

10. 日常生活中"坐有坐相，站有站相"，多注意培养自己的正气和美好情怀。

11. 能从心底深处爱亲朋好友、邻里和他人。

孕妇"品格养胎心灵操"

第一节　早晨起床前先闭目让自己放松，使身心头脑处于宁静舒适状态。

第二节　在平静舒适的心态中暗示自己："我是一个正气的人，我也要培养出一个品行端正的孩子，所以起床后一定要注意保持行为品格的端正，一天不得出错。我相信自己完全能做到。"

第三节　继续暗示自己："我心中充满了爱意，不仅爱丈夫，也爱亲人朋友和他人，爱所有的孩子。我将以最真诚的心去对待他们，我相信我腹中的孩子也会感受到这一切，相信他也会这样为人的。"

第四节　继续暗示自己："我知道我会为自己的这种追求感到自豪，也会由此得益，得到品格端正的好孩子。我不会允许自己出现上面提到的不良行为和心态，对此我有充分的信心。"

晚上睡觉前，孕妇可再检查一下自己一日的行为，如果做到了，你可以为自己的努力而感到自豪。

跟着专家学干货，让你成功接"好孕"

为了帮助你更好地阅读本书，我们提供了以下线上服务

快来学

· 听【科学备孕指南】　　专家指导，轻松备孕

· 看【孕期饮食手册】　　吃对三餐，母婴健康

跟着做

· 听【胎教音乐合辑】　　保持妊娠期间好心情

· 做【孕期运动指导】　　宝宝发育好，妈妈反应少

来分享

· 进【育儿交流群】　　育儿过程有困难，宝爸宝妈来帮忙

微信扫码，添加智能阅读向导
看【孕妈心理课堂】，缓解孕期压力

PART ④

妊娠胎教篇

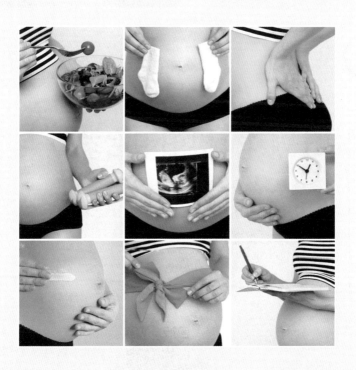

第一章

妊娠前期的胎教

◎ 避免外界的影响

◎ 妊娠初期引起流血的原因

◎ 孕妇饮食的调配

"好孕"干货尽在码中

科学备孕有指导，胎教干货跟着学。

避免外界的影响

妊娠初期，胎儿若受到外界的刺激，将影响其脑部及手脚的发育。妊娠初期（4~8周），是胎儿成形时期，孕妇若服用镇静安眠药，可使形成胎儿手脚部分或神经元等受到阻碍，发育途中停止分化，可能导致胎儿在手、脚未完全分化成形时便流产。

若孕妇在妊娠初期的临界期罹患风疹，则婴儿的眼睛、耳朵、手、脚、心脏等发生障碍的比率高达33％~58％。若孕妇有免疫力，则胎儿应不致受到滤过性病原体的侵害。另外，烟、酒、精神上的压力等亦将阻碍胎儿的正常发育。

妊娠第2个月，即开始生长生殖器官时，孕妇体内的胎儿若是女性，并在此时服用预防流产的黄体激素，则由于激素的男性化的作用，使得生下来的小孩难以分辨性别。性别分化的临界期，一直延续至妊娠的第5个月。

妊娠初期对胎儿而言是最重要、最特别的时期。这时，由于有些孕妇仍不知腹中有胎儿而忽略了许多事，易使小孩子受到恶劣的影响。所以，妇女需时时留意，处处小心自己的身体状况。

不要勉强进食

害喜现象连续两三个月，该吃东西了，但是一点食欲都没有，使得孕妇开始担心、烦恼，怕对胎儿产生不良的影响。

以往的病历显示，即使害喜相当严重的孕妇，持续两个月的呕吐也不会对胎儿产生不良影响，相反，胎儿已渐渐在成长、发育中。再者，害喜时胎儿还小，所需的营养分量并不多，即使孕妇不怎么吃东西，对胎儿而言仍然不会造成营养不良的现象。若是强迫孕妇吃一些对胎儿有帮助的食品，如钙质、蛋白质等，对胎儿、孕妇都不好。

害喜时，不仅影响食欲，也改变了孕妇的饮食习惯，甚至有些人看到了鱼、肉即想呕吐，无法忍受煮饭的味道或鱼汤的味道。

只吃自己喜欢吃的东西，想吃时再吃，这样对孕妇反而是一种解脱，等过一阵子，便又可唤起食欲。这时，要特别留意摄取水分。但是最好不要喝咖啡或红茶，因为咖啡、红茶中含有咖啡因，过量的摄取，对胎儿并不好。

其实，害喜现象大致说来都差不多，应想办法适应它，早日适应它，改变它，以迎接一个充满母爱的妊娠阶段。对孕妇而言，这是一件永生难忘的回忆。

据说，早上一大早醒来时，吃一点东西，或是吃一些自己喜欢吃的东西，将有抑制害喜的作用。你不妨试一试！在床前多准备一些点心，第二天醒来时，伸手一抓，即可食用。

夫妻是一体的，此时，丈夫更能体现体贴、善解人意的一面，要多多协助太太，让夫妻俩一起度过这段特殊的日子，以增进感情！

妊娠初期引起出血的原因

成熟的女性，一旦出现不正常出血时，首先会想起妊娠，而孕妇发生不正常出血时，即担心是流产。经验告诉我们，即使是妊娠，亦可能发生月经以外的出血现象，但是，无论如何，在无月经后仍发生出血时，请尽快找妇产科医生诊察。

即使妊娠5~6周，仍常发生类似出血的现象，这时有人担心是流产，而有人认为是最后的月经，但是这无须过分担心。

妊娠初期，引起不正常出血的病因中，流产占94%，胞状畸胎占0.8%，子宫外孕占5%。而流产，亦可能是由很多状况所造成的，因而包含许多种类：

1. 迫切性流产

流产出血，但腹部并未感到疼痛。有些是因为染色体异常现象所引起的，而有些则归于一般的妊娠所产生的流产。

2. 进行性流产

正发生流产现象，不但发生出血，且腹部亦感到疼痛，胎儿或绒毛将流出子宫外。

3. 完全性流产

绒毛或胎儿已全部流出。

4. 习惯性流产

胎儿已死，但无出血流产征候，且维持6周以上。对孕妇而言，最容易因此而产生烦躁不安的情绪。

照理说，利用超声波检查即可查出腹中的胎儿是否已死亡，但是，因为胎儿心跳并不是很明显，所以在做检查确认时必须要非常慎重。若初次检查未听到胎儿心跳动时，可每周做2~3次的检查。为了预防感染，要留意生活方面，特别是性行为要停止。

5. 感染性流产

若因胎儿或绒毛受到感染而流产，或流产中受到感染，引起发烧、疼痛，则必须接受彻底治疗。

另外，妊娠时期之不同也将引起不同的流产类型：

妊娠初期5~7周，胚子已死亡，只留下胎囊，这时出血，疼痛现象并不明显，称之为枯死卵。这时即使胚子仍在跳动，过了1~2周之后亦将停止，常常容易转变成稽留性流产。

妊娠8周之后，照理应该一切平安无事。但是，若碰到出血现象时，可做流产的判断而尽快治疗。妊娠8周左右是属于完全性流产；妊娠9周以后，则大部分属于不完全性流产。

小·贴士

妊娠中，常常发生与流产、早产等完全无关的性器官出血现象，这是性交所引起的，是子宫入口的子宫颈管发生炎症或肿疱所引起的，只要接受治疗即可。

合理调配孕妇的饮食生活

　　妊娠1个月左右时，胎儿只有1~2毫米大小，不需要太多的养分。但是，胎儿是逐渐在长大的，需要从母体得到大量的养分。孕妇为了顾全胎儿生长阶段的营养均衡，需要努力改善饮食生活。如果饮食不足，孕妇营养状况不佳，会产下面黄肌瘦的小婴儿。可见，母体的营养状况优劣与否，对胎儿的发育影响极大。

　　若孕妇偏食，可造成胎儿在营养方面的不均衡。虽然不知应摄取多少的养分才能产下聪明、健康的婴儿，但是可确知的是，孕妇营养不均衡是很难产下健康婴儿的。

第二章

妊娠中期的胎教

◎ 饮酒对胎儿的影响

◎ 妊娠与补铁

◎ 妊娠健康标准

◎ 保持密切夫妻关系的重要性

 "好孕"干货
尽在码中

科学备孕有指导，
胎教干货跟着学。

维系胎儿的健康

维系、抚育小生命的生长，不仅需要营养食物的补给，而且"母亲温柔善解人意的心思"，对胎儿也是重要的营养要素，母亲的精神状况也会影响胎儿的发育状况。例如，夫妻常年吵架，将造成胎儿身心上不健全。若母亲过于兴奋则胃液分泌将转坏，小肠未能顺利蠕动时，所吃的东西不容易消化，同时无法吸收营养而整个排泄掉。如此，便无法提供给腹中胎儿营养丰富的血液，对胎儿的成长也造成不良的影响。

妊娠中期，容易让人感到心烦不安，若想得到活泼、开朗的小孩，那么不要因为先生或周围的一点小事而生气，随时保持愉快的心情来面对一切。若经由激素所传递的都是母亲的不满和压力，这对小孩是何等的不公平，而且这样的小孩也实在太可怜。为了给予小孩一个健全的身心及健康的身体，母亲必须随时保持开朗、温柔慈爱的心情，并且能持之以恒。也唯有这样充满爱心地生活才是最高的胎教。

不要喝酒

到处充满压力的生活，使得女性也借着酒精来舒解压力。或许酒精能减轻压力与无奈，但是，酒精对胎儿而言则是另一回事。妊娠中，母体中的酒精将透过胎盘而渐渐地流入胎儿的血液中，这对正在茁壮发育、开始形成中枢神经系统的胎儿而言，不是件好事。何况，这时胎儿的肝脏功能尚弱，分解酒精的能力还不够，如此吸收酒精，将使胎儿感到醉意，甚至影响到胎儿的脑部发育。

妊娠和铁质

　　未怀孕的女性体内，约贮有2000毫克的铁，而这些铁是结合蛋白质而贮存在红血球中的。

　　怀孕前半段时期，体内需要31毫克的铁质，所以需食用24毫克以上含铁质的食物；后半期，体内需要5毫克的铁质，相对即应食用40毫克的铁质。妊娠中，共需800毫克以上的铁质。在营养均衡的饮食中，若想补充必要的铁分，需饮用2~3倍以上的热量食物，但这样反而不好，而且也易造成肥胖，实际上也吃不完那么多食物。最好是食用低热量而高铁分的食物。一般来说，肝脏类的食物较理想。

　　妊娠中期，血色素大致是11~12g/dl，妊娠第8个月时，则减至10g/dl（注：为了测验孕妇血液中的铁分，检查血液时即测定血球中的铁蛋白、血色素量）。这时与其服用含有铁质的药剂，不如从妊娠第5月左右即食用含高铁质的食物。因为药剂伤胃，容易引起胃痛、食欲不振、恶心反胃等现象。

小贴士

　　母亲若持续沉醉于酒中，则发生流产、早产、死产、畸形儿、低能儿的几率很大，生下来的小孩常常发育不良、运动机能发生障碍，到了学龄时期智能仍不足等现象。因此，为了杜绝后患，孕妇应绝对禁酒。

健康标准

　　妊娠期间，母亲平均体重大概增加了10~12千克，其中5千克是胎盘、羊水、胎儿的重量，而剩下的6千克是母亲腰部脂肪及增加的血液等。若至妊娠中期体重

未增加，食欲持续不振则并非好征兆。

　　一般情况下，妊娠前至妊娠后期体重的增加，最理想是10千克左右。害喜时体重无法增加，妊娠第4个月时，体重应开始增加。至妊娠7个月（28周）应增加10千克以上，换言之，每4周（1个月）即应增加3千克以上。之后，若1周增加500克以上时，则需要控制体重。控制体重所采用的食物限制法，必须兼顾到胎儿的营养，在胎儿营养足够下控制体重。主要节制的是糖类、壳物、芋头类、动物性脂肪等，采取"质比量重要"的原则。

　　妊娠第8个月以后，过分摄取营养，不仅增加体重，肾脏功能也会受影响，水分堆积在体内而发生浮肿、水血症的现象。

　　体重增加而引起浮肿时，则需实行饮食控制，否则导致水血症，甚至引起妊娠中毒症，造成胎儿大脑发育障碍。同时，吃了过多高热量的食物所引起的体重增加亦将使胎儿产生过重的现象。

　　由超声波检查即可简单地推算胎儿的体重。体重过分增加的孕妇，至28周以后可测定胎儿的体重，根据胎儿的正常发育曲线来控制饮食。不过控制之前，应与主治医生多加商量。

　　这时一定要检查糖尿状况。胎儿发育正常时，则将产下3.6~4.0千克的婴儿。若发生难产时，则母亲与胎儿都要受很大的苦。一般来说，高大的母亲将产下3~4千克的婴儿，瘦小的母亲则将产下3千克左右的婴儿。

　　体重变化是孕妇身体状况的衡量标准。为了母体和胎儿能在最好的状况下过着妊娠生活，对于妊娠前即很胖的人，先行减肥之后再怀孕是比较恰当的。

保持夫妻的亲密关系

　　一般妇女怀孕时，把全部精神重心放在胎儿身上，而忘了先生的存在，不在乎先生。特别是第一次怀孕的妇女，害怕做些亲密的动作会对胎儿有些不良的影响，加上害喜的不适，腹部渐渐膨大，于是在不知不觉中便疏远了先生，远离了先生。妇女在怀孕期间，性欲降低，但是，先生们却没有性欲降低。若双方能了解彼此的需要，彼此相爱相扶持地度过这段特殊时期，将能安抚孕妇在情绪上的不稳定。

特别是怀孕的中期，孕妇的心情稳定，胎儿状态亦安定。若是怀孕过程皆顺利，在不压迫腹中胎儿的情况下，夫妻俩做些亲密动作并不会对胎儿产生不良影响。只是作为先生不要忘了细心地体贴照顾孕妇。同时需要注意的是："爱的行为"若是过分的话，将让妻子的子宫发生收缩，从而诱发早产。要在安抚孕妇情绪及不影响胎儿的情况下，进行夫妻性爱。

妊娠期，需要留意夫妻之间的性生活。初期，胎儿与母体之间的联系尚不稳定，若对孕妇子宫施加过重的力量，会使孕妇子宫产生收缩而造成流产。害怕流产的孕妇，或医生禁止性生活的孕妇，应好好地给先生做工作，避免性生活。

妊娠中期时，过分激烈的性交将促使阴道内非病原性细菌活化，有细菌感染的危险。

妊娠末期，孕妇的肚子逐渐增大，胎儿亦渐渐地移至产道的下方，做出生的准备。若这时加以刺激，促使子宫收缩，恐将造成破水而发生早产现象。总之，有关妊娠中性生活方面的事情应夫妻双方适时加以协调。

喜欢温柔的声音

妊娠第7个月，胎儿的音感神经已发育完成，身体逐渐长大，肌肤已能碰触到子宫壁。而孕妇的腹壁亦转薄，可将声音传至胎儿。胎儿出生前即能听到母亲的声音，虽无记声音的能力，却能记住音调、抑扬顿挫的节拍。胎儿出生的那一刹那，激烈地哭叫着，将他抱在母亲脸前，让妈妈温柔地与他说说话，不久之后，婴儿即停止哭泣。这是因为母亲的声音可唤起婴儿生活在子宫内的安全感。诞生在这个全新的世界里，宝宝最熟悉的是母亲的温柔的声音。对婴儿而言，母亲温柔的声音是无上的，让他觉得温馨、安全。

新生儿在胎内即已具备听声音的能力。胎儿时期常常可听到母亲时高时低的声音，渐渐地即熟悉声音，尤其是妊娠后期。对婴儿而言，胎内的经验即是他人生经验的基础。在胎中时常听到母亲温柔的声音，出生以后，一听到母亲的声音即感到安全，从而显现出温柔娴静的表情。看到婴儿的表情，使母亲爱子的心情更加深了一层。通过声音，将母子紧紧联系在了一起。

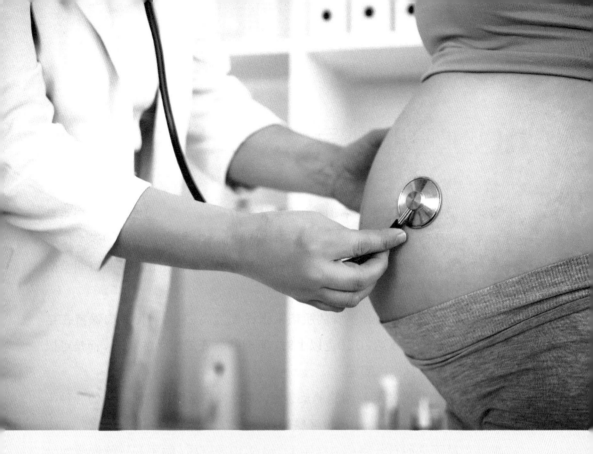

第三章

妊娠中期的胎教

◎ 呵护胎儿的心灵

◎ 保持孕后期的美丽

◎ 腹式呼吸的练习

"好孕"干货
尽在码中

科学备孕有指导，
胎教干货跟着学。

呵护胎儿的心灵

当胎儿成长到1500克左右时，由于身体发育尚未成熟，即使出生亦很难自己生存下来。此时期胎儿的呼吸运动还不规则，肺囊亦未充分扩展开来。使肺囊开展的沙法克丹特物质亦从第8个月末期以后才大量制造出来。此时期慎防早产。

从30周以后，可看出其手脚的肌肉紧张程度提高，并且可使肌肉保持在结实的收缩状态。当体重达2000克以上时，肌肉并非变成松弛的状态，而是可以紧紧地将自己的身体予以固定。

听觉在这时期已发育到间脑的反射弓，在母体日常生活中所产生的各种声音，如爸爸、妈妈的声音也逐渐传至脑部。

胎儿的颜面这时已长得相当结实了。超过30周以后，睡眠和觉醒慢慢地分得很清楚，而且也有假寐的情形出现。假寐显示出眼球的动作或呼吸运动等的特有状态。各位一定曾经见过出生不久的婴儿，在假寐中嘴巴好像吸奶般嚅嚅而动。

胎儿到了第8个月已经会打呵欠了，而且也会出现想睡的表情。眼皮似睁似闭，颜面往左右摆动，有时吸吸腕、手指。尤其是当他们饿了时，他们吸得更起劲，嘴巴张得大大的，好像需求些什么似的。但此时，他们还不会运用自己的手或手指。

胎儿听到声音时，胎动会有抑制的倾向，而心跳的变化也是自然的。通常，根据母亲的感情变化将胎儿的反应分为心跳没有变化（抑制型）与心跳有变化（反应型）两种。

到第8个月结束迈入第9个月时，胎儿的眼睛开始会对光线有所反应，而且会从瞳孔中反射出来。

在这个时期胎位已经定下来了。到25~26周时，约有50%的胎儿骨盘胎位不正（胎儿的头在上面、脚在下面），但是不用紧张，有些胎儿会用自己的脚去踢子宫壁，在羊水中慢慢地掉头（变成头在下，屁股在上），而其后有5%~6%的胎儿（此时一半以上是逆产）会自然回转，从逆产变为正常，但最后还是会有4%~5%的胎儿胎位不正。

如果此时期的羊水太少，或胎儿的膝盖伸直的话，那么自己是无法变换胎位的。

保持孕后期的美丽

怀孕到了第8个月，子宫上升到胸骨下7~8厘米处，而大腹便便看起来更加醒目了。这个时期做什么事都觉得麻烦，很容易过起吊儿郎当、邋里邋遢的生活。

受这种吊儿郎当、邋遢的生活方式影响最深的是未来的孩子父亲。在好不容易经过轰轰烈烈的恋爱，结婚没多久，期待中的小宝宝来临之后，没想到最爱的人突然整个改变了模样，昔日的身影如今何在？相信有这种慨叹的男性不在少数。

其实，大肚子也有大肚子美丽的地方，有时甚至不需买新的衣服，例如，利用先生的运动衫或T恤，只要稍加变化，就会创造出很好的效果。穿上先生的运动衫，然后在他下班时给他一个淘气的惊喜，说不定能产生新鲜感呢！

发型也很重要，不要老是一成不变。若是长发，可以编成如女学生般的辫子，或是视当天的气氛来改变发型，这些都可增加生活情趣。偶尔到美容院洗洗头，也许可使心情变得较为轻松，消除紧张的情绪。

当然啦！对于一个大腹便便的孕妇而言，过度忙碌操劳也个太好。但是如果说因为怀孕就不再体贴丈夫，或者就缺乏自我充实的想法的话，那么更别奢言"生产""育儿"等大事，也别想能够将孩子教育成堂堂正正的人了。如此一来，当然也就很难获得丈夫的体贴及协助了。

腹式呼吸的练习

当妊娠第7个月结束时，胎儿已超过1000克，而身高也有38厘米左右了。子宫对胎儿而言，已经是个日益局促的空间，因此这时请以腹式呼吸法给胎儿充分的新鲜空气吧！

另外一种说法是：做腹式呼吸时，会分泌少许使精神松弛的激素，这种激素传给胎儿时，可以使他的心情变得安稳。

腹式呼吸不管在什么地方都可以做。当孕妇感到有些疲惫时，不妨深深地坐在椅子上，充分伸展背筋，做深呼吸，这样便可使胎儿的心情整个平稳下来。

正确的腹式呼吸是：背靠于某物上（半坐位式），膝盖弓起，全身放松，将手轻轻置于腹上。首先，保持着扩展胎儿生存空间的意识，从鼻子吸气，使整个腹部大大鼓起。在吐气时，要从嘴巴慢慢地、强劲地将腹中的空气全部吐出。

腹式呼吸在吐气时所需的力量要比吸气时大，慢慢吐气是它的诀窍。必须注意：不可颠倒行之，而且要充分练习。

腹式呼吸每天要持续进行3次以上，早上起床之前、中午休息时、夜晚睡觉之前均可做。把全身放松，然后告诉自己说："来吧，孩子！妈妈给你送来新鲜的空气！"

学会腹式呼吸的方法之后，在生产时对于阵痛期间的放松也很有帮助。

PART ⑤

胎教方略篇

第一章

保持良好的身体素质

◎ 营养要均衡

◎ 保证充足的睡眠

◎ 进行适度的运动

◎ 要讲究卫生

"好孕"干货尽在码中

科学备孕有指导，胎教干货跟着学。

营养要均衡

营养对人体的健康起着重要作用，尤其是在女性怀孕期间，一个人摄入营养要供两个人消耗，因此营养问题就更为重要。孕妇要摄入比平时更多的营养，而且还需要特殊的营养，这就要求孕妇能够科学合理地安排饮食，均衡地摄取各种需要的营养素。

加强营养并不是说只要是有营养的东西，孕妇吃得越多就越好，对胎儿也越有利。如摄入过多的维生素，就会干扰孕妇体内的新陈代谢，甚至发生各种中毒症，从而妨碍胎儿的正常发育。孕妇营养缺乏对胎儿有危害，营养过剩一样对胎儿有危害。据北京医科大学附属人民医院小儿科和北京妇产医院、儿童医院研究发现，孕妇在孕期营养过剩，特别是碳水化合物太多时可产生饮食性糖尿病，导致胎儿发育障碍；孕妇营养过剩，还会导致胎儿过大，造成难产。所以，孕期的妇女要避免食用过量油腻而又难以消化的食物，另外，太咸的食物、刺激性食物以及补品等，都对胎儿不利。

饮水同饮食一样也不能过量。人离不开水，每天必须喝足够量的水，才能满足体内消耗，但饮水要适度，对于孕妇来说更是如此。孕妇喝水过多，会引起或加重水肿，甚至引起水中毒。一般情况下，孕妇每天可喝1~1.5升水，最多不能超过2升，妊娠晚期在1升内为宜。

保证充足的睡眠

有人说睡眠是孕妇的天然补品，可见睡眠对孕妇的重要性。睡眠是一种生理现象，能调节神经，放松肌肉紧张，可以使人消除疲劳，补偿损耗，恢复体力，使机体获得充分的能量。

睡眠可促使脑下垂体不断产生促进生长的荷尔蒙，这种荷尔蒙是促进胎儿生长必不可少的，而且它对孕妇消除疲劳，获得能量，消除孕妇烦躁情绪和紧张心理都有着特殊的意义。因此，为了自身的健康和胎儿的发育，孕妇一定要保证充足的睡眠。

要养成良好的睡眠习惯。每天保证最少8小时的睡眠时间，有条件的要睡午觉。特别是夏天，每天都应该睡1个小时的午觉，但午睡时间不要过多，以免影响晚上的睡眠。卧室要保持安静，空气流通，温度适宜，光线不要太亮，不要开灯睡眠。睡前要心情舒畅，不要谈论过于兴奋的事或思考过多过难的问题，避免激动，努力做到心境安宁无杂念。晚睡前，要用温水刷牙、洗脸、洗脚，不要喝浓茶、咖啡等刺激性饮料。

孕妇的睡觉姿势直接影响到胎盘的血液灌注，因此也是很重要的。主要是以自己舒服为最佳，但也要注意采取一些有利于胎儿的姿势。妊娠早期子宫增大不明显，体位对胎儿的影响不明显，此期孕妇可仰卧，在脚下垫一个枕头，这样做有利于血液循环，起到充分解乏的作用。妊娠中期以后子宫增大，并且越来越向右旋转，子宫韧带和系膜绷紧，系膜中营养子宫的血管同时也受牵拉，因此，影响了对胎儿的氧气供应，易造成胎儿慢性缺氧。如还采取仰卧的姿势，则腹主动脉受压可直接降低子宫胎盘血流量，长期胎盘灌注不足，胎儿缺乏氧气及养料，可导致胎儿宫内发育迟缓。而右侧卧位时下腔静脉受压，阻碍下肢、盆腔以及肾脏的血液回流入心脏，使子宫胎盘血流的灌注减少。因此，一般主张左侧卧位休息姿势，这样就可以改善子宫右旋程度，有利于子宫供血，而且还能促进胎儿正常生长发育。当腿脚出现浮肿、静脉瘤时，要把腿垫高，这样不

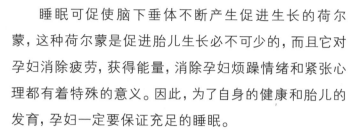

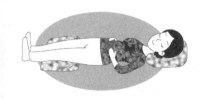

仅舒服,而且睡眠效果较好。

进行适度的运动

有不少妇女怀孕后,由于对孕期常识的不了解,生怕自己的不慎会伤害腹中的宝宝,所以就过分保护自己。不仅不运动,不活动,而且家务也不干,饭来张口,衣来伸手,甚至班也不想上,其实这种做法是不利于孕妇和胎儿的。

专家指出,除了早孕反应严重以及有严重的妊娠并发症外,孕妇参加适度的运动是必要的。因为运动能增强腹肌收缩,增强腹肌、腰背肌和骨盆肌肉的柔韧性和力量,防止腹壁松弛造成胎位不正;帮助应付身体承受的额外负担,使身体逐渐适应妊娠和分娩的需要,有利于缩短产程,减少产道撕伤率和产后出血率;能使孕妇呼吸到新鲜空气,阳光中的紫外线能使皮肤中的脱氢胆固醇变成维生素D,从而促进对钙、磷的吸收利用,有助于胎儿的骨骼发育,防止孕妇骨质软化;能调节神经系统功能,增强心肺功能,帮助消化,促进腰部及下肢血液循环,减轻腰腿酸痛和下肢浮肿症状;还可以消耗多余的热量,不至于因为怀孕使体重增加过多,产后可在短期内恢复正常体形。因此对于孕期的妇女来说,适度的运动是必要的。

国内外的著名妇产科专家一致认为,在孕妇的诸多运动中,散步是妊娠中最理想的运动方式。因为散步是最简单、最方便、最容易操作的运动方式,它不受主、客观条件的影响,在任何时间、任何地点都可以进行,特别到妊娠晚期,孕妇行动不便,散步则成为最重要甚至是唯一的运动方式。散步可以帮助消化,促进血液循环,在妊娠末期,还可以帮助胎儿下降进入骨盆,松弛骨盆韧带,为分娩做准备,同时,通过散步产生的疲劳还有助于睡眠。另外,散步有利于母子身心健康,在丈夫的陪同下,一边溜达,一边呼吸新鲜空气,一边谈笑,一边与丈夫描绘美丽多姿、聪明可爱的宝宝,于是很快会沉浸在愉快和幸福之中。为了保证散步的最佳效果,首先要穿一双舒服的平底鞋,其次要选择好散步地点。要注意避开闹市区,避开噪声大、卫生差、空气污染严重的地方,

选择海边、河边以及绿树成阴、繁花似锦、青草芳香的地方。这些地方空气清新幽静，有利于孕妇消除疲劳，调节身心。

最好和丈夫一起散步，心情尽可能愉快放松，保持良好的兴致。另外还要注意散步时不要走得太急，要缓慢，有节律而平稳，不要使身体受到震动。

运动要有限度，大可不必像以前那样运动到大汗淋漓。妊娠期不是剧烈运动的时候，以不感到疲劳为标准。同时，要因人而异，区别对待，切不可强求一致，要根据自己的体质从实际出发。如果您平时就不爱参加运动，那么您每天做10分钟孕妇操，再有半个小时散步就可以了；如果您是体育爱好者，活泼爱动，经常参加体育活动，那么孕期您还可以继续运动。有的孕妇认为天天操持家务，天天上班，运动量足够了，不需要再进行其他运动了。这种"取代论"是不科学的，操持家务和上班往往活动的是身体的某一部位，而运动是全身的运动，并且运动中有乐趣，有享受，可陶冶情操，又可在运动中母子交流情感。总之，运动不能被工作、家务劳动所取代。

在运动中要注意，开始锻炼时运动量要小，逐渐增加到你认为最适合的量，运动的时间以每天1次，每次半小时为宜。如果感到疼痛、抽搐或气短，应停止锻炼；恢复锻炼时，要慢慢来。怀孕的最后两个月，胎儿生长迅速，运动量应适当减少，可做些放松肌肉的运动。而对于工作忙碌的女性来说，可能没有多余的时间专门安排特定的运动，但可以在做其他事情的时候同时进行，如坐在办公桌前或在汽车上活动脚和踝关节，在家看书或看电视时可盘膝而坐，还可做一些力所能及的家务劳动。

要讲究卫生

讲究卫生是预防疾病的重要措施，特别是怀孕的妇女，为了自身的健康和胎儿的健康，更要注意卫生。这里所讲的卫生不仅包括孕妇的个人卫生，还包括环境卫生。

孕妇的个人卫生既关系到孕妇自身的健康，又影响到胎儿的生长发育，是非常重要的。年轻的少妇本来是很讲卫生的，但进入孕期常常变得很懒，很不讲究，结果导致一些疾病的发生，影响了胎儿的正常发育。因此，为了宝宝的健康，为了你的健康，孕妇们要注意个人卫生。

首先要注意饮食卫生。

其次要注意身体卫生。要做到勤换衣、勤洗澡、勤剪指甲，饭前洗手，饭后漱口，天天刷牙等。

环境卫生主要指的是居住的环境，不良的环境可以导致母亲情绪的变化，而母亲的不良情绪在整个孕期都会对胎儿产生不良的影响。

因此，首先，不论居室大小、条件好坏，应该保持整齐干净、安静舒适，让房间的每个角落都没有细菌孳生蔓延的条件。其次，房间中最好能保持一定的温度和湿度，温度最好保持在20~22℃，而湿度最好保持50%的空气湿度，如果湿度太高，有利于细菌的孳生和蔓延。再次，丈夫要为孕妇创造一个整齐干净、空气新鲜、干湿适度、舒适幽静的理想环境。如果丈夫工作很忙，也不要生气，要学会理解和谅解，同时在反应

·小·贴士

怀孕期间保持身体和精神健康，对自身和胎儿都非常重要。适当和适宜的运动会有助于身心健康，让你的孕期过得愉快而轻松，并为顺利分娩做好准备。

不太严重的情况下，自己动手把房间物品摆放整齐，把窗户打开放进新鲜空气，定期把碗筷烫烫，经常把被褥晒晒，让房间保持清新卫生，为胎儿创造一个优美寂静的生活环境。这样，既有利于优生，又可为胎教的实施打下良好的基础。

穿戴要科学

孕妇的服装穿戴也要讲究科学，不仅要考虑到美观大方，更重要的是有利于胎儿的健康发育。要根据孕妇体形变化特点选择合适的服装。

首先，孕妇衣着要宽大柔软，简单易穿，美观大方，清洁卫生，防暑保暖，使孕妇穿起来感到舒适方便。衣服要宽松肥大，不宜过小过瘦，更不能把腰带束得过紧，以免使腹部受压，影响胎儿发育。衣料要选质量好、透气和吸水性能好的棉制品，不宜选择涤纶、尼龙等化纤类，因为化纤类不易吸水，不易散热，并易产生静电，对孕妇胎儿不利。

其次，要穿平底鞋，不要穿高跟鞋。因为穿高跟鞋容易使本来就已凸出的腹部更加向前挺，随着胎儿月份增大，会使小腿负担更重。

另外，孕妇的脚容易发生水肿，所以要选择比平时大半号的鞋子。

不要穿过紧的袜子，因为太紧的袜子会压迫血管，影响血液循环，促进水肿和静脉曲张的形成。如果穿长筒袜更应注意。

打扮与化妆

妇女怀孕后，心理和生理都发生了变化。妊娠期由于内分泌因素的影响，致使皮肤中的黑色素细胞功能增强，所以在孕妇的鼻梁、双颊、前额部可出现茶褐色斑，呈蝴蝶形，医学上称为黄褐斑。怀孕中期以后，肚子的隆起、负担的加重等都会给孕妇带来不快，特别是初次怀孕的妇女，不免心理紧张，加之怀孕早期反应，心情很烦。由于以上一系列的因素，都会使孕妇觉得此时自己很丑，很难为情，于是也不愿修饰边幅，不愿出头露面，甚至整天躲在家里。

其实，妊娠期的这些现象都属于正常的生理性变化，待到分娩之后，它会自然消失，不必担心，也不需治疗。孕妇有一种特殊的美，那就是母性的美，伟大女性的美，人类最完美崇高的创造美，是任何美好事物都取代不了的。这种美有一种无形的力量激励孕妇与呕吐反应作斗争，激励孕妇陶冶情操提高素养，激励孕妇高兴地做好一切有利于胎儿健康成长的事。爱美之心人人有之，孕妇自然也爱美。爱美、爱打扮、爱化妆、爱修饰这是心理健康、热爱生活的具体表现，孕妇修饰打扮有助于维护孕妇的良好心境，有利于孕妇和胎儿的身心健康，因此提倡孕妇修饰打扮。为了掩饰臃肿的腹部，选件美观大方，带有直条或小花图案的衣服，使自己显得苗条，或可选择一件较宽松的服装并加上垫肩，双肩平挺，使人看起来更精神。为了掩饰憔悴带斑点的面容，化点淡妆，在颈上系个彩色丝巾或经常更换色彩艳丽的衬衣，使颈部常有变化，以分散别人的注意力。为了给人以生气勃勃很有朝气之感，把头发剪短些，梳理整齐，再系个发结，配个与衣服、发型协调的挎包。这样孕妇在妊娠期间既会保持妩媚动人的风韵，又会有健康良好的心态，对自己和胎儿都有好处，打扮也是一种很好的胎教方式。

预防疾病感染

胎儿由一个肉眼看不见的受精卵成长为一个婴儿是一个十分复杂的过程，虽然胎盘对胎儿有一定的保护作用，但这个幼小的生命还是十分脆弱的。尤其是在早期妊娠阶段，正值胎儿器官形成的敏感阶段，致病微生物可由母体通过胎盘侵入胎儿体内，能够严重地影响胎儿的正常发育，导致先天畸形、宫内发育迟缓、流产、早产及死胎等，这就是我们常说的宫内感染，也称为先天性感染。这是造成新生儿出现缺陷的重要原因，因此孕妇必须预防。

致病微生物包括病毒、细菌、原虫等，其中以病毒诱发的疾病最为常见。在半个世纪前人们还对病毒与妊娠的关系一无所知，20世纪40年代初，在澳大利亚的东南部曾流行过一次风疹，许多人受此病毒感染患病，一时间人心惶惶，后来病魔被遏制住，但是好景不长，就在风疹流行之后的七八个月，这一地区突然发生了更加可怕的现象：一大批新生儿患有先天性白内障，而且这些孩子体轻如猫、哭声微弱、吸吮力差。

这件事引起了世界的关注，医学家们立刻立题研究，经过回顾性调查，发现这些畸形儿与当年流行性病毒有直接关系，导致胎儿畸形的罪魁祸首是病毒，直到这时人们才了解到病毒对胎儿的危害。

风疹是一种症状轻、预后良好的疾病，25%~50%的感染者不出现症状，因此极易被忽略，但风疹病毒可造成胎儿多器官损害，发生先天性风疹综合征。研究发现，病毒是一种强烈的生物诱发物质，能致使人类的染色体畸变，使胎儿发生畸形或造成遗传性疾病。因此，病毒是胎儿的大敌，孕妇在妊娠期间应预防疾病的发生，预防病毒的感染，为胎儿创造一个良好的生存空间。

第二章

拥有良好的胎教情绪

◎ 孕妇不良情绪对胎儿的危害大

◎ 孕妇控制消极情绪的方法

◎ 把胎儿当成一个人

◎ 充分体现母爱的方式

"好孕"干货
尽在码中

科学备孕有指导，
胎教干货跟着学。

孕妇不良情绪对胎儿的危害大

情绪是一种生理现象，在情绪活动过程中，会引起一些人体生理及生化上的反应。临床研究发现，情绪在一些疾病的发生发展中占有主导地位，如偏头痛是情绪诱发的一种疾病，血压在强烈或恶性情绪刺激下会升高，持续发展的功能性高血压就会变成器质性高血压。情绪对一般人如此重要，对孕妇就更重要了，母亲的情绪不仅影响本人的食欲、睡眠、精力、体力几方面的状况，而且可以通过神经、体液的变化影响胎儿的血液供应，引起胎儿心率、呼吸、胎动等许多方面的变化。

胎儿3个月时，脑中已形成了可以分辨出快感的区域，当胎儿感受到良好的刺激会产生快感，从而使血液循环旺盛，脑细胞活动更加活跃。当妈妈心情好的时候，就会产生出有促进神经发育的生长激素和刺激快感的多巴胺等，这些激素相互协作，为胎儿的大脑提供良好的刺激，这种刺激加上胎儿自身分泌的激素的作用，使得胎儿的大脑不断发育。胎儿到4个月后，可以开始记住声音的种类，到了5个月，就可以记住妈妈的声音。胎儿对妈妈的声音很敏感，若听到歇斯底里的声音，可能引起胎儿血压的大幅波动，甚至会导致贫血。因此，如果夫妻在怀孕期间经常吵架，出生的孩子情绪往往不稳定，与没有听过嘈杂声音的胎儿相比，在脑功能或是性格方面出问题的可能性要大。所以，母亲的情绪与胎儿的发育有着极其密切的关系，母亲性情温柔、心境平和、宁静愉快，有助于胎儿身心健康。反之，孕妇处在情绪抑郁、精神不快的情况下，会引起体内神经系统与内分泌系统的功能紊乱，从而影响胎儿的正常生长发育，对胎儿有着损伤性甚至毁灭性的打击。

为了考察和研究母亲情绪对腹中胎儿的影响，华东煤炭医学院医生李玉蓉对出生于唐山大地震之后的350名儿童进行了对比性调查。其中206名儿童作为地震组，即母亲在孕期受过震灾；另外144名是同期在外地出生而后搬入唐山的，此组为对照组，其母亲在孕期身体健康、无忧无虑，婴儿在分娩中无产伤，以后也未患过影响智力的疾病。医生对两组儿童进行身体检查和智力测试，体检结果两组差别不大，但智力测试结果显示地震组偏低。由此可见，母亲的精神创伤直接影响胎儿的神经系统生长发育。

根据多年来的调查显示，母亲孕期心境不佳、情绪抑郁，则产出的新生儿体重较轻，同时表现为躁动不安、哭闹、不爱睡觉、吐奶、腹泻，长大表现比一般儿童智商低等。还发现，妊娠后一个多月的孕妇若情绪过度紧张，可能导致胎儿唇裂；妊娠中期，孕妇情绪不佳容易导致流产；妊娠后期，孕妇情绪突然改变，会引起胎儿循环紊乱、子宫出血或胎盘早期剥离，造成胎儿死亡；临产时，孕妇情绪过度紧张，易导致难产，胎儿宫内窒息。

孕妇控制消极情绪的方法

怀孕后的妇女心理发生了很大的变化，情绪波动很大，容易生气，这种消极的情绪对孕妇本身和腹中的胎儿都有不良的影响，所以孕妇一定要学会控制自己的情绪。首先，要有良好的生活环境，不去闹市区和危险区，不看淫秽凶杀读物和影片，多看美丽的景色和图片，多读优生优育和有利于身心健康的书刊，多听悦耳轻快的音乐，保持愉快的心情。其次，要加强孕妇自身道德修养，陶冶性情，心胸宽广，学会制怒，调节情绪，切忌暴躁恐惧，忧郁苦闷。当然，对消极情绪忍气吞声，强行控制自己，也是不可取的。下面介绍几种科学的控制消极情绪的方法：

暗示法。这里主要指的是自我暗示，就是利用良性词语来激励自己，用健康的思想及语言对自己的意志进行干预。自我暗示不是来自外界，而是来自机体内部对自己的心理施加影响的现象。自我暗示是条件反射机制，主要依靠语言引起一定的反应，目的是调理自己的心境、情绪、感情、爱好、意志。积极的、有针对性的自我暗示是依靠思想或语言通过心理治疗对自己施加影响的方法，这种方法有自我说服及自我教育的积极作用，可以调节控制情绪。

转移法。在被不良情绪困扰时，尽快投入到自己最喜欢的工作或活动中，例如练练书法，画张画，找朋友聊聊天，看看画报和相册，想想过去美好的记忆等，尽快将注意力转移到其他的事情上，调节一下自己的情绪，就会使激动悲伤的心情得以好转。这也是缓解不良情绪的好方法。

音乐法。当你情绪不好的时候，可以马上听一首轻快抒情的乐曲，或唱一首喜欢的歌，你的心情就会顿时好转，一切烦恼和不愉快就会一扫而光。因为音乐是一种特殊的心灵语言，既能传达人的各种情绪，又能影响和调节人的情绪，产生强有力的心理作用。一首优美抒情的乐曲会使孕妇烦躁的心情逐渐好转，缓解消极的情绪。

躲避法。孕妇可根据自己的性格特点，避开一些易引起不良情绪的环境。易于伤感的孕妇应尽量不参加追悼会、亲朋好友告别会等，脾气暴躁的孕妇应避开一些容易生气的场合，而胆小的孕妇则应避免夜晚外出等。

美容法。怀孕后的妇女，体态臃肿，行动不便，而且面部布满了褐色斑点，失去了青春美，使得一些孕妇

小贴士

作为孕妇的家人，要尊重和关心孕妇，为其营造温馨和睦的家庭氛围，要重视孕妇怀孕后的心理变化，给予其必要的心理安抚和精神护理。特别是做丈夫的，更应注意自己的言行，给妻子以更多的体贴、关爱和温情，搞好饮食调理，加强孕期营养，以满足胎儿生长发育的需要。同时，要主动承担家务，让妻子在舒适、和睦、宽松的环境中健康愉快地度过妊娠期，从而为优孕、优生、优育奠定良好基础。

感到苦恼，成天躲在房间里，不修边幅，不愿见人。其实孕妇最能体现伟大女性的美，所以，孕妇要勇敢地享受孕期美，更要注意装扮自己。坚持清洁整齐、美观大方的原则，经常洗洗澡、换换衣服，在发型和穿着上搞些小设计、小点缀，这样既可以由于投入对容颜和衣着的注意力而忘掉妊娠中的不快反应，又可使自己精神焕发。丈夫及其他人看了也特别舒服，说不定还要赞美你，你一定会因此更高兴、更舒心，从而拥有良好的心情。因此美容是一种摆脱妊娠消极情绪的好方法。

发泄法。如果通过上述方法仍不能消除不良情绪，那么，把它宣泄出来也会使心情平静下来。可以通过写日记、写信形式发泄，还可以找亲朋好友和知音向他们发泄自己的不快，得到知己的劝慰、帮助、指点，使自己尽快从烦恼中解放出来。

把胎儿当成一个人

胎教时，要把胎儿当成一个人，主要有两方面的原因：一方面是因为从胎儿自身的生理发育来看，胎儿确实可以被看成是一个真正意义上的人；另一方面是从胎教当中母亲在教育胎儿时的心理方面来考虑，如果孕妇能把胎儿当成一个人，那么就可以增添母亲胎教的热情，对胎教有利。胎儿的生命始于女性卵子和男性精子结合而成的受精卵这样一个单细胞。受精卵不断地分裂分化，同时生成诸如脑细胞等各类细胞并形成各种功能。在受精后的第8周末人的各器官的原基均已形成，胚胎初具人形，因此从这时起就可以把胎儿当成一个真正意义上的人了。

一般胎儿在6周左右就会长出耳朵的样子来，再过4个月，由于大脑开始形成，胎儿就能正确地感知到声音的存在。在大脑刚开始形成的时候，只能感知到声音的存在，还无法区分声音之间的不同，因此，不同的声音，在胎儿听起来可能差不多。但是，随着大脑的发育，分辨不同声音的能力也会提高，等到8个月的时候，能识别声音强弱的神经也会生成了。胎儿对声音的感知不仅是通过耳朵，还可通过母体身上的各种振动感知，这是因为，人体的血液、体液等液体传递声波的能力比空气大得多，这些声音信息不断刺激胎儿的听觉器官，并促进其发育，听觉在人体的智力发育中起着非常重要的作用。

从以上这些内容我们可以了解到妊娠期的胎儿，其各种感觉器官已经发育到了相当的程度，已经能够感受到外界的活动，具备了能够接受外界刺激的物质基础，这是人的重要特征之一。所以我们说胎儿是一个真正意义上的人，这也是给胎儿进行教育的一个理由。

我们一直在强调胎教时母亲要有良好的情绪，但实际上，大多数的孕妇都无法将胎儿看成是一个真正意义上的人，他们只是将怀孕和胎儿看成是一种概念，一种生理现象，没有一种生命实际存在的感觉，所以，他们感觉胎教就像在对空气空喊，没有实质的意义，以致很多孕妇不愿意胎教，更不用说在胎教时要保持良好的情绪了。

充分体现母爱的方式

在日常生活中，我们有时会遇到这种情况：少数孕妇仅仅是因为孕后暂时的一点身体不适而出现对胎儿怨恨的心理。殊不知，母亲此时的这点情绪变化会给胎儿带来多大的影响。据许多专家实验研究表明，当母亲出现这种不良情绪时，胎儿在母体内就会意识到母亲的这种不良情感，从而引起精神上的异常反应，胎儿在出生后，大多数会出现感情障碍、神经质、情绪不稳、体质差等现象。因此，在妊娠期间孕妇应排除这些可以引起胎儿不良反应的意识，应将善良、温柔的母爱充分体现出来，通过各方面的爱关心胎儿的成长。

实验证明，与胎儿更亲近的母亲，她的宝宝出生后一定聪明。在妊娠期间，孕妇要多用赞美的语言来表示对未来宝宝的亲近感，要经常大声地对他说："妈妈爱你！"还可与他谈家常，与他说悄悄话，用感性的语调，一句一句慢慢地告诉胎儿有关生活中的一切，如时间、环境、气候、生活习惯等。当胎动时，爸爸妈妈要抓住机会和胎儿一起玩踢打游戏，如胎宝宝踢妈妈，你就和爱人轻轻地拍他,让良好的互动关系从此建立。

　　总之,胎儿生长在妈妈的肚子里,母亲和胎儿是"一心同体"的,在妈妈腹中,胎儿能够聆听到妈妈温和的声音,感受到妈妈平和的心情及温柔的母爱,还能对这些刺激形成记忆。妈妈的好心情会给胎儿带来良好的刺激,使胎儿的大脑发育得更好,并且妈妈对胎儿所投注的那份心意是对宝宝最基本的爱的教育。所以在妊娠期间,孕妇一定要用心胎教,因为用心胎教比其他什么刺激都好。

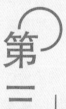 第三章

营造温馨的胎教环境

◎ 营造温馨的家庭气氛

◎ 力所能及地创造良好的居住环境

◎ 到景色优美的大自然中去

微信扫码

跟着专家学干货
让你成功接"好孕"

营造温馨的家庭气氛

有一个温馨的家庭环境，对于调节孕妇的精神情绪，增强实施胎教的信心，激起对未来生活的期盼等都大有裨益。家庭是社会的重要组成部分。一天24小时，一般只有1/3的时间是在工作岗位，其余的时间多数是在家庭中度过，所以创造温馨的家庭气氛是很重要的。

首先，夫妻间互敬互爱是共同创造温馨家庭气氛的感情基础。男女之间缔结了婚姻关系后，应由婚前的感情相爱，转化为理智相爱。夫妻之间应互相尊敬，既要尊重对方的人格、工作与劳动，还要尊重对方的志趣和意愿，任何一方都不能盛气凌人，傲慢无礼。丈夫不要"大男子主义"十足，认为自己是一家之主，一切自己说了算，生儿育女是女人们的事，社会大舞台才是男人们的天地；妻子也不要一心想制服丈夫，动辄大发威风，使对方俯首帖耳，一切都凌驾于丈夫之上。只要夫妻之间做到相互尊敬，即使有点意见和分歧，也能开诚布公地妥善解决。

其次，夫妻互信互勉是共同创造温馨家庭的心理保障。婚后的小俩口有事共同商量，有困难共同克服，有缺点互相纠正，互相信赖，以诚相见，这是夫妻生活和谐的可靠心理保障。倘若听风就是雨，对另一方疑神疑鬼，胡乱猜疑，就很容易引起夫妻感情的破裂。所以，夫妻之间必须相互信任、相互理解、相互激励、相互鞭策，更加恩爱，和睦相处。

再次，夫妻间互助互让是共同创造温馨家庭气氛的眷顾根本。男女之间由于生理特点不同，在不同的时期夫妻双方在家庭中有不同的分工和义务，只要双方互相帮助，互相照顾，就能创造一个温馨的家庭气氛。比如在妻子怀孕时期，丈夫要从精神上和物质生活上多加照顾，时刻关心和分担妻子怀孕时的身体不适。

另外，夫妻互谅互慰是共同创造温馨家庭的关键。在家庭生活中，夫妻之间相互体谅和抚慰，就可以密切夫妻之间的感情。比如在家务劳动中，适合丈夫去做的事丈夫要主动承担,适合妻子做的活也应愉快地去干,只要双方都能主动承担应尽的职责,其家庭生活当然是温馨的。

力所能及地创造良好的居住环境

我们都知道,母亲的子宫就是胎儿的宫殿,这里气候适宜,具有孕育胎儿所需要的一切物质条件,胎儿需要什么,母亲就无偿提供,可以说是安全舒适,应有尽有,你会说宝宝还需要什么环境呢? 这里说的环境是指胎儿生活的外环境,即母亲所处的环境,包括工作环境、居住环境等,这也是胎教的一部分。母体内的生理、生化变化状态及营养构成了胎儿的内环境。要使胎儿发育良好、健康乃至出生后智力超群,还必须重视外环境因素对胎儿的影响。良好的环境,能使胎儿有良好的感应,不良的环境能使胎儿有不良的感应。外界的色彩、音响和声乐,乃至无限美好的大自然的景色等,不仅能使孕妇置身于舒适优美的环境中,而且,孕妇也会得到美与欢快的感受,自觉心情轻松愉快,进而影响她腹中的胎儿。

在这里我们主要介绍居住环境对胎儿的影响。居住环境对孕妇来说非常重要,这不仅仅关系到个人的健康,而且更重要的是关系到体内胎儿的健康和生长发育、智力发育。现代医学研究证明,不良的环境可以导致母亲情绪的变化,而母亲的不良情绪在整个孕期都会对胎儿产生不良的影响。为了优生优育,有必要为胎儿创造

一个优美寂静的生活环境，这也是胎教实施的基础，否则，以前所做的一切优生受孕的努力都会前功尽弃。

首先，要保证居室的空气清新。尤其是家庭装修中的有害气体，会严重影响孕妇和胎儿的健康。有调查表明，多数小儿白血病患者家中不久前都装修过，而且大多是豪华装修。医学专家推测，装修材料中的有害物质可能是小儿白血病的一个诱因，因此，专家提醒新装修的房子最好经过一段时间的开窗通风后再入住。入住后仍然要经常通风，以保证居室的空气清新。

其次，要保证居室中适宜的温度。居室中最好保持一定的温度，即20~22℃。温度太高，会使人头昏脑涨、精神不振、昏昏欲睡、烦躁不安；温度太低，则会使人身体发冷，易于感冒。部分孕妇对寒冷的抵抗能力远远超过非怀孕的女人，这是因为体内宝宝大大加快了自身的新陈代谢功能，产生很多的热量。因此，孕妇应注意室内与室外的温度变化，随时调节自己的服装和饮水量，使自己生活环境中的温度与湿度保持在一个相对恒定的范围，以利于孕妇身体健康和胎儿的健康发育。为了保证居室中适宜的温度，夏天可通风降温，冬天可使用电暖气升温。

第三，要保证居室的湿度。居室中的湿度关系到孕妇的身体健康，湿度太低，会使人口干舌燥，鼻干流血；湿度太高，则会使被褥发潮，人体关节酸痛。所以，居室要保持适宜的湿度，最好保持50%的空气湿度。如果室内太干时，可在暖气上放盆水，火炉上放水壶，或在地面上洒水；室内太湿时，可以放置去除潮湿之物或开门通风。

第四，要注意居室中的布置。居室的色彩具有强烈的心理暗示作用，白色可以给人清洁、朴素、坦率、纯真的感觉，蓝色可以给人安静、深远、冷清、清洁的感觉，绿色可以给人春意、健康、活泼、祥和的感觉，粉红色可以给人秀丽、鲜艳、悦目、轻柔、希望的感觉。在房间适当放置几盆花卉和盆景，在墙壁上适当贴上几张孕妇喜爱的婴幼儿图片或风景画、油画，可以使紧张劳累一天的孕妇尽快消除疲劳。阳台上种植花草、饲养虫鱼，可使居室充满活力。总的来说，家中的设施安置要便于孕妇从事家务劳动，把孕妇的日常用品、衣物、书籍放在孕妇随手可得之处，厨具、晾衣具、灯开关等的高度要适当，以孕妇站立操作时不弯腰、不屈膝、不踮脚为宜。消除一切易使孕妇发生危险的因素，家中各样物品的摆放要整齐稳当，以免孕妇碰着磕着，光滑地面要有防滑设备（如铺上垫子），以免孕妇摔跤。

到景色优美的大自然中去

对于一个还未出生的胎儿来说，让他提早了解子宫外面的大自然，也是促进胎儿智力开发的一项重要基础胎教课。

在大自然中孕妇可以欣赏到春天的鸟语花香、巍峨的山峰、飞流直下的瀑布、幽静的峡谷、叮咚的泉水等，这不仅可使孕妇领略到大自然的美，使其赏心悦目，而且还可以将这些胜景不断地在大脑中汇集、组合，然后经母亲的情感通路，将这一信息传递给胎儿，使他受到大自然的熏陶。

另外，大自然（如郊外、公园、田野、瀑布、海滨、森林等）中对人身心健康极其有益的负离子含量很高，可达数千个甚至上万个，但是在城市的室内只含40~50个负离子。因此孕妇应经常到山川、旷野中去，这样可以有较多机会获得这种"空气维生素"，有利于胎儿大脑的发育，还能够给胎儿提供充足的氧气，使胎儿健康地成长发育。在大自然中逗留，可以更多地接受阳光的照射，太阳光可以促进血液循环，杀灭麻疹、流脑、猩红热等传染病的细菌或病毒，还能防治母体缺钙，促进胎儿骨骼的生长发育。

小·贴士

孕妇多到环境优美的大自然中，对母亲及胎儿的身心健康是很有用的，它不仅使孕妇大开了眼界，陶冶了情操，还得到了合理的休息，锻炼了身体，同时还有利于促进胎儿大脑和神经的发育。

第四章

发挥丈夫在胎教中的作用

◎ 丈夫对胎教要有正确的认识

◎ 孕妇最期望丈夫做的事情

◎ 丈夫如何配合妻子做好胎教

◎ 努力保持孕妇情绪稳定很关键

"好孕"干货
尽在码中

科学备孕有指导，
胎教干货跟着学。

丈夫对胎教要有正确的认识

不少丈夫对胎教存在着误解，有的认为胎教的目的是培养神童；而有的则认为胎教没有必要，以前没有胎教也照样要生孩子；还有的认为胎教是妻子的事情，同丈夫没有关系……如此一些看法都是错误的。我们提倡胎教，并不是因为胎教可以把孩子培养成"神童"，而是通过胎教可以尽早地发掘个体的潜能，让每一个胎儿的先天遗传素质得到最好的发挥。我们相信，如果把胎教和出生后的早教很好地结合起来，人类的智力会更优秀，会有更多孩子的智力达到现在人们所谓的"神童"的程度。

首先，要给妻子创造一个良好的氛围。妻子由于妊娠后体内激素分泌变化大，产生种种令人不适的妊娠反应，情绪不太稳定，因此，特别需要向丈夫倾诉。这时，丈夫用风趣的语言及幽默的笑话宽慰及开导妻子，是稳定妻子情绪的良方。早晨要陪妻子一起到环境清新的公园、树林或田野中去散步，做做早操，嘱咐妻子白天晒晒太阳，妻子感受到丈夫温馨的体贴，心情会舒畅惬意，情绪稳定。丈夫对妻子的体贴与关心，对胎儿的抚摸与"交谈"，都是生动有效的情绪胎教。

其次，要关心妻子怀孕期的营养问题。怀孕的妻子一个人要负担两个人的营养，如果营养不足或食欲不佳，不仅使妻子体力不支，而且会严重地影响胎儿的智力发育。要知道，宝宝智力形成的物质基础，有2/3是在胚胎期形成的，因此，丈夫要让妻子休息好、营养好，才能孕育出一个健康聪明的宝宝。

再次，丈夫要多承担一些家务。妻子怀孕后，由于身体的变化，活动很不便，作为丈夫要体谅妻子的不易，多做一些力所能及的家务劳动为妻子分忧，让妻子在怀孕期有一个温馨的家庭环境，始终保持轻松愉快的精神情绪。

孕妇最期望丈夫做的事情

其一，希望丈夫多陪陪自己，尤其是陪伴自己去医院做产前检查。因为大多数孕妇在孕期心理都很脆弱，她们对爱人及家人都有太多的依赖，并且一点点刺激都会给她们带来很大的麻烦。所以作为丈夫，应多抽出点时间陪陪妻子，多照顾妻子的感受，缓解妻子的不良情绪。每次在妻子去医院检查时，都应陪着，不要让妻子一个人孤零零地去医院，给妻子一种依靠，让她觉得怀孕不是一个人"单打独斗"，还有丈夫在支撑。

其二，希望丈夫能够担负起责任。好多孕妇都希望自己的丈夫在孩子出生之前，能够做好足够的心理准备，在孩子出生之后，肩负起抚养和教育的责任，并希望丈夫能为孩子着想，改掉不良嗜好，在生活中自己管理自己，在各个方面做个好榜样，成为一名称职的父亲。

其三，希望丈夫能够和自己一起进行胎教。这是每一个孕妇的梦想，因为丈夫如果能够和自己一起对胎儿进行胎教，对于孕妇及胎儿来说都有很好的影响。对于孕妇来说，丈夫这样做可以体现爱人的温情，并且可以使妻子感受到丈夫对于孕育两人爱情结晶的喜悦，增进夫妻感情；对于胎儿来讲，夫妻双方共同对胎儿进行胎教，也增进了父子感情。

其四，希望孩子出生后，丈夫对妻子的关心和感情一如既往。因为有了孩子，家庭负担加重，夫妻二人要为了生活而奔波，不再有清闲的二人世界，并且当今社会诱惑太多，所以妻子总希望早出晚归的丈夫对家里，对爱人、孩子永远多一份牵挂，多一份责任。

丈夫如何配合妻子一起做好胎教

第一，要经常和胎儿说话。每天晚上睡觉前，把手放在妻子的腹部，一边轻轻抚摸，一边跟胎儿说上几句话。丈夫抚摸妻子的腹部，对孕妇来说产生的是良性刺激，这既是孕妇的一种精神与机体的享受，同时胎儿也会受益不少，尤其是对于情绪和精神紧张的孕妇来说，这是一剂良好的安慰剂。说话的内容不一定固定于某种形式，可以丰富一些，诸如问候胎儿、安慰或批评胎儿等都可以，在与胎儿搭话时要善于揣测妻子的心理活动，仔细琢磨一下爱人需要听什么话，要通过妻子良好的心理感受而产生积极的胎教效应。

第二，和胎儿一起听音乐。音乐胎教在胎教中占有重要的地位，丈夫要选择一些优美的、有助于胎儿发育的音乐播放，也可根据胎儿胎动频繁程度进行辩证的选择，如果胎动频繁应播放一些柔和轻松的曲子；如果胎动较弱，则需播放一些雄壮有力而又节奏感比较强的音乐，丈夫还可以亲自给胎儿唱歌，这样既有利于胎儿接受音乐胎教，又有利于胎儿熟悉爸爸的声音，培养父子之情。

第三，可以给胎儿讲故事。丈夫给妻子腹中的胎儿讲故事时，要把未降世的胎儿当成懂事的大孩子一样看待，关键是要争取妻子的积极参与，把妻子的心理感受转化为教育因子而作用于胎儿。故事内容宜轻松愉悦、娓娓动听，切勿讲授使妻儿产生恐惧心理的故事。

努力保持孕妇情绪稳定很关键

一些怀孕的妇女常能感觉到，当自己情绪不好的时候，腹中胎儿的胎动次数会明显增加，而当自己心情愉快、放松的时候，胎儿会很安静。由此可见，胎

儿能够随母亲情绪的变化而作出相应的反应，因此孕妇的情绪与胎儿的发育有着极为密切的关系。

从医学的角度来看，孕妇的情绪对胎儿有影响是有科学依据的。孕妇情绪波动过大，可引起血液中乙酰胆碱、肾上腺素等分泌量的变化，随血液循环通过胎盘影响胎儿。乙酰胆碱分泌量下降，会影响胎儿肝脏的生长发育；肾上腺素分泌量的增加会使血管收缩，影响子宫的血液供应，使胎儿心脏跳动加快，不利于胎儿的正常生长发育。倘若孕妇长期精神紧张、恐惧不安，血液中还可能产生一种特殊的化合物——长泰霍洛明，这种物质会使胎儿感到不安，胎动增加。孕妇过度紧张还会引起子宫收缩，以致发生早产，或引起胎盘早期剥落，导致胎死腹中。

这些科学结论证明孕妇情绪的稳定有利于胎儿的发育。为了生一个健康聪明的孩子，除了妊娠妇女要善于自我控制与调节自己的情绪外，丈夫也要努力调节好家庭的精神生活，为妻子保持良好的精神状态作出自己的努力，使妻子的精神更加愉快，情绪更加稳定。

丈夫的一言一行，往往对妻子的心灵有很大的触动，因此要善于洞察妻子的心理活动，把握她在想什么、有什么心事、希望你如何去做等，针对妻子的心理要求，做一些迎合妻子心理的事情与工作。要加倍体贴关怀正在怀孕的妻子，创造良好的家庭氛围，使家庭更为欢快温馨。如果发现妻子不高兴，丈夫要殷勤地给以安慰，可以给妻子放几段轻松愉快的音乐，谈一些在外面的见闻，讲一些幽默动人的故事等，这都是调节孕妇情绪的良好措施。

准爸爸可为胎儿做的事

在怀孕期间，要做好胎教，有许多事情需要准爸爸和准妈妈一起为胎儿做，比如准爸爸可以帮助准妈妈称体重、数胎动、听心音、量宫底等。

定时监测体重有利于及时发现孕妇和胎儿的异常。一般来说，健康的孕妇孕期体重比非孕期体重增加20%～25%，妊娠28周以后，每周增加0.5千克，全孕期增重10～12.5千克。从妻子怀孕28周开始，丈夫每周为妻子测量一次体重，如果孕妇体重过重或不增加，都是不正常的表现，应到医院请医生检查，帮助找原因。

胎动是胎儿健康状况良好的一种表现。从怀孕第4个月起，丈夫应该帮妻子数胎动。妻子仰卧或左侧卧位，丈夫两手掌放在妻子的腹壁上可感觉到胎儿有伸手、蹬腿等活动，即胎动。一天的胎动有2个高峰，一个是下午7～9时，一个是午夜11时至凌晨1时。如果胎动突然增多或减少，说明胎儿有异常，要及时去看医生。

发育正常的胎儿的心音是能听到的。丈夫定期听胎儿的心音，可以掌握胎儿的成长情况。妻子仰卧位，两腿伸直，丈夫可直接用耳朵或木听筒贴在妻子腹壁上听胎儿的心音，其声响是"咚咚""咚咚"的有规律的跳动，过快、过慢或不规则，均属异常现象。正常情况的胎心每分钟为120～160次，如有异常，要及时到医院看医生。

宫底升高的速度反映了胎儿生长和羊水等情况。妻子排尿后，取仰卧位，两腿屈曲。丈夫可用卷尺测量妻子耻骨联合上缘至子宫底的距离。自妊娠20周开始，每周一次，一般每周增加1厘米，到36周时，由于胎头入盆腔，宫底上升速度减慢，或略有下降。

做好以上事情，掌握胎儿生长和发育情况，就是准爸爸需要为胎儿做的事情，其中有的一定要准爸爸帮助准妈妈做，准妈妈一个人是做不到的。

提高自己的文化修养

据调查，父母的不良行为、不高尚的行动，会在胎儿大脑中留下痕迹，这不仅影响胎儿的生长发育，甚至导致孩子出生后产生不良情绪并造成不良影响。所以，准爸爸一定要多读一些有益的书籍，提高自己的文化修养，培养自己各方面的兴趣，提高自身素质，以此促进胎儿的成长，并为出生后的成长打下良好的基础。

父母在学识、礼仪、情操等方面的素质，对胎儿都会产生影响，特别是妊娠后期，胎儿已具备了听觉与感觉能力。反复对话，使胎儿产生了神经条件反射，对父母的言行能作出一定的反应，出生后的新生儿能有所熟悉和记忆，所以父母一定要为胎儿的生长发育创造良好的环境。

由于准爸爸在胎教期间有着很重要的责任，准爸爸的一言一行，乃至情感态度，不仅影响着准妈妈，也影响着胎儿，所以，准爸爸首先应积极提高自己的文化修养。一是言行举止要文明，要让准妈妈感受到亲切、关怀和爱护，从而心情舒畅，情绪稳定，保证胎儿的健康成长；二是与准妈妈一起经常欣赏艺术，看看表演，选好胎教音乐，阅读一些画报和著作，让自己和准妈妈有丰富的情感，同时为胎儿创造一个提升素质的外部环境；三是要协助准妈妈记好胎教日记，使胎教正常有序地进行；四是准爸爸要注意自身的健康，为了孩子应该主动戒除烟酒，在怀孕初期和末期，要节制房事，要保护准妈妈不受惊吓、不悲伤和忧虑。总之，准爸爸在参与胎教中，要培养、激发准妈妈和自己的爱子女之情，设想美满的小家庭中，即将有一位小生命降临，给家庭带来温馨与幸福，这样有利于胎教做得更加自觉、生动、愉快、多样、有感情。

第五章

妊娠三期的胎教安排

◎ 胎教的开始时期

◎ 胎教的最佳时期

◎ 胎教的巩固时期

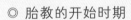 "好孕"干货尽在码中

科学备孕有指导，胎教干货跟着学。

胎教的开始时期

怀孕3个月时，胎儿已初具人形，对外界的压、触动作可以感应，所以这时就可以进行胎教了。但这时往往是早孕反应最严重的时候，孕妇的生理反应如恶心、呕吐、乏力、食欲不振等，往往影响孕妇的心情、情感与心理平衡，表现出烦躁、易怒或易激动、抱怨等情绪。孕妇的情绪可以通过内分泌的改变影响胎儿的发育。孕妇在怀孕早期的不愉快心情，往往可以借助母子沟通的方式而影响胚胎，这种情形非常不利于胚胎早期的健康，不利于胎儿的身心健康和发育。因此，怀孕早期保持健康而愉快的心情是这一时期胎教的关键。

这个时期胎教的内容，主要是孕妇的自我情绪调整和人为地对感官进行刺激两方面。

其实，从怀孕之日起，每个孕妇已经在自觉或不自觉地开始了胎教，即夫妇双方（尤其是孕妇）对情绪、对饮食和起居的调整。孕妇一定要保持良好的情绪，以利于胎儿的健康发育。

胎教的最佳时期

孕妇怀孕12~16周时，胎儿的中枢神经系统已经分化完成，胎儿的听力和视力开始迅速发育，并逐渐对外界施加的压力、动作、声音作出相应的反应，尤其对母体的血液流动声、心音、肠蠕动声等更为熟悉。胎儿会出现第一次胎动，此时，胎儿对来自外界的声音、光线、触动等单一刺激反应更为敏感。在此前后，科学地、适度地给予早期人为干预，可以使胎儿各感觉器官功能在众多良性信号刺激下，发育得更加完善，同时还能起到发掘胎儿心理潜能的积极作用，为出生后的早期教育奠定良好的基础。因此，怀孕中期正是开展胎教的最佳时期。

这一时期的胎教内容主要是针对胎儿的各个感觉器官进行的，如触觉、听觉、视觉等。

触觉训练。婴幼儿的天性是需要爱抚，胎儿受到母亲双手轻轻地抚摩之后，会引起一定的条件反射，从而激发胎儿活动的积极性，形成良好的触

觉刺激，通过反射性躯体蠕动，促进大脑功能的协调发育。

怀孕24周以后，可以在孕妇腹部明显地触摸到胎儿的头、背和肢体。每晚睡觉前孕妇先排空膀胱，平卧床上，放松腹部，用双手由上至下、从右向左，轻轻地抚摩胎儿，就像在抚摩出生后的婴儿那样，还可以轻轻拍打腹部，与胎儿在宫内的活动相呼应、相配合，使胎儿对此有所感觉，在"子宫内散步"，做"宫内体操"，每次持续5~10分钟。经过这样反复的锻炼，可以使胎儿建立起有效的条件反射，增强肢体肌肉的力量。经过锻炼的胎儿出生后肢体的肌肉强健，抬头、翻身、坐、爬、行走等动作都比较早。

听觉训练。此阶段胎儿的听神经与听觉系统迅速发展，夫妇双方或孕妇可以很好地利用这一段时间，有意识地对胎儿进行相应的听觉训练。听觉训练主要有音乐胎教法和对话胎教法两种。

音乐胎教法主要是通过声波刺激胎儿听觉器官的神经功能，促进胎儿大脑皮层功能的发育。从第16周起，在晚上临睡前进行比较合适，也可在胎儿觉醒有胎动时进行，每次15~20分钟。胎教音乐的节奏宜平缓流畅，不带歌词，乐曲的情调应温柔甜美，要注意，千万不能把收录机直接放在孕妇腹壁上给胎儿听，收录机应距离孕妇1米左右，音响强度以65~70分贝为宜。也可使用胎教传声器，将胎教传声器直接放在孕妇腹壁胎儿头部的相应部位，音量的大小以成人隔着手掌能听到传声器中的音响，即相当于胎儿在子宫内所能听到的音响来调试。腹壁厚的孕妇，音量可以稍大一些，腹壁薄的孕妇，音量应适当小一些。

在胎儿收听音乐的同时，孕妇也应通过耳机收听带有心理诱导词的孕妇专用磁带，或选择自己喜爱的各种乐曲，并随着音乐表现的内容进行情景的联想，力求达到心旷神怡的意境，借以调节心态，增强胎教效果。

对话胎教法是把胎儿作为一个听众，通过与他聊天，给他讲故事、朗诵诗歌等方法来刺激胎儿的听觉器官，促进胎儿大脑的发育。怀孕20周，胎儿的听觉功能已经完全建立，母亲的说话声不但可以传递给胎儿，而且胸腔的振动对胎儿也有一定影响，因此，孕妇要特别注意自己说话的音调、语气和用词，以便给胎儿一个良好的刺激印记。另外，父亲的男性低音是比较容易传入子宫内的，是一种良性的声波刺激，它不仅能增加夫妻间的感情，还能把父母的爱传递给胎儿，对胎儿的情感发育具有莫大益处。对话的内容不宜太复杂，最好在一段时间内反复重复一两句话，以便使胎儿大脑皮层产生深刻的记忆。

视觉训练。由于胎儿在子宫中，好似生活在一个黑暗的环境里，所以胎儿的视觉功能比其他感觉功能发育慢。

怀孕27周以后，胎儿的大脑才能感知外界的光线刺激。怀孕30周以前，胎儿还不能凝视光源，直到怀孕36周，胎儿对光照刺激才能产生应答反应。因此，从怀孕24周开始，每天定时在胎儿觉醒时用手电筒（弱光）作为光源，照射孕妇腹壁胎头方向，每次5分钟左右，以刺激胎儿视觉的健康发育。但切忌强光照射，同时照射时间也不能过长。

胎教的巩固时期

怀孕晚期，孕妇常常动作笨拙，行动不便，许多孕妇因此而放弃妊娠晚期的胎教训练，这样不仅影响前期训练对胎儿的效果，而且影响孕妇的身体与生产准备。因此，孕妇在妊娠晚期最好不要轻易放弃自己的运动以及对胎儿的胎教训练。因为，适当的运动可以给胎儿躯体和前庭感觉系统自然的刺激，可以促进胎儿的运动平衡功能。为了巩固胎儿在怀孕早期和怀孕中期对各种刺激已形成的条件反射，怀孕晚期更应坚持各项胎教内容。

　　此期胎教的内容主要是继续巩固妊娠中期的各种训练。此阶段,胎儿各器官和各系统发育逐渐成熟,对外界的各种刺激反应更为积极。例如,当用光源经孕妇腹壁照射胎儿头部时,胎头可转向光照方向,并出现胎心的改变,定时定量的光照刺激是这个时期的一个胎教内容。

　　胎教是胎儿期教育的一种方法,是正规教育的辅助方法,具有理论依据,并已得到验证,孩子的聪明与否,与怀孕时的胎教有关。胎教的方法很多,从始至终坚持胎教对夫妇双方或孕妇都不是一件容易的事情,但我们有理由相信,每位计划要小孩的夫妇,都会为了自己的孩子付出爱、耐心与时间,别人能做到的事情,自己也一定能做到。

第六章

培养胎儿的综合素质

◎ 如何对胎儿进行情绪胎教

◎ 如何对胎儿进行行为胎教

◎ 如何对胎儿进行性格培养

◎ 如何对胎儿进行运动胎教

◎ 如何对胎儿进行美感熏染

微信扫码

跟着专家学干货
让你成功接"好孕"

如何对胎儿进行情绪胎教

　　孕妇在妊娠的全过程中保持良好的心理状态，可保证胎儿在平和安静的环境中稳步发育。情绪胎教法就是通过调节孕妇的情绪，使母亲排除烦恼与忧虑，创造清新氛围及良好心境的优生措施。通过妈妈的神经递质作用，促使胎儿的大脑得以良好的发育。我国传统医学经典《黄帝内经》中率先提出孕妇"七情"（喜、怒、忧、思、悲、恐、惊）过激会致"胎病"的理论。现代医学研究表明，情绪与全身各器官功能的变化直接相关。不良的情绪会扰乱神经系统，导致孕妇内分泌紊乱，进而影响胚胎及胎儿的正常发育，甚至造成胎儿畸形。因此孕妇一定要具有良好的心境，尽量避免不愉快的事情发生，注意培养心平气和的心境而不要轻易动怒，学会以宽容的态度对人。

　　作为丈夫，在胎教中有着义不容辞的责任。首先，要为妻子创造良好的生活环境。有了良好的生活环境，孕妇从纷繁紧张的工作中回到宁静的家中，自然会顿感心情平和而愉快，从而使孕妇的心境保持最佳状态。其次，要当好后勤部长。怀孕的妻子一个人要负担两个人的营养，而且生活非常劳累，这就需要丈夫关心妻子孕期的营养问题，如果营养不足或食欲不佳，不仅使妻子体力不支，而且严重地影响胎儿的智力发育。再次，丈夫还应使妻子保持良好的心态，如陪同妻子到空气清新的大自然中去散步，妻子情绪不稳定时，丈夫要用风趣的语言及幽默的笑话宽慰及开导妻子。最后，丈夫应该和妻子共同进行胎教。胎教是夫妻二人共同的事情，丈夫对妻子的体贴与关心，爸爸对胎儿的抚摸与"交谈"，都是生动有效的情绪胎教。

如何对胎儿进行习惯培养

每个人都有着各自不同的生活习惯，有的人习惯于早睡早起，而有的人喜欢晚睡晚起。那么这些习惯是从什么时候形成的呢？有人认为是儿童时期养成的，也有的人认为是出生后开始逐渐养成的。

为此，瑞典有一位医生叫舒蒂尔曼曾对新生儿的睡眠类型进行了研究。他把孕妇分为早起型和晚睡型两种类型，然后对这些孕妇进行追踪调查，结果证明，新生儿的睡眠类型是在怀孕后几个月内由母亲的睡眠所决定的。早起型的母亲所生的孩子天生就有同妈妈一样的早起习惯，而晚睡型母亲所生的孩子也同其妈妈一样喜欢晚睡。因此可以得出这样一个结论：胎儿出生几个月内，可能和母亲在某些方面就有着共同的节律。

一个人的某些习惯是在母亲本身习惯的影响下而潜移默化地继承下来的，母亲的习惯将直接影响到胎儿的习惯，如果有些母亲本身生活无规律、习惯不良，那么将来的胎儿也会有这些不良的习惯。因此从怀孕起孕妇就要从自身做起，养成良好的习惯，培养出具有良好习惯的胎儿。

如何对胎儿进行行为培养

孕妇的行为通过信息传递可以影响到胎儿，这一点早在我国古代就有论述。明代一位医生认为"妊娠以后，则需行坐端严，性情和悦，常处静室，多听美言，令人诵读书，陈说礼乐，耳不闻非言，目不观恶事，如此则生男女福寿敦厚、忠孝贤明，不然则生男女鄙贱不寿而愚顽"，可见古时人们就已经懂得了母亲的良好行为对后代的影响。古人认为，胎儿在母体内就可以接受母亲言行的感化，因此要求妇女在怀胎时应该清心养性、守礼仪、循规蹈矩、品行端正，给胎儿以良好的影响。

我国古代的胎教理论为现代的胎教提供了很重要的指导作用,被广大的中外学者所重视。几年前华盛顿大学医院的精神病科医生罗伯·克洛宁格,经过大量的调查提出一份报告,认为如果父母是罪犯,出生后的男孩即使给别人哺养,长大后犯罪的可能性比亲生父母不是罪犯的人要高出4倍之多。克洛宁格还发现,父母亲如果其中一位是经济犯罪分子,那么他们的儿子很可能也成为经济犯罪分子。另外,美国南加里福尼亚大学一位心理学家梅迪尼克耗时30年专门研究犯罪和家庭成员的关系,他研究了1447名丹麦男性,发现这批人中如果父母是经济犯罪分子,那么孩子成为经济罪犯的可能性达到20%~24.5%;如果父母是清白公民,那么这个比率将下降为13.5%。

如何对胎儿进行记忆训练

西班牙萨拉戈萨省一所胎儿教育研究中心对"腹中胎儿的大脑功能会被强化吗"这一课题进行了研究,结果表明,胎儿对外界有意识的激励行为的感知体验,将会长期保留在记忆中直到出生后,而且对婴儿的智力、能力、个性等均有很大的影响。所以,可以说胎教是教育的启蒙。由于胎儿在子宫内通过胎盘接受母体供给的营养和母体神经反射传递的信息,使胎儿脑细胞在分化和成熟过程中不断接受母体神经信息的调节与训练。

德国一位医生保罗·比库博士曾经治疗一位男性患者,当这位患者出现不安状态时,全身就会出现暂时性发热反应。为了查明发病原因,比库博士采取催眠术将患者引入睡眠状态。于是这位患者渐渐地回忆到了胎儿时期,回想起当时发生的重大事情。他讲述胎儿7个月以前的情况时,语调平和神情也很自如,但是当他讲述其后的情况时,突然出现嘴角僵硬、浑身颤抖、身体发烧的现象,露出惊恐的神情。很明显是患者回忆起了导致他出现这一症状的胎儿期的体验,那么这到底是什么原因呢?几个星期后比库博士走访了患者的母亲,据这位母亲回忆说:在她怀孕7个月后曾经洗过热水浴,试图堕胎。母亲怀孕末期胎儿的大脑发育已经基本完善,记忆储存迅速增大，因此这位患者的母亲在怀孕末期带给胎儿的恐惧直到出生后仍难以消除。这位患者的发病症状恰恰证明了胎儿期的潜在记忆对人的一生所产生的巨大影响。

如何对胎儿进行性格培养

母亲的子宫是胎儿的第一个环境，小生命在这个环境里的感受将直接影响到胎儿性格的形成和发展。如果这里充满和谐、温暖和慈爱的气氛，那么胎儿幼小的心灵将受到同化，意识到等待自己的那个世界是美好的，进而逐步形成热爱生活、果断自信、活泼外向等优良性格；倘若夫妻生活不和谐，不美满，甚至充满了敌意和怨恨，或者是母亲不欢迎这个孩子，从心理上排斥和厌烦，那么胎儿就会痛苦地体验到周围形成的冷漠和仇视的氛围，随之形成孤寂、自卑、多疑、怯弱、内向等性格。显然，这对胎儿的未来会产生不利影响。因此，未来的父母应把握这一特点，为孩子一生的幸福着想，从现在起，尽力为腹内的小生命创造一个充满温暖、慈爱、优美的生活环境，使胎儿拥有一个健康美好的精神世界，使其良好性格的形成有一个好的开端。

人的性格早在胎儿期已经基本形成，这一点已被专家们所证实。美国纽约州立大学的一项研究报告表明：20世纪70年代初期一直被妇产科医生用来防止孕妇流产的一些药物，如雌激素和黄体酮对胎儿的性格有着不良的影响，孕期妇女使用雌激素和黄体酮会使

胎儿出现明显的女性特征，表现为男性性格软弱，很少有攻击能力，而女性则更加女性化。而且还发现这些特征与孕妇的服药量有密切关系，同时注射了黄体酮和雌激素的孕妇所生的孩子与只注射黄体酮的孕妇所生的孩子相比，前者比后者更具有明显的女性特征。

瑞典有一位名叫克列斯蒂娜的女婴，她虽然长得健壮，却不愿吸吮母亲的奶，母亲把奶头对着她时，她仍然把头转过去，她情愿去吸别人妈妈的乳汁或奶瓶中的奶。后来经过调查后才知道原来这位婴儿的母亲在怀孕时打算流产，但因其丈夫执意不肯才勉强生下她。克列斯蒂娜在母亲的腹中已经痛感到母亲不希望生下自己，出生后就心怀不满，因此拒绝吃妈妈的奶，对母亲仍存有戒心。

曾有一位在妊娠期间遭受双重打击的妇女，她于怀孕数周后被丈夫抛弃，家庭负担和经济问题都摆在了面前，常常为此发愁。当她怀孕到6个月时，在一次检查中发现一侧卵巢患有癌前囊肿，需要立即手术切除，医生建议她流产，但她毅然拒绝，为了孩子她做好了冒任何风险的准备，最终这位妇女生下了一个完全健康的胖儿子。

由以上事例可以看出，孕妇激素分泌异常可影响胎儿性格的形成，当孕妇服用了这些激素或因为精神状态、情感、行为、意识等因素引起这些激素的改变时，即可影响到胎儿。同时，胎儿能敏锐感知母亲的心理活动。如果母亲是一位热爱胎儿的人，不论在任何不良环境中都能够表现出坚强的个性，那么母亲坚强的性格就会感染胎儿，使其同母亲一道战胜困难，并从中得到性格方面的锻炼。性格是儿童心理发展的一个重要组成部分，它在人生的发

展中起到举足轻重的作用。母亲的子宫是胎儿的第一个环境，小生命在这个环境里的感受将直接影响到胎儿性格的形成和发展，因此，在怀孕期注重胎儿性格方面的培养就显得非常必要。

如何对胎儿进行运动胎教

胎教理论主张适当对胎儿进行运动刺激，协调和敏捷性的锻炼，能促进胎儿大脑的发育。经常抚摸胎儿，帮助胎儿做体操，可以激发胎儿运动的积极性，促进胎儿智力发育，增强胎儿出生后的活动能力。研究结果表明，凡是在子宫内受过运动训练的胎儿，出生后翻身、爬行、坐立、行走及跳跃等动作的发育均明显早于一般的孩子。因此对胎儿进行运动胎教是非常重要的。

那么，如何对胎儿进行运动胎教呢？父母应从以下几方面做起：

抚摸胎儿。此法可于妊娠3~4个月开始。孕妇平卧在床上，全身尽量放松，先用手在腹部来回抚摸，然后用一手指轻按一下腹部再抬起，胎儿能马上作出反应。胎儿的反应速度也有快有慢，有的要用几天才能作出反应。

如果遇到胎儿用力挣脱时，应立即停止，等过一段时间后，胎儿对母亲的动作熟悉了，母亲就可用手按压抚摸，胎儿也会主动迎上去，要求"玩耍"。开始时动作要轻，时间要短，当胎儿适应后，可稍延长训练时间，每次以5分钟为宜。妊娠6个月以后，可以轻轻拍打腹部。到妊娠7~8个月训练高峰时，已能分辨出胎儿的头和肢体了，可以轻轻推着胎儿在宫内"散步"，但每次也不能超过10分钟。如遇到胎儿"发脾气"或"撒娇"时，母亲也可以用爱抚的动作来安慰胎儿，胎儿过一会儿就会安静下来。训练时手法一定要轻柔，一定要坚持每日进行。另外在妊娠早期和分娩前期，由于胎儿不宜受到外界强烈的刺激，所以最好不要做此训练。

踢肚游戏。父母要常和胎儿做游戏，这样有助于出生后孩子早日站立和行走，使孩子身体灵敏、健壮，大多数胎儿在出生时拳头松弛，且啼哭也不多。当胎儿踢肚子时，孕妇轻轻拍打被踢部位几下，胎儿就会停下来，一两分钟后，胎儿会在拍打部位再踢，这时孕妇要改变部位再轻轻拍打腹部几下，但要注意改变的部位离上一次被踢部位不要太远，一两分钟后，胎儿会在改变后的部位再次踢。每天可进行两次，每次数分钟。要在胎儿精神状态良好时进行，做丈夫的也可以协助妻子来完成。

另外，孕妇也可以根据自己的情况选择合适的体操，进行适当的锻炼，这样不仅有利于孕妇的身心健康和分娩，而且能使胎儿的身心得到良好发育。

如何对胎儿进行美感熏染

美感即是对美的感受与体会，"美"所包含的内容很广，如造型艺术的美、文学艺术的美、大自然的美等。从丰富精神生活来讲，孕妇主要是要学会欣赏美、追求美和把握美，提高自身的美学修养，获得美的享受，从而熏染腹内的胎儿，这也是胎教的重要内容。

由于大自然的美更贴近生活实际，因此对孕妇来讲，欣赏大自然的美是一种既简单又方便的对胎儿进行美感熏染的方法。大自然是无限美妙的，包括日月星云、山水花鸟、草木鱼虫、园林田野等，孕妇欣赏这些美景，可以大开眼界，增长知识，同时又是一种娱乐，还可以增加自己的审美，从而影响到胎儿。

由于孕妇的特殊生理条件，不太可能去登高望远，湖海浪游，但只要孕妇注意美的熏染，在小小的庭院之中也照样可以欣赏到自然的美景。如在居室之中摆几盆鲜花，喂养几尾金鱼，在庭院种养一些绿草，栽植几株花木等；每遇节假公休时，在丈夫的陪伴下信步于街心绿地，游览于清爽公园或外出郊游等；在农村地区，春天风和日丽、万物争荣，金秋季节天高气爽、硕果累累，并有草地、树林、山峰、池塘等景物，只要有了审美的眼光，一切都能使孕妇赏心悦目，每时每刻都能注入青春的活力，增添精神营养。

由于美的熏染，孕妇腹内胎儿的灵性也得到了陶冶，有利于胎儿朝着孕妇期盼的目标健康发育成长。

如何对胎儿进行学习胎教

研究实践证明，胎儿是有学习能力的。虽然胎儿的大脑犹如一张白纸，对外界的信息没有什么难易之分，好奇就接收，厌烦就一概拒绝，但是只要父母有选择地挑一些有趣的话题通过感官和语言传递给胎儿，以刺激胎儿的思维和好奇心，就能锻炼胎儿的学习能力。

可以利用彩色卡片学习语言和文字。首先可在卡片上写一些简单的汉语拼音如"a、o、e"等，如教"a"这个汉语拼音时，一边反复地发好这个音，一边用手指写它的笔画。这时最重要的是通过视觉将"a"的形状和颜色深深地印在脑海里，因为这样一来你发出的"a"这一字母信息，就会以最佳状态传递给胎儿，从而有利于胎儿用脑去理解并记住它。汉语拼音韵母教完后，可以接着教声母和简单的汉字，如"大""小""天""儿"等。如果父母想从小发掘胎儿的外语天赋，也可教胎儿26个英语字母，先教大写，然后是简单的单词。在教胎儿学习时，母亲要用真挚的感情和耐心，切忌急躁，敷衍了事。

可以利用彩色卡片学习数字。同学习语言和文字一样，数字的学习也是通过深刻的视觉印象将卡片上描绘的数字、图形的形状和颜色，以及你的声音一起传递给胎儿的。

学习图形。同前两种方法一样，先用彩笔在卡片上描绘出圆形、方形、三角形，将其视觉化后传递给胎儿，并找出身边的实物来进行讲解。

学习生活常识和自然知识。做菜时，可以讲述有关炊具和烹调的方法，通过视觉将菜的颜色"告诉"给胎儿，通过嗅觉将菜的气味转达给胎儿。让胎儿预先掌握生活中的智慧和一般常识，以便出生后对日常生活的事物更加感兴趣。

PART ⑥

胎教实施篇

第

一

章

一月胎教

◎ 孕妇的表现

◎ 胎儿的倩影

◎ 日常生活计划

◎ 胎教内容

"好孕" 干货尽在码中

科学备孕有指导，胎教干货跟着学。

由于怀孕的第1个月没有任何反应，所以很多孕妇并不知道自己怀孕是从什么时候开始的，而新生命就是在不知不觉中迅速成长发育起来的。第1个月，胎儿的生长速度比他一生中任何时候都快，而且胚胎各器官都在这一时期发生发育，是胎儿生长发育的决定性阶段，是最为重要的阶段，也很容易受到外界因素的影响而导致畸形出现。

因此，父母一定要注意安排好妊娠第1个月的日常生活，如加强营养和锻炼，保持良好的情绪，避免药物、疾病、辐射等外来因素对自身和胎儿的侵害。同时，丈夫在保证自己的良好状态外，还要多加关心体贴妻子，为胎儿的健康发育创造一个良好的生存环境。

孕妇的表现

妊娠是从最后一次月经开始的那天算起的，因此妊娠第1个月的前半个月中身体并未受孕，而是在为受孕做着准备。在大脑高级中枢的调控下，女性身体内的神经内分泌系统分泌性激素，在这些性激素的作用下，将有一个卵子从卵巢排出，排卵多发生在下次月经来潮前14日左右，卵子一旦排出，马上就被离卵巢排卵部位很近的输卵管伞端拾入输卵管，然后从输卵管伞端推移下来到输卵管最宽阔的地方即壶腹部。

与此同时，卵巢还产生雌激素，它为子宫内膜血管和腺体增多方面做了物质准备，此时子宫颈口分泌的黏液变成稀薄透明状，而且分泌量增加，有利于精子的进入。

如果这时精液射入阴道内，精子就会凭借自身的游动能力和宫颈口黏液的推动作用而通过宫颈管进入子宫，经过短暂的停留后进入输卵管与壶腹部的卵子相遇。卵子外周裹着一层透明带和一团放射冠细胞，当与精子相遇时，精子会释放出一种酶，溶解卵子外围的透明带和放射冠，这样精子就可与卵子会合了，当一个精子和卵子接触后，其他的精子就不能再进入了。

精子和卵子相互融合，形成一个新的细胞——受精卵，受精卵在24小时后开始进行有丝分裂，然后不断分裂发育，逐渐发育成一个状如桑葚的实心细胞团，同时借助输卵管的蠕动和纤毛的推动作用，向着子宫腔方向移动，寻找适合生存生长的地方。约在受精后第6~7天，受精卵到达子宫腔，受精卵分泌出一种蛋白质溶解酶将子宫内膜溶解出小巢状的凹陷，然后嵌入巢中，而子宫内膜又把受精卵包埋在内膜下，使它好似睡在柔软的睡袋中，从此在这里生长发育。这时，孕妇身体真正开始受孕，一个新生命从此诞生了。

由于身体内的这些变化是不易被察觉的，而且孕妇的身体也没有什么变化，因此大多数妇女不知道新生命是从哪一刻开始孕育的，直到下一个月的生理期产生变化时，才怀疑可能怀孕了。

少数做妊娠计划的女性，对自己身体变化的情形比较敏感，但她们最先知道即将有新生命孕育的信息，也只能来自基础体温的预示。每天早晨都会做记录的夫妻，会因为高温（37℃左右）的持续而得知最早的喜讯，这也是宝宝即将来临的第一个信号。

胎儿的倩影

三周胎儿

人体是由细胞构成的。在最初的受精卵里，有来自父亲和母亲各一半的遗传基因，细胞就依据遗传基因制定的进度开始分裂，形成各种组织和器官。这种细胞分裂，会以最快的速度进行。此时的胎儿只有0.2毫米，重1.0505微克，由受精卵形成的小小胚芽，在母体内安营扎寨后从母体吸取营养。

着床的受精卵可分为外胚层、中胚层和内胚层，这些部分最后就会形成各种器官，而这段形成各种器官的时期被称为胎芽期。小小的胚芽在2周末即可见到心脏的外形，并在第3周开始跳动。3周左右的胎芽，其大小刚能用肉眼看到，长度约1厘米，重量不足1克。从外表上看身体为二等分，头部非常大，占身长的一半，头部直接连着躯体，有长长的尾巴，其形状很像小海马，这时看不出和其他动物的胎芽有什么区别。表面被绒毛组织即细毛样突起组织覆盖着，这个组织不久将形成胎盘。此时大脑和脊髓等神经系统、血液等循环器官的原形开始出现，肝脏也从这个时期开始明显发育。眼睛和鼻子的原形还未形成，但嘴和下巴的原形已经能看到。与母体相连的脐带，从这个时期开始发育。

日常生活计划

注意怀孕的征兆

结婚之后，就算尚未准备怀孕，除非有万全的避孕措施，否则随时都有怀孕的可能。如果感觉身体和平时有异，则需怀疑是否为怀孕。在怀孕初期，征兆并不太明显，很多孕妇有疲倦和发热的现象，或是出现下腹疼痛、情绪不安、容易生气、乳头一触及就会疼痛等变化。此时许多人会将发热和疲倦误以为是感冒，将下腹疼痛误以为是便秘。其实，这些都是胎儿对母亲的呼唤，是胎儿发出的信息，是由受精卵在子宫内膜着床时产生的激素引起的，也就等于还不安定的胎儿在告诉母亲："妈妈，请注意，我在这里！"

可是，许多不知道自己已经怀孕的妇女，对生理上的这些变化往往会产生无谓的忧虑。因此，已婚的妇女应做基础体温测量。如果能早日知道怀孕日期，就能早日为腹中的胎儿准备一个理想的生存空间。

情绪

《千金方·徐之才逐月养胎方》中指出："一月之时，血行否涩，不为力事，寝必安静，无令恐畏。"也就是说妊娠第1个月，血的运行尚滞涩，不要做力所

不能及的劳务，睡卧须安静，不要有恐惧害怕的情绪。这里就提到了保持良好情绪的重要性，孕妇在妊娠早期由于受妊娠反应的影响，情绪极易波动，容易出现情绪不快、精神疲倦、烦躁不安等现象，这对孕妇自身和胎儿都不利。因为此时受精卵刚刚种植在母亲的子宫中，还很脆弱，而且此时各种器官的原形都已出现，胚胎的生长速度是惊人的，到第1个月末，胚胎的体积能增长近10000倍，大约已经有1厘米。

这时母亲的血液已在小生命的血管中缓缓地流动，心脏已经形成并开始工作了，这时的胚胎极易受到外界因素的干扰，从而导致胚胎发育异常甚至流产，所以此时孕妇一定要保持良好的心态。

如何才能具有良好的心境呢？首先，要明确早孕反应不是病。可采取转移注意力的办法，如和丈夫一起去看电影、去朋友家做客、逛公园、观花赏景，以减轻怀孕期反应，同时，为了孩子的健康发育，一定要坚持进食。其次，可多听一些轻松愉快、诙谐有趣、优美动听的音乐，使孕妇不安的心情得以缓解，在精神上得到安慰。再次，初次怀孕的妇女，容易产生心理负担，如担心怀孕和哺乳使自己的体形发生变化，对分娩过分害怕，对胎儿性别想得太多等，这就需要丈夫、亲属、医生给予耐心的解释，及时消除这些多余的担心，使其正确地认识怀孕。

另外，在这个期间丈夫会起到很重要的作用。此时的丈夫更应该体贴关心妻子，对妻子因怀孕反应造成的烦恼多采取谅解和忍让的态度，并应该给以精神上的抚慰，努力调节好日常生活，帮助妻子尽快度过这段焦虑的日子，切实保护好初期孕育的胚胎，为日后胎儿的正常生长发育开个好头。

营养

众所周知，孕妇的营养对胎儿的发育有很大的影响。妊娠第1个月，因为胎儿只有1~2厘米大，所以只需要极微量的营养。可是很快地胎儿即需从母体摄取大量的养分，供自己生长，因此母亲必须从此时开始就合理地摄取营养，为将来胎儿的发育打下良好的基础。

那么，怀孕之后应该吃些什么呢？要吃多少才会生下聪明健康的宝宝呢？虽然没有确切的答案，但腹中的胎儿要依靠母体的营养才能生长发育，这是不容置疑的事实。如果母亲缺乏营养，那么生下的婴儿也会营养不良，是个干瘦的婴儿；如果母亲偏食，也容易发生胎儿营养不均衡的情况。所以，为了使体内的胎儿能顺利成长，孕妇要尽量安排好每天的饮食生活，养成均衡良好的饮食习惯，尽量将食物烹调得美味可口，增进食欲。

首先，要确保孕妇摄取合理的营养。制定食谱时应注意合理而全面的营养，包括蛋白质、脂肪、碳水化合物、矿物质、维生素和水。孕妇可多吃一些肉类、奶类、蛋类和鱼类，保证优质蛋白质的供给；适当增加热能的摄入，即比未孕时略有增加就可，热能主要来源于脂肪和碳水化合物；矿物质的摄入是很重要的，孕妇所需的钙质比正常人要多，需加至1500克，所以孕妇要多吃乳制品、豆类、绿色蔬菜、动物骨等含有丰富钙质的食品；铁是人体造血的主要元素，女性每次月经平均流失铁30毫克，因而女性应补充铁质，最行之有效的补铁方法是多食用一些含铁量高的食物，如猪肝、牛肝、羊肚、猪血、鸭血、豆制品、芝麻、蘑菇、木耳、海带、紫菜、桂圆等，此外，常用铁锅做饭也可以增加铁的含量；锌在促进发育、维持正常功能、增强人体抗病力等方面有不可取代的优势，含锌多的食物是蛤蜊肉，每100克含锌174.5毫克，海产品、豆类、苹果、瓜子、芝麻、块根蔬菜也含有较丰富的锌；维生素对胎儿的发育也是不可缺少的物质，奶类、豆类、海产品、肉类、芝麻、木耳、动物肝脏、花生、核桃等都含有丰富的维生素，为防止胎儿神经器官缺损，应多吃些绿叶蔬菜、橘子、麦穗、豆、谷物以及叶酸强化汁等含有丰富叶酸的食物。

其次，要养成良好的饮食习惯。良好的饮食习惯是保证胎儿健康发育的基本条件，一般情况下，要坚持不断地补充充足的水果和蔬菜，禁止吃刺激的、咸的食物，更不要进食一些变质的、含过量添加剂或受污染的食物。早餐是很重要的，一定要重视。经常吃少量的东西要比一次性吃大量的东西更重要，所以要养成少量多餐的习惯，即每天吃5~6次饭，每次少吃一些。应有1~2次少量的零食,如色拉、牛奶(每天300~500毫升)、乳酸菌发酵食物、水果等。

此外,要养成多喝水的习惯,吸收充足的水分很重要,专家建议孕妇每天应吸收水分1000~1500毫升,可用水果、汤菜、牛奶、淡茶、酸梅汤、柠檬汁等来补充,但禁止喝含有酒精的饮料,避免喝浓咖啡、浓茶、可乐等。

运动

运动既可增强孕妇的体质,又有利于胎儿健康发育,因此孕妇在怀孕初期进行运动锻炼是非常必要的。适合孕妇的运动项目有很多,但孕妇要根据自己的实际情况选择适合自己的运动项目来进行锻炼。如果怀孕前就一直爱好运动的孕妇,怀孕后没有什么特殊的情况,可以继续进行,但运动要有限度,不要运动到令自己感到疲劳或上气不接下气的地步。注意不要尝试那些剧烈的运动,要避免任何损伤腹部的危险运动。怀孕前一直不怎么运动的孕妇,怀孕后最好选择一些简单易行的运动方法,如散步、打太极拳、做孕妇体操等。

最适宜孕妇的运动项目是散步,散步是增强孕妇和胎儿健康的有效运动方式。

首先,散步有利于呼吸新鲜空气,可以提高神经系统和心肺功能,促进全身血液循环,增加新陈代谢,加强肌肉活动,可使腿肌、腹壁肌、胸廓肌、心肌得以活动,也可使胎儿在母体内有足够的氧气供其生长发育。其次,由于血管的容量扩大,肝和脾储存的血液便进入了血管,动脉血的大量增加和血液循环的加快,对身体细胞和营养,特别是对心肌的营养有良好的作用。胎儿可从母亲的血液中获得生长所需的营养物质,血容量扩大更有利于胎儿对营养物质的吸收,从而促进胎儿的成长。再次,散步可使肺的通气量增加,呼吸变得深沉,也加强了肌肉的能力,为正常顺利分娩打下一个良好的基础。散步的地点最好选择在空气清新,氧气

浓度高，尘土和噪声都比较少的绿树成荫、花草茂盛的地方，这样安宁恬静的环境，无疑对孕妇的身心是极好的调节。如果条件不允许，则可选择一些僻静的街道散步，但应避开空气污浊和人群聚集的地方，以防撞击肚子和传染上疾病。同时，由于上下台阶和走坡道有摔倒的危险，所以还应尽量避开有台阶和坡度的地方。

做孕妇体操可减轻腰部的沉重感，解除腿部疲劳，锻炼和分娩有直接关系的关节和肌肉，如腰部和骨盆的肌肉，为将来的分娩做准备；做孕妇体操还可使胎儿得到良好的锻炼，有利于胎儿的健康发育。孕妇体操有很多种，孕妇可根据自己的实际情况选择适合自己的体操进行锻炼。这里介绍被孕妇们普遍接受的一种"床上体操"：

首先，自然地坐在床上，两腿前伸成"V"字形，双手放在膝盖上，上身右转，保持两腿伸直，足趾向上，腰部要直，目视右脚，慢慢数到10个数，然后再转至左边，同样数到10个数，恢复原来的正面姿势。接着，仰卧床上，膝部放松，双足平放床面，两手放在身旁，将右膝抱起，使之向胸部靠拢，再将左膝抱起，使之向胸部靠拢。然后，仰卧，双膝屈起，手臂放在身旁，肩离床，滚向左侧，用左臂着床，头向右看，恢复原来的姿势，然后滚向右侧以右臂着床，头向左看。动作可以反复几次，以活动颈部和腰部。最后，跪在床上，双手双膝平均承担体重，背直，头与脊柱成一直线，慢慢将右膝抬起靠近胸部，抬头，并伸直右腿，然后改用左腿做这一动作。

另外，孕妇可根据自己的情况练太极拳等，这样既可修身养性，又有利于胎儿的发育成长。

淋浴

在怀孕的最初几周内，处于发育中胎儿的中枢神经系统特别容易受到热的伤害。孕妇无论是何种原因引起的体温升高，如感染发热、夏日中暑、高温作业、洗热水澡等，都可能使早期胚胎受到伤害。有一项研究证明：孕妇体温比正常体温升高1.5℃时，可使胎儿脑细胞的数量增殖和发育停滞；上升3℃，则有杀死脑细胞的危险，而且这种脑细胞的损伤常常是不可逆的。

睡眠

怀孕以后，为了给胎儿创造一个良好的环境，一定要保证充足的睡眠时间。睡眠应比平时多一些，每晚最少8~9小时，每日午间最少也要保证1~2小时的睡眠时间，但时间不宜过长。妊娠早期，孕妇的身体变化不大，此期胎儿在子宫内发育仍居在母体盆腔内，外力不会直接压迫，不必过分强调孕妇的睡眠姿势，可随意选择舒适的睡眠体位，如仰卧位、侧卧位均可。

应注意的是，要养成良好的睡眠习惯，早睡早起，不熬夜，以保持充沛的精力。还要改变以往不良的睡眠姿势，如趴着睡觉或搂抱一些东西睡觉，因为趴着睡觉或搂抱东西睡觉可使腹部受压，导致胎儿畸形，更严重的会导致流产。一般来说，怀孕的第1个月很难察觉，因此，最好在计划怀孕前就要养成良好的睡眠习惯，以免影响到胎儿的生长发育。

妊娠疾病及用药

怀孕早期是胎儿各器官形成发育的关键时期，很容易受到外界因素的干扰，如药物等因素的影响会导致胎儿发生畸形。此时孕妇恶心、呕吐、食欲不振、体重下降，对药物很敏感，肝功能也有所下降，故解毒功能会受到一定影响，以致药物的毒副作用更加明显，所以怀孕早期应该尽量避免使用任何药物。如果因病情需要用药时，则必须在医生的直接指导下谨慎使用，已经服用药物的孕妇应及时向医生咨询。

容易诱发胎儿畸形的药物：氨基糖甙类，可引起先天性耳聋、损害肾脏，要严格禁用；氯霉素，可引起严重的"灰婴综合征"；四环素、土霉素、强力霉素，影响

乳牙和恒牙的发育，并可造成短肢畸形；扑尔敏、苯海拉明等，可引起缺肢、唇裂等畸形；奎宁、乙胺嘧啶等，可引起脑积水、唇裂、耳聋、尿路畸形等；雌激素及雄激素，可引起外生殖器畸形。

另外，虽然叶酸是孕期妇女需要补充的一种维生素（如果缺乏叶酸则容易引起巨细胞贫血，导致流产或早产，胎儿则可发生脑积水、无脑儿等多种畸形），但是，孕妇补充叶酸也要讲究科学。补充叶酸应从怀孕前开始，一般在怀孕前1个月到怀孕后3个月内服用叶酸增补剂，往往可使孕妇体内叶酸缺乏的情况得以纠正，但应该在医生的指导下服用。孕妇若长期服用大剂量的叶酸片，不但不能起到预防胎儿畸形的作用，反而会给孕妇和胎儿带来其他不良反应。

丈夫需要做的事

丈夫要多关心体贴妻子。此时的妻子可能一下很难适应怀孕带来的各种影响，情绪波动很大，因此丈夫要比以前更加爱护妻子、体谅妻子，合理地为妻子补充营养，陪妻子一起去医院检查身体，多陪妻子散步，为妻子创造一个良好的环境，使妻子保持良好的心态。还要注意不能抽烟喝酒，保持生活环境卫生，避免性生活，以免给妻子和胎儿造成伤害，为当一个好爸爸做好准备。

警示

妊娠的第1个月是胎儿神经管、四肢、眼睛开始分化的时期，是胎儿发育的关键时期，如果外界给予一些不良的刺激，就会影响到胎儿这些组织和器官的发育，从而导致胎儿的异常。

由于大多数的孕妇在怀孕第1个月时自己并不知道，无意中就会对胎儿造成伤害，所以计划怀孕的妇女，即使在不能确定自己是否怀孕的情况下，也要以孕妇的标准来安排自己的生活。

不要到剧院、舞厅、商店等人员集聚的地方，避免与患有流感、风疹、传染性肝炎等患者接触；尽量避免使用任何药物，因为怀孕15~40天内药物最容易引起胎儿畸形，如果因病情需要使用药物，必须在医生的直接指导下谨慎使用；远离电磁污染，调离有毒有害的岗位，避免重体力劳动和距离地面2米以上的高空作业，避免因职业因素而影响胎儿的发育；听音响、看电视时要保持一定的距离，尽量少用电脑、微波炉、手机等；居室暖气刚停的时候，孕妇不要睡电热毯，因为它可以产生电磁场，对孕妇和胎儿存在危害；避免饮浓茶、浓咖啡及可乐型饮料，孕妇最理想的饮料是白开水；淘米、洗菜不要将手直接浸入冷水中，寒冷刺激有诱发流产的危险；洗碗要选用不含有害物质的洗洁精；避免与家庭宠物接触，因为这些小动物往往带有致病的细菌和寄生虫，会感染宫内的胎儿，导致胎儿畸形或早期新生儿死亡；尽量避免穿高跟鞋，避免过于激烈的运动；身体不适要尽早去医院就诊，就诊时，向医生讲明自己的身体状况，以便医生作出合适的处理。

如果母体在妊娠初期患麻疹，则胎儿的眼睛、耳朵、手、脚、心脏发生畸形的几率非常高（在33%~58%）；如果孕妇已有免疫性，胎儿就可免遭麻疹病毒的侵犯，所以女性在妊娠前要做麻疹抗体检查，如果是阴性显示，就要早日接种麻疹疫苗，日后就可安心受孕。

但在接种疫苗时要注意，由于接种的是活疫苗，如果这时已怀孕或接种后马上怀孕，胎儿则会有感染的危险，因此接种前一个月和接种后两个月，都必须避孕，如果已经怀孕，千万不能接种。

胎教内容

环境胎教

妊娠过程中，胎儿能否正常生长发育，除了与父母的遗传基因、孕育准备、营养因素有关外，还与孕妇在妊娠期间的内外环境有着密切的联系。尤其在早孕8周内，胚胎从外表到内脏、从头到四肢都在此时期形成，加上胚胎幼嫩，不具备解毒功能，极易受到伤害，所以孕期最初3个月是胎儿是否畸变的关键时期。为了保证胎儿的健康发育和成长，母亲应尽量避免不利于胎儿生长发育的环境因素，如污染与噪声、放射线的伤害，职业与嗜好的不良刺激，夫妻体弱患病受精，多次堕胎或流产后受精，不洁的性生活引起的胎儿宫内感染等。

音乐胎教

怀孕3周以后，中枢神经和心脏开始形成，虽然说怀孕初期胎儿还不是能听到声音的时期，但是已经能够感知震动了，所以可感觉到随着母亲的心情变化而变化的心脏波动，而且也能够感受母亲的心情和情绪。此时期母亲的情绪对胎儿的发育有很大的影响，这个时期孕妇若适当听一些轻松愉快、诙谐有趣、优美动听的音乐，可以缓解不安的心情，在精神上可得到安慰。而孕妇的良好情绪可以传递给胎儿，从而使胎儿感受到母亲的好心情，有利于胎儿的健康成长。

音乐的曲调、节奏、旋律、响度的不同，对孕妇和胎儿产生的效果也不同。孕妇最好不要听那些过于激烈的现代音乐，因为这类音乐音量较大、紧张激烈、刺耳嘈杂，可使胎儿躁动不安，引起神经系统及消化系统的不良反应。最好选择一些柔和轻缓的音乐，如《春江花月夜》《平沙落雁》等镇静类的乐曲，《江南好》《春风得意》等舒心乐曲，《假日的海滩》《水上音乐》等消除疲劳的乐曲，《二泉映月》《摇篮曲》《仲夏之梦》等催眠乐曲。

第二章

二月胎教

◎ 孕妇的表现

◎ 胎儿的倩影

◎ 日常生活计划

◎ 胎教内容

"好孕"干货
尽在码中

科学备孕有指导，
胎教干货跟着学。

怀孕的第2个月，一般是发现怀孕的时期，也是开始发生早孕反应的时期。早孕反应因人而异，一般表现为恶心、呕吐、厌食等，并伴有头晕、倦怠等症状，可给孕妇带来不舒服的感觉，很容易影响孕妇的情绪，进而给胎儿的生长发育造成不良的影响。因此，此时期保持孕妇良好的精神状态是最重要的。

此时期的胎儿已由分化前期进入分化期，是胚胎器官高度分化和形成的时期，极易受到外界因素的影响而导致畸形或流产，因此一定要避免接触对胎儿发育不利的因素，如药物、激素、放射线、辐射等，此时期是适宜进行初诊的时期，应及早进行检查，以便及早发现疾病、并发症以及胎儿的异常，从而做到早期发现，早期治疗。

孕妇的表现

当生理期比平时迟了10天以上时，女性就要怀疑自己是否已经怀孕。这时相当于怀孕的第2个月，子宫已经有鹅蛋大小了，虽然腹部的变化仍不明显，可有一些其他方面的改变。

首先是月经的改变。一向很规则的月经突然停止，并且停经超过月经周期10天以上，或者平时月经不规则，但此次停经超过2个月，上述这些情况的出现，则表明可能怀孕了。但也不是绝对的，还应留意是否是气候突变、生活环境改变、精神刺激、身心疲惫、子宫疾病、贫血或内分泌发生紊乱等情况引起的停经。

其次是早孕反应的发生。这个时期的女性，常在清晨起床后感到恶心或伴有频繁的呕吐，同时觉得头晕、疲倦、想睡觉，什么东西也不想吃，特别是厌恶油腻食物。嗅觉变得敏感，闻到做饭等气味会感到恶心欲吐，对酸性食物有了兴趣，或者突然非常想吃一种东西，而且想吃的欲望难以遏止。以上这些反应被称作早孕反应，一般在怀孕12周后自行消失。早孕反应也是因人而异的，有些人到胎盘形成的20周左右才会好转，有些人甚至会持续到分娩为止。一般来说，早孕反应是胎儿发出的信息，是一种正常的生理现象，是孕妇感觉妊娠的第一步，孕妇要对其有正确的认识，不要因为早孕反应而影响了自己的情绪，这对自身和胎儿都是不利的。

再次是乳房的改变。自觉或不自觉感到乳房发胀，乳头过分敏感，碰触后有疼痛感，而且乳头和乳晕的颜色逐渐变深，尤其是初次怀孕的女性这种表现更为明显。

另外，小便也有改变。膀胱中并没有多少尿液却时时想排尿，小便次数比平时增多，这是子宫受孕膨大后刺激膀胱所致。要注意同膀胱炎症相区别，膀胱炎症在小便次数增多的同时，还伴有尿急、尿痛等症状。此外，还有一些全身症状，如全身疲倦，下腹部和腰部有不舒服的感觉，外阴比平时湿润，而且有白色分泌物等。

当出现以上这些症状时，很可能已经怀孕了。但也不排除特殊情况，如有些女性因怀孕心切，也会出现停经及胃肠反应，实际上并未受孕；而有的女性怀孕后却无任何反应，又因平常总有月经延期的情况，所以停经半个月到1个月也难以确定是否怀孕。所以，最可靠的方法是到医院做妇科检查和妊娠化验，也可在家中应用早孕试纸检测是否怀孕。但会出现假阳性或假阴性，应注意。

▌ 胎儿的倩影

怀孕的第2个月，胚胎的生长发育已由分化前期（受精卵到形成胚卵）进入分化期（器官形成期），是胚胎器官高度分化和形成的时期。此时的胚芽长2~3厘米，重4克左右，子宫的大小像一个鹅蛋。

胎儿在5周时，头松弛无力地下垂，已具有萌芽状态的手、脚和尾巴。7周时，头、身体、手脚开始有区别，尾巴逐渐缩短，胚体似乎已具有人形模样。脑、脊髓、眼、听觉器官、心脏、胃肠、肝脏初具规模，同时因心、肝、消化管的发育，胚体的腹部膨隆；眼睛出现轮廓，鼻部膨起，外耳开始有小皱纹，颜面已似人形；骨头仍为软骨，有弹性；内外生殖器的原基能辨认，但从外表上还分辨不出性别；羊膜和绒毛膜构成的双层口袋中充满了羊水，胚体浸泡在羊水中，犹如自由游动的鱼。到了8周末，已经可以用肉眼分辨出胎儿的头、身体和手足了。此时母体和胎儿的联系已经很紧密，在子宫内的底蜕膜内绒毛不断地增殖，开始准备制造胎盘，而且，成为脐带的组织也出现了。

日常生活计划

情绪

从妊娠的第2个月开始，孕妇就有了早孕反应，除了恶心呕吐之外，还会出现口中发酸、头痛、肩膀僵硬、腰痛、倦怠、焦躁等现象。早孕反应因人而异，有的孕妇反应很大，会觉得很不舒服，因此将怀孕视为很可怕的事情，从而影响了孕妇的情绪，再加上考虑到有关分娩的这样和那样的问题，有时会很烦躁。而且，孕妇感情波动激烈，有时为一些鸡毛蒜皮的小事也会发火或哭喊不止。而此时的胎儿已经能够感受到母亲的反应了，这种情绪就会通过母体直接传递给体内的小生命，影响胎儿的正常发育。

所以，孕妇一定要学会自我克制。首先，要认识到早孕反应是为了让母亲准备一个让胎儿成长的环境而最早产生的正常生理变化，有了正确的认识，就会用正常的心态去看待这件事情，从而稳定自己的情绪。其次，孕妇应该学会自己调控心情，如凡事要往好处想，不要生气，不要着急，离开不愉快的情境，转移注意力；坐下来，跟自己说话，相信有办法解决，说话慢一点，平和一些，逐渐使心情平静下来；把眼睛闭上几分钟，什么都不要想，全身放松，按摩头部和太阳穴；到

附近草木茂盛的宁静小路上散步；将自己置身于欢乐的人群中，使自己的情绪受到积极因素的感染，从中得到快慰；听听自己喜爱的乐曲，翻翻自己喜爱的书籍，想一想未来小宝宝的模样等。总之，尽量做一些令自己愉快的事情，使心情舒畅，才会对宝宝有利。

营养

胎儿在母体中生长发育需要的所有营养都只能依靠母体供给，营养是决定胎儿生命力的基础。专家研究证实，人的脑细胞绝大部分是在出生前分裂形成的。在怀孕的第2个月，受精卵开始发育，第10~18周，胎儿脑细胞增殖达第一次高峰，也就是神经系统和人体的系统功能发育的基础阶段，为了保证胎儿大脑的良好发育，孕妇此时应该特别注意及时补充足量的优质蛋白，为胎儿大脑的发育打下基础。孕妇营养不足，胎儿则可能发育不良，这是理所当然的结果。若胎儿的需求不能及时由母体供给，则会夺取母体本身的营养，导致母体产生骨质软化、贫血、营养不良等症状。若孕期营养不良，产后乳汁分泌必然不足，婴儿得不到充足的母乳，则是更大的损失。

在妊娠的第2个月，有些孕妇会因孕吐而吃不下东西，并且担心胎儿是否会营养不够。妊娠初期胎儿生长缓慢，但母体体重通常每日也要增加1克左右，对营养的要求增高，但不是很高，所以不要勉强自己进食。假如为了胎儿勉强吃下含有钙质或蛋白质的食物，效果也不大，只要能尽量吃些清淡爽口的食物，就不致影响胚胎发育。

想吃的时候就放心吃，稍微改变饮食习惯，如可采用少食多餐的方法，并多吃清淡易消化的食物，如面包、饼干、牛奶、稀粥、果汁、蜂蜜及新鲜水果等。汤类和油腻食物特别容易引起呕吐，所以吃饭时孕妇不要喝汤、喝饮料及吃油腻食物。避免吃过甜或刺激性强的食物，如辛辣食品。咖啡和红茶不可饮用过多，因为咖啡或红茶内含咖啡因，会妨碍胎儿脑部或其他器官的细胞分裂，对各器官的发育也会有影响。孕妇要少吃糖，因为妊娠第7周胎儿的乳牙胚开始形成，如果吃过量的糖会大量消耗母体的钙质，从而不利于胎儿牙齿生长和钙化，如出现牙齿先天发育不良，不但牙冠形态可发生永久性异常，而且抗龋能力也会下降。呕吐严重的孕妇，多吃蔬菜和水果，同时口服维生素B$_6$和维生素C。孕吐和心情有密切的关系，丈夫要关心体贴妻子，夫妻两人一起到外面享受一顿气氛好的晚餐，也许会令妻子食欲大增。

在此期间还要注意的是，叶酸是胎儿中枢神经系统发育所必需的，尤其是在妊娠最初几周内更为需要，体内不能储存叶酸，并且妊娠期间叶酸的排出量也大于平时的好几倍，所以重要的是每天都要适量供给叶酸。新鲜的、深绿色多叶蔬菜是叶酸良好的来源，但要蒸着吃或生吃，因为经过烹调后，大量维生素会被破坏。

不要食用经过深度加工的食品，如罐头食品及各类袋装食品，这些食品常常含有大量脂肪以及不必要的防腐剂、香料及色素，购买前应仔细查看标签，选择没有人造物质或者这些成分的含量非常低的产品。不要食用小卖部出售的熟食，也不要买事先烹调过的在市场出售的肉类以及可以即食的家禽食品，因为这些食物中可能含有传入胎儿体内的细菌，会对胎儿的生命健康造成危险。

淋浴

在怀孕的第2个月，母体为适应胎儿生长发育的需要，发生了一系列的变化，如皮肤的新陈代谢旺盛，孕妇的汗腺和皮脂腺分泌旺盛，并且由于盆腔充血，阴道白带也较非孕期明显增多，常会导致不适感。所以应经常洗澡和更换内衣，保持皮肤和外阴清洁，避免感染。经常洗澡不仅可以促进皮肤的排泄功能，保持皮肤清洁，而且还可通过温热刺激加速母体的血液循环，有利于消除机体疲劳，改善母子间的物质代谢。

孕妇洗澡最好采用淋浴的方式，因为洗盆浴有可能使洗浴的液体进入阴道，造成感染，危及胎儿。洗澡时水温不宜过高，以不超过40℃为最佳，因为水温过高，会使孕妇全身血管扩张，造成一时性子宫胎盘的血流量减少，也会给胎儿带来不良的影响。另外洗澡的时间也不宜过长，最好不要超过15分钟。

怀孕后，因为胎盘产生大量的雌激素，子宫和盆腔的血液供应丰富，白带比怀孕之前要多，这也是正常现象，不需治疗。可由于分泌物增多，使外阴经常处于潮湿状态，对局部皮肤有一定的刺激作用，因此宜常用温水清洗，保持外阴部干燥。每天用自己的专用盆和浴液及温开水清洗外阴2~3次，清洗时避免用普通肥皂。

睡眠

由于妊娠早孕反应，此时期的孕妇很容易疲劳，所以要保证充足的睡眠时间。首先，卧房内要保持空气新鲜。结果表明，室内外空气的污染，与早孕胚胎致畸有密切的相关性。因此，在睡觉前应开窗10~15分钟，让有害物质自然逸出窗外。其次，屋内摆设应整洁，床不能太软，也不能太硬，以孕妇自感舒适为宜。再次，孕妇睡觉时不能开着电灯，以防光源污染，因为电灯光可对人体产生一种光压，长时间照射会引起神经功能失调，令人烦躁不安。日光灯缺少红光波，且以1秒钟50次的速度抖动，当室内门窗紧闭时，与污浊的空气形成污染；白炽灯光中只有自然光线中的红、黄、橙三色，缺少阳光中的紫外线，不符合人体的生理需要；荧光灯发出的光线带有看不见的紫外线，短距离强烈的光波能引起人体细胞发生遗传变异，容易诱发畸胎或皮肤病。

接受初诊

怀孕第1个月时，一般不易被发现，而且子宫的变化不明显，尿液还显示不出表示怀孕的绒毛膜促性腺激素，所以此时不宜接受初诊。一般情况下，月经周期正常的人，过了预测日期10天以上还不见月经来时，去

小贴士

如果白带质地异常，如呈豆腐渣样或凝乳块样，或是黄色脓样，有臭味，都是不正常的现象，需及时到医院就诊，查明病因，进行治疗。

接受检查最为适宜。

怀孕2个月时,要做第一次阴道检查。有些人担心孕期的阴道检查会对胎儿产生伤害,其实一般情况下是不会伤害胎儿的。检查目的是了解孕妇生殖器官有无畸形、肿瘤,如阴道纵隔、双子宫、盆腔包块以及怀孕子宫与停经日期是否相符等;同时可检查阴道白带有无霉菌、滴虫等病原体的感染,从而及早发现并发症,及早治疗,纠正异常胎位。

初诊的内容包括身高、体重、腹围、子宫底、血压及骨盆外的测量,以及血型、贫血、梅毒血清反应、尿常规、B超肝炎、风疹抗体值、弓形体抗体等项目的检查。其中身高和骨盆外测量在初诊时进行,其他的测量在每次定期健康检查时进行。在检查的当天,要注意进餐的时间,至少应在饭后两小时后再接受检查,因为刚吃完饭时尿里容易出现糖分,这时做尿常规检查容易得出错误结论。

妊娠疾病及用药

感冒是由多种病毒感染引起的上呼吸道急性炎症,一年四季均可发病,尤以冬春季较为多见。在妊娠期尤其是怀孕的第2个月,是胚胎各器官发育的关键时期,如果此时随便用药,会导致胎儿畸形,因此一定要慎重。

自妊娠第2个月起血液中孕激素水平逐步增高,使胃贲门括约肌变得松弛,以致胃液返流到食管下段刺激此处痛觉感受器,从而引起烧灼感,并且因怀孕时胃酸分泌增多也会使痛感加重,引起返流性食管炎。情况较轻者可通过饮食来调理,就餐时不要过于饱食,不要一次性喝大量的饮料,避免喝浓茶、咖啡,吃巧克力,因为它们会使括约肌更松弛;情况严重者可在医生的指导下服用一些有助于缓解胃烧灼痛的药物,但要慎用抗胆碱药物,如阿托品、胃复安等,这类药物都会使贲门括约肌变得松弛而诱发疼痛。

孕妇早孕反应引起的厌食,会使摄入的蛋白质、铁、维生素B_{12}、叶酸等营养物质不足,导致孕妇因营养不良,再加上妊娠期间血液总容量增加,而红细胞数目增加较少,造成血液稀释,因此可引起贫血。贫血是妊娠期妇女常见的一种疾病,轻度贫血对妊娠没有太大的影响,重度贫血则可引起早产、死胎,产出的孩子比正常小。因此,此时一定要注意铁及维生素的补充,必要时可在医生的指导下补充适量的铁剂。

由于子宫逐渐增大，膀胱受到挤压，所以孕妇可出现尿频的症状，这是妊娠过程中的正常现象，不必特殊处理，孕妇感到有尿意时就应去厕所排尿。孕妇还要经常变换体位，以防尿流不畅压迫右侧输尿管引起肾盂肾炎、肾盂积水。

丈夫需要做的事

在怀孕早期，怀孕所带来的喜悦是暂时的，接踵而来的是恶心、呕吐、厌食等早孕反应，并伴有头晕、倦怠等症状，同时，由于身体的变化也会使心情跌宕起伏，因此丈夫在此时的作用是很重要的。

要多体贴照顾妻子，主动承担家务。注意劝慰妻子切不可因妊娠反应、体形改变、面部出现色素沉着等而产生不良情绪，不与妻子斤斤计较，注意调节

婆媳关系，注意妻子的性情和心理变化，创造一个和睦、亲热的生活环境。有些孕妇会因孕吐而吃不下东西，丈夫要注意选择做一些妻子喜欢的能吃的饭菜，以保证营养的供给。怀孕初期虽然从表面上看没有明显的表现，但此时的胎盘很脆弱，很容易造成流产，因此丈夫注意不要让妻子干体力活儿，要帮助妻子提重的物品，帮助妻子从高的地方拿东西或者放东西，打扫浴室等，让妻子尽可能得到充分的休息。

要帮助妻子创造一个良好的胎教环境。应经常陪同妻子到空气清新的大自然中去散步，环境的绿化、美化、净化是胎儿健康发育的必要条件；多让妻子看一些激发母子感情的书刊或电影电视，引导妻子爱护胎儿；要同妻子一起想象胎儿的情况，描绘胎儿的活泼、自在、健康、漂亮，对增进母子感情是

非常重要的。

胎儿是丈夫和妻子的爱情结晶，所以从妻子开始怀孕，丈夫就应该与妻子共同担负起保护胎儿健康发育和成长的责任，尽好自己的一份义务。

警示

第5周后，胚胎进入器官分化期，这是胎儿最容易受到外界因素干扰的时期，流产常常发生在这个时期，因此孕妇的日常行为动作一定要小心：注意身体不能长时间处于同一种姿势，避免反复做腰部用力动作；不要长时间骑车、乘车、开车，以免发生早期流产，特别是曾有过妊娠失败的女性；应避免激烈的运动、旅行；要有足够的休息和睡眠，性生活要节制；应尽量少接触家用电器及手机，避免对胎儿造成伤害；风疹和流行性感冒是造成畸形儿的原因之一，要千万注意预防；尽量避免用药，如必须服药，应该在医生的指导下正确地用药；避免接触有毒的化学物质及放射性物质。

早孕反应是从妊娠4~7周开始的，反应的时间、症状、程度因人而异，一般表现为恶心，食欲减退，空腹时想吐，头晕乏力，不能闻油烟或异味。这些不良反应会给孕妇的情绪带来很大的影响，而孕妇的不良情绪又会影响腹中的胎儿。虽然胎儿和母体的神经系统没有直接联系，但存在着血液物质及内分泌的交流，不良情绪会引起某些化学物质的变化，从而对胎儿发育造成不良影响。因此，孕妇一定要保证心情愉快，情绪平稳，按时起居，保证充足的睡眠，避免身心过劳；设法减轻早孕反应带来的不安，把居室内的色调变为绿色，既可以缓解精神紧张，又可改善机体功能，使皮肤温度下降、心跳减慢、呼吸平缓、心理放松；保证充足的氧气，每天到绿地或林荫道散步1小时；饮食上应选择清淡可口和易消化的食品，此时，能吃多少就吃多少，不必太介意营养够不够的问题；注意不要缺水，让体内的有毒物质能及时从尿中排出；应暂停性生活，因为此时期易发生流产。

胎教内容

音乐胎教

怀孕的第1个月，胎儿没有听的能力，只能通过母体内的波动而感受到外界的刺激。到怀孕第2个月时，胎儿的内耳已经形成，可以正式进行音乐胎教了。

要根据孕妇的心情和状态来选择合适的音乐听。如民族管弦乐《喜洋洋》《春天来了》等乐曲，柔和平缓、优美细致，带有诗情画意，具有镇静的作用；奥地利作曲家约翰·施特劳斯的《春之声圆舞曲》等乐曲，曲调优美酣畅、起伏跳跃，旋律轻盈优雅，可以解除孕妇忧郁的情绪；《江南好》《春风得意》等乐曲，轻松悠扬、节奏明朗、优美动听，使人赏心悦目；《锦上添花》《矫健的步伐》以及奥地利作曲家海顿的《水上音乐》等乐曲，清丽柔美、抒情明朗，可以消除孕妇的疲劳；《步步高》《金蛇狂舞》等作品，曲调激昂、引人向上，旋律婉转较快，令人精神振奋；《花好月圆》《欢乐舞曲》等乐曲，可促进孕妇的食欲；德国音乐家勃拉姆斯的《摇篮曲》、德国浪漫派作曲家德尔松的《仲夏之梦》等乐曲，旋律轻盈灵巧、美妙活泼，情调安祥柔和，具有催眠的作用。此外，还可选择约翰·施特劳斯的华尔兹或古典名曲。

意念胎教

有些科学家认为，孕妇在怀孕期间如果经常设想孩子的形象，则这种设想的形象在某种程度上与将要

出生的胎儿较相似，因为孕妇与胎儿在心理和生理上是相通的。从胎教的角度来看，孕妇的想象是构成胎教的重要因素，它可转化渗透在胎儿的身心感受之中。

同时，孕妇在构想中，会使情绪达到最佳状态，促进体内具有美容作用的激素增多，使胎儿面部器官的结构组合及皮肤发育良好，从而塑造出自己理想中的胎儿。在我们日常生活中看到许多相貌平平的父母却能生出非常漂亮的孩子，这与怀孕时母亲经常强化孩子的形象是有关系的。

在怀孕的第2个月，正是胎儿各器官进行分化的关键时期，孕妇可用意念胎教的方法使胎儿发育得更加完善。最常用的方法是脑呼吸胎教。脑呼吸胎教是与简单的基本动作一起冥想的，即从脑运动开始。方法是：首先熟悉脑的各个部位的名称和位置，闭上眼睛，在心里按次序感觉大脑、小脑、间脑的各个部位，想象脑的各个部位并叫出名字，集中意识，这样做可提高注意力，能清楚地感觉到脑的各个部位。刚开始做脑呼吸时，先在安静的气氛下简短做5分钟左右，逐渐熟悉方法后，可增加时间。吃饭前，在身体轻快的状态下做更有效果。还可以通过脑呼吸和胎儿进行对话，想象一下肚子里的孩子，想象胎儿的身体各个部位，从内心感觉孩子，如能通过超声波照片来看的话，更容易想象。与脑呼吸一起进行说话，或写胎教日记，会使胎儿和母亲更容易交流。

还有一种用手感觉精力的方法。以跏趺坐的姿势安稳地坐下后，两只手放在距胸前5厘米左右的地方，然后闭上眼，用心感觉双手的部位，这时感觉一下充斥在双手间的气息，先合掌然后再慢慢地张开双手。

此外，冥想、祈祷、丹田呼吸、读圣经或经书等，也是约束内心的好的胎教方法。

第三章

三月胎教

- ◎ 孕妇的表现
- ◎ 胎儿的倩影
- ◎ 日常生活计划
- ◎ 胎教内容

 "好孕"干货
尽在码中

科学备孕有指导，
胎教干货跟着学。

从怀孕的第3个月起，胎儿的生长速度是很快的，此时的胎儿已经真正具有人形了，而且可以在母体的子宫内自由活动，但这种活动还不能被母亲所感知。这个月是妊娠反应最严重的时期，因此孕妇的情绪很不稳定，易发脾气，孕妇要学会调节自己的情绪；又由于恶心、呕吐等反应，会影响孕妇营养的摄取，所以要注意保证全面合理的营养，为胎儿的发育提供充足的养分。另外，可进行适度的运动，保证身体的健康。

从这个月开始，孕妇要定时进行产前检查，了解孕妇及胎儿的健康情况，以便发现异常能及时处理。并且，此时期是容易发生流产的时期，孕妇一定注意不要进行过猛、过激地运动，也不要勉强干体力活儿，避免一切可能引起流产的因素。

这个月的胎教内容主要是给予胎儿一些适当的刺激，如运动胎教、情绪胎教、音乐胎教、意念胎教等，让胎儿在母亲的子宫中开始活动，以利于胎儿的健康发育。

孕妇的表现

怀孕的第3个月，孕妇的子宫已经有拳头大小了，但孕妇的腹部从外观上看还没有明显的隆起。此时增大的子宫开始压迫位于前方及后方的膀胱和直肠，于是会出现排尿间隔缩短、排尿次数增加、有排不净尿的感觉，总想如厕。由于压迫直肠，加之精神忧虑，孕妇还容易出现毫无原因的便秘或腹泻。孕妇乳房除了原有的胀痛外，开始进一步增大，乳晕和乳头色素沉着更明显，颜色变黑。阴道分泌物较孕前增多，颜色通常为无色，或橙色，或淡黄色，或浅褐色，这些都属于妊娠的生理反应。如果分泌物的量增加太多，并且有异味，则属于异常情况，应该去看医生。

第3个月的前两周，即怀孕第8周和第9周，是妊娠反应最严重的阶段，度过此阶段后，妊娠反应将逐步减轻，到3个月末就会自然消失，食欲开始增加，下降的体重逐渐回升。

▌胎儿的倩影

从妊娠第8周开始，已经不能称为"胎芽"，而是真正的"胎儿"了。这个时期的胎儿生长速度是很快的，平均每天长1厘米左右，到第3个月后期，胎儿的身长就增至10厘米左右，体重增至40克。

此时，胎儿整个身体中头显得格外大，几乎占据了身长的大部分。脸部已略具有人的雏形，有眼睑，耳朵部分也已形成，嘴唇构造完全，鼻子隆起，并且已有鼻孔，眼睛及手指、脚趾已清晰可辨。尾巴完全消失。胎儿的皮肤是透明的，因而可以透过皮肤清楚地看到正在形成的肝脏、肋骨和皮下血管、心脏，胃肠更加发达。胎儿自身形成了血液循环。肾脏也发达起来，已有输尿管，胎儿也能排出一点点尿。骨骼和关节尚在发育。指甲、头发、眉毛也开始长出来，性器官在11周后期分化完毕，这时就可以辨认出胎儿的性别了。以前胎儿会通过皮肤吸收氧气和营养，现在则经由胎盘上的脐带，自母体获得丰富的养分。

从这个月开始，胎儿的手、脚、头和整个身体都能活动了，例如会转动头部，改变身体的方向和姿势，四肢也可在羊水中自由活动，有时左右腿还可交替做屈伸动作，双手能伸向脸部，就像我们维持同样的姿势太久了，就会伸个懒腰或走动一样。由于子宫内部非常狭窄，所以胎儿只能运动身体，做个深呼吸。

另外，胎儿还会作出走路、跳跃和惊吓等动作，这些都说明胎儿脊髓等中枢神经已经很发达了。到了第11周，胎儿会有一种被称为"原始步行"的行动，即两脚交替伸出，作出走的动作，所以人类并非出生后才开始学走路，而是早在母亲肚子里就已经做走路练习了。胎儿的这种运动，就是医学上所谓的"神经发达"，这只是简单的反射动作。虽然胎儿在母亲的子宫中已经开始活动了，但此时的母亲还感觉不到胎动。

日常生活计划

情绪

怀孕的第3个月，早孕反应越来越重，身体上的不适和对分娩的害怕，再加上从"初为人妻"到即将"为人母"这一社会角色的变化，使孕妇很难一下适应这么多的变化，所以造成孕妇的情绪不稳定，爱发脾气，易受暗示，依赖性强，使家人无所适从，甚至影响到夫妻感情。孕妇的不良情绪，会对腹中的胎儿造成伤害。虽然孕妇只是通过脐带给胎儿送去营养，排出代谢废物，使胎儿发育长大，与胎儿之间并没有直接的神经传递，但孕妇的情绪发生变化时，不好的情绪可通过神经内分泌系统对胎儿产生影响。孕妇情绪不好时，可激发起体内自主神经系统的活动，使自主神经系统控制的内分泌腺分泌出多种激素，这些激素为化学性物质，在向胎儿输送养分时，可经由脐带进入胎盘，使胎盘的血液化学成分发生变化，从而间接性地与母体建立起神经介质传递关系，对正处在形体和神经发育关键时期的胎儿造成刺激，不利于胎儿的发育成长。

因此，在怀孕期间孕妇一定要保持良好的心态。首先，自己应该注意精神修养，克制自己的情绪，做到心怀博大、举止端庄、生活清静、情绪平和。其次，丈夫及家人应该理解和体谅孕妇的这种心情，给予其更多的关心和照顾，为其创造一个良好的生活环境，使其心情愉快舒畅。这样会使腹内胎儿胎动缓和而有规律，按照生命节律而良好有序地发育。胎儿性情平和，对智力和形体发育都有着极好的促进作用。

营养

此时期，是胚胎发育和各器官形成的重要时期，胚胎迅速成长，人体的主要系统和器官逐渐分化出来。由于胎儿迅速成长和发育受子宫内环境的影响最大，所有的先天发育缺陷如腭裂、四肢不全及盲聋等，几乎都在这个关键的时期内发生。但由于胎儿体积尚小，所需的营养更注重的是质的好坏，而不是量的多少。而且此时的妊娠反应较重，应以清淡、营养的饮食为主，如果孕妇胃口好转，可适当加重饭菜的口味，但避免吃辛辣、过咸、过冷的食物。

首先，要保证全面合理的营养。妊娠早期，胚胎各器官的形成发育需要比较全面的营养素，如蛋白质、维生素、碳水化合物、无机盐和水。但由于妊娠反应，孕妇往往不能吸收合理的营养素。因而，膳食要根据孕妇妊娠反应的情况，依照孕妇的口味，合理地进行调配，以满足胚胎发育所需的各种营养。如喜酸、嗜辣者，烹调中可适当增加调料，增进孕妇食欲；呕吐脱水者，宜多食水果、蔬菜，补充水分、维生素、无机盐；冷食较热食气味小，可适量食用冷饮和冷食，以防止呕吐。

其次，要保证优质蛋白质的供给。妊娠早期，虽然胎儿体积很小，但它是胚胎发生发育的关键时期。若此时母体缺乏蛋白质和氨基酸，会引起胎儿生长迟缓、身体过小等现象，造成胚胎畸变，出生后无法弥补。孕妇在妊娠早期，一定要保证足够的蛋白质摄入量，要选取易于消化、吸收和利用的优质蛋白质，如奶类、蛋类、畜禽肉类、龟类等食品，确保妊娠早期胚胎发育所需的蛋白质。

再次，要增加热量的摄入。妊娠早期基础代谢增加不明显，母体组织变化不大，因此热能需求量不多，但仍要适当增加，保证胎儿所需的能量。孕妇可增加面粉、稻米、玉米、小米、食糖、红薯、土豆等碳水化合物类食物，这些食物也易于消化，而且能缓解早孕反应。

另外，还要保证无机盐的供给。无机盐在胚胎各器官的形成发育中具有重要的意义。妊娠早期正是细胞分裂阶段，尤其是脑细胞的发育关键期，此阶段的营养状况直接影响脑细胞数量。如果妊娠早期缺乏无机盐，将难以弥补。研究发现，孕早期铜摄入不足，能导致胎儿内脏、骨骼畸形，引起中枢神经系统发育不良。锌缺乏可使胎儿生长发育迟缓，骨骼、内脏畸形。因此，此时期孕妇要特别注意摄取富含锌、铜、铁、钙的食品，如核桃、芝麻、畜禽肉类、内脏、奶类、豆类和海产品等。

由于妊娠反应，在饮食上，孕妇应该选用易于消化、在胃内存留时间短的食物，以减少呕吐的发生，如大米、小米粥、烤面包、馒头、饼干等；孕妇不必拘泥于进餐时间，可采用少食多餐的饮食方法，想吃就吃，细嚼慢咽；为了母体和胎儿的健康，不要饮用酒精类饮料，茶和咖啡因型饮料也要慎用。

那么究竟哪些食物含有上述的营养呢？应该吃多少呢？以下几种食品每日要保证吃一些，因为它至少可以提供一种营养素：牛奶、酸奶可提供丰富的蛋白质、钙质，深绿色的多叶蔬菜中含有大量

的维生素C、纤维素、叶酸，瘦肉含蛋白质和铁质较为丰富，全麦面包中含蛋白质、纤维素、叶酸，全麦做的不同形状的面食及未经细磨的米中的纤维素含量较多。专家建议每日膳食构成应包括以下一些成分：主粮（稻米、面）200~250克，杂粮（玉米、小米、燕麦、豆类）20~50克，蛋类（鸡蛋、鸭蛋、松花蛋）50克，牛奶250克，畜禽鱼虾肉类150~200克，蔬菜（绿色蔬菜占2/3）200~400克，水果50~100克，植物油20克。

运动与动作

妇女怀孕是个生理过程，虽然为了胎儿的生长发育，孕妇全身都发生了一系列变化，但一般情况下孕妇都能胜任这个负担，能照常参加工作，适当地进行运动。但要注意以下几点：不能接触放射线和有毒物质；站立工作时，两脚要一前一后，不要并齐靠拢，不要站立过久；尽量避免做任何可能损伤腹部的危险运动，如跳跃、扭曲和快速旋转等；不登高，不搬拾重物，如必须向上用力搬东西，要先屈膝蹲下，然后再搬；避免下腹部和腰部受力，上台阶或楼梯时，先让前脚尖落地，再让脚掌落地，然后，一面把膝关节伸直，一面把身体重心移到前足，可以轻轻地抓住楼梯扶手以保持平衡，但不要以此拉身体上楼，另外，要尽量减少上下楼走楼梯的次数；坐椅子时，先轻轻地坐在椅子中间，然后腰向后移动靠在椅背，最后全身放松地坐在椅子上；弯腰劳动时，要背部垂直，屈膝蹲下工作；劳动或运动时一旦发生腹痛、阴道出血等情况，应及时卧床休息，并去医院检查。

有些孕妇怕伤到胎儿，干脆什么活都不干，也不运动，这是不对的。合理的运动，无论是对孕妇还是胎儿均有好处，既可增强体质，又可转移孕妇的注意力，减轻妊娠反应所带来的不适，利于胎儿的生长发育。但此时仍有流产的危险，因此不要进行过猛过激的运动，以练字、画画、散步、做孕妇体操为宜。孕妇的运动以不感到疲劳、不损害胎儿为原则，如果一直喜欢运动，妊娠后仍可进行，以不感到疲劳或不感到上气不接下气为限度；如果平时无锻炼习惯，也不必为了妊娠去重新开始，可做些家务、散步、做体操等。

提倡从怀孕3个月起开始坚持每天做孕妇体操，借以活动关节，使孕妇精力充沛，减少由于体重增加及腹部渐渐隆起所致的肌肉疲劳。怀孕后期如能坚持锻炼，可使腰部与盆底肌肉松弛，增加胎盘供血，有利于促进自然分娩。另外，游泳也是一种很好的运动方式。

孕妇疾病及用药

从怀孕的第3个月起，子宫开始明显增大，从而压迫直肠，另外，胎盘还可分泌大量的孕激素，使胃肠蠕动变弱变慢，所进的食物不能按照原有速度从胃、小肠、大肠向消化道远端运送，再加上孕妇活动减少，所以很容易引起孕妇便秘。长期便秘对身体极为不利，不仅身体不舒服，食欲也会受到影响，而且肠道中的废物会被身体吸收，对身体造成伤害。孕妇可采用以下的方法来改善便秘情况。

首先，每天要多活动。可以参加不太剧烈的全身运动，如散步、游泳等，也可多做锻炼腹肌的体操，这样可促进胃肠蠕动。其次，要多喝水。孕妇每天早晨起床，先喝一杯凉开水，然后进早餐，可加强直立反射和胃结肠反射，依此建立靠条件反射的生物钟，养成每日一次定时排便的规律，并吃一些有利于通便的食物，如香蕉等。

另外，孕妇每天可以用双手按大肠走向（即顺时针方向）做圆形按摩，以促进胃肠蠕动。便秘严重时，可在医师的指导下服用麻仁丸或使用开塞露，但注意不能长期使用，避免产生依赖性。孕妇要注意不宜服用硫酸镁、中药大黄、番泻叶等缓泻剂，因为它们可引起子宫肌肉收缩，导致流产。

泌尿系统感染是孕妇最容易得的一种疾病，应该引起重视。首先，孕妇要注意保持外阴清洁。怀孕初期白带增多，使外阴部经常处于潮湿状态，为细菌和病毒的孳生创造了良好的条件。因此，此时孕妇一定要注意个人卫生，采用正确的清洗外阴及洗浴方法，不要在浴盆洗澡，大便后要清洗，擦便时和清洗时都要采用先外阴、后肛周的方法，切勿从后向前擦洗，以免肛周大肠杆菌感染尿道口。其次，要多饮水。每日至少饮用1600~2000毫升（相当于一普通暖瓶）的水，增加排尿量，冲洗泌尿道，这与服用抗生素具有同样重要的作用。再次，可使用有效的抗生素，但此类药物对胎儿有影响，最好在医生的指导下合理地使用。另外，还要注意避免劳累、生气和惊吓，注意保暖，尤其是下肢和腰部不要受凉，不要用太凉的水洗衣服。

如果此时孕妇因吃了不洁食物或着凉发生腹泻，可采用以下一些方法：减少饮食量，延长进餐间隔时间；停食肉类，少食水果和蔬菜，尤其是炒菜、炸烤类食品；食用易消化食物，如米汤、面条等；食用有止泻作用的食物，如煮鸡蛋、炒米粉、糖盐水、大米米汤等；注意补充因腹泻丢失的电解质，可饮用口服液盐。孕妇不宜使用氟哌酸、庆大霉素、痢特灵等一些止泻药，即使要用，也应在医生的指导下合理地应用。另外，腹泻是可以预防的，要注意饮食卫生，把好病从口入这一关，还要注意不要让脚底和腹部受凉。

产前检查

产前检查应在确诊为妊娠后开始，检查的时间应在妊娠3个月左右，主要做全面性的一般检查及妇科检查，如身高、骨盆外测定及乙肝抗原、血色素、血型、梅毒血清和尿测定等实验室检查，以了解孕妇的健康情

况以及是否有感染，至妊娠4个月时再做第一次复查。

定期的产前检查对孕妇和胎儿都是十分重要的，通过检查，可以全面地了解妊娠过程的异常与否及孕妇和胎儿的健康状况，有问题及早发现，及早处理，对优生、优教有重要的意义。在保健医生的建议及指导下，开始做保健助产操，既可健身，又可为今后能顺利分娩做准备。

警惕流产

在妊娠早期突然发现出血（血量多少不等）、腹部有异常感（如疼痛或发胀下坠）时，首先要考虑到流产。流产最容易发生在妊娠第4~11周，主要症状是阴道流血和腹痛。

发生流产时，胚胎绒毛开始与子宫壁的蜕膜（妊娠期的子宫内膜）分离，因血管开放而出现阴道出血。腹痛是因子宫收缩引起，并将胚胎排出。出血量多少不一，要看流产处于什么过程中，刚开始时少量出血，子宫收缩也不强，宫颈口未开，称为先兆流产。随着宫缩加紧，出血增多，子宫口开大则进入流产不可避免的阶段，称为难免流产。胚胎完全排出，子宫收缩使子宫口关闭，出血减少或停止，则称为完全流产；如胚胎排出一部分，尚有部分残留在子宫腔中，影响子宫的收缩，出血往往很多或持续不止，宫口仍不关闭，这种情况称为不全流产。至于怀孕3个月以后的晚期流产，其过程类似分娩，先有阵阵宫缩腹痛，然后胎盘剥离出血，宫口开大后胎儿胎盘排出。但有时胚胎在子宫内已经死亡而未排出，此时子宫不再增大反而缩小，妇女自觉妊娠症状消失或胎动停止，这种情况称为稽留流产或过期流产。对于连续发生3次或3次以上的自然流产，称为习惯性流产。

流产是人类自我防御的自然选择，是使失败的胚胎在分娩之前通过自然调节予以处理的手段，因此，要预防流产是很困难的，而且对已经发生的流产，也只能进行对症疗法。如出血不多，子宫口尚未张开时，还处于先兆流产阶段时，通过休息及治疗，可能可以防止流产，但要取决于病因，对于胚胎发育异常者，治疗往往无效，即使暂时出血停止，也可能发展为稽留流产而增加处理难度。难免流产与不全流产常出血较多，有时可因大量失血而使妇女陷入休克状态，因此必须紧急刮宫，立即将宫腔内的胚胎组织取出以达到止血的目的。

丈夫需要做的事

妻子怀孕后，丈夫对妻子的关爱与照顾尤为重要。良好的开端是成功的一半，妊娠早期丈夫对妻子的精心照顾能增强孕妇妊娠的信心和夫妻的感情，有利于胎儿发育和今后的教养。妊娠也是对每一对夫妻情感的考验，丈夫对妻子精心照顾和诚挚关爱，定能赢得妻子更多更深更持久的爱。同时，丈夫对妻子的照顾和爱抚也是丈夫的责任和义务，妻子怀孕是在承诺两人爱情的责任，是在养育双方情感的结晶。

首先，丈夫要做到在生活上照顾妻子。胚胎植入子宫，妇女体内绒毛激素增加，导致孕妇出现妊娠呕吐。有充分心理支持的孕妇，呕吐症较轻，消失也早，没有充分心理支持的孕妇的情况则相反。丈夫应将自己对妻子的真情深爱体现在细微之处，担负起为父为夫的责任，如陪妻子去医院检查，照顾妻子服药，为妻子做一些有助治疗和改善呕吐症状的饭菜，给妻子买回一些平时爱吃的小食品等。为了让不喜欢吃饭的妻子能摄取到各种营养，有时需要在旁边稍微地劝食。妊娠严重的人不仅本人不能吃饭，而且连饭的味道都不能

小·贴士

目前对于早期自然流产主张"顺其自然"，不要盲目保胎。流产若处理不当，出血日期过久，又未注意卫生，则容易引起感染，出现高烧等症状，严重时可以造成败血症甚至危及生命。因此，在怀孕早期一旦发生出血，要保持镇静，急速去医院就医。

闻，因此，为了妻子，丈夫应该亲自做饭或者寻找适合妻子妊娠期间的菜谱，一起出外进食也是一种增进妻子食欲的好办法。最重要的是不能在妻子旁边抽烟，众所周知，怀孕期间吸烟会增加自然流产的机会，会导致胎儿先天性畸形或发育延迟，而间接吸烟对胎儿造成的影响并不亚于直接吸烟。戒烟是最好的，但如果很难的话，至少在妻子旁边不能吸烟。此时应禁止性生活，丈夫应精心爱护妻子和胎儿，努力节制，不断充实和丰富家庭生活内容，用其他方式表达爱意。

其次，丈夫要在心理上关心妻子。怀孕使妇女体内孕激素增加，使得孕妇生理和心理发生变化。一是孕激素增加，内分泌变化，使孕妇开始不关心异性，对丈夫和性的兴趣降低，性的适应能力下降，因此孕妇会出现内在的担忧，害怕影响夫妻感情。二是妊娠使孕妇脸上产生蝶形色素沉着，身体出现病态苍白，腹部脂肪松弛，皮肤失去弹性，体态变得臃肿，孕妇会产生"丑"的感觉，担心失去丈夫的宠爱。这时做丈夫的一定要细心，避免在妻子面前指出这些变化。应当用其他活动，如散步、听音乐、读书等分散妻子的注意力。三是丈夫还要做到对妻子更加爱恋，经常与妻子一起畅谈家庭的未来发展计划以及孩子的培养目标，共同进行胎教活动。当妻子想和丈夫聊天闲谈时，无论谈话内容多么枯燥，丈夫也要表现出浓厚的兴趣，切忌烦躁和应付，这样既可增进夫妻感情，又丰富了家庭生活内容。

再次，丈夫还要做到在情绪上体谅妻子。孕妇由于妊娠反应以及其他一些生理上的原因，很容易造成情绪不稳定，常常反复无常，两人原有的默契与和谐被破坏。做丈夫的要考虑到妻子处于特殊时期，应该体谅。丈夫应特别注意自己的言谈举止，不要伤害了妻子，更不能对妻子的呕吐表现出厌烦、嫌脏的情绪，要通过愉快的事情扭转妻子的情绪，一如既往地照顾爱抚妻子。孕妇也会出现一些违背常理的食欲要求，即异食现象，如吃臭鸡蛋、喜酸嗜辣等，如妻子的异食对身体和胎儿没有太大的危害，丈夫应该尽量满足妻子。丈夫的表现是对妻子很好的安慰，妻子自然会更加尊重丈夫。

警示

本月仍是胎儿发育的关键时期，怀孕的准妈妈们要谨防各种病毒和化学毒物的侵害；本月还是最易发生流产的时期，应停止激烈的体育运动、体力劳动、旅行等；日常生活中应避免劳动过度，注意安静，避免做使肚子受压迫的动作；坚持工作的孕妇，更应注意量力而行，应该努力争取单位同事们的谅解；在此时期最好避免性生活。

这段时期是胎儿各器官发育的关键时期，但此时期的妊娠反应最严重，很多孕妇胃口不好，吃不进东西，因此一定要注意全面合理的营养，要吃得精，多吃蛋白质含量丰富的食物及新鲜水果、蔬菜等，叶酸的补充应该持续到第3个月末，饭菜制作上要清淡爽口。如果呕吐得厉害，要去医院检查，输液治疗很有效。正常孕妇不会有腰痛的感觉，如出现腰痛，多为先兆流产征兆，应引起重视，及时治疗。

此时期还要保证充足的睡眠，每天中午最好睡1~2小时。保持良好的心情也很重要。

本月末，应该到医院建档，以便今后定期进行产前检查。产前检查是很重要的，即使一切正常，也要定期接受医生的检查。如果出现下腹部疼痛和少量出血的现象，要立即接受医生的检查，否则可能会发生流产或宫外孕。

到了这个时刻，胎儿已开始"努力"，希望母亲在适应妊娠的情况后，能有最成熟的心理来为日后做准备。这时孕妇可以参加"妈妈教室"等活动，学习一些妊娠生活中须注意的事项，还可学习将来如何育儿，经过这些学习，也能提高孕妇的母性意识。

胎教内容

运动胎教

在怀孕第3个月时，母亲虽然感觉不到胎动，但实际上胎儿已经在子宫中开始有所动作了，因此，此时就可提前进行运动胎教了。以后胎儿发脾气胎动激烈时，或在各种胎教方法之前，都可应用运动胎教，以缓解胎儿的不良情绪。

在此时期可以采取爱抚法。孕妇仰卧在床上，头不要垫得太高，也可将上身垫高，采取半仰姿势。不论采取什么姿势，一定要感到舒适。孕妇要全身放松，呼吸匀称，心平气和，面部呈微笑状，双手轻放在胎儿的位置上，双手从上至下、从左至右轻柔缓慢地抚摸胎儿，心里可想象你双手真的爱抚在可爱的小宝宝身上，怀着一种喜悦和幸福感，深情地默想或轻轻说出"小宝宝，妈妈真爱你""小宝宝真舒畅""小宝宝快快长，长成一个聪明可爱的小宝贝"等言语，每次2~5分钟。

情绪胎教

从怀孕开始，母子信息的沟通就已经建立。虽然母亲与胎儿间没有直接的神经联系，但在整个孕期，母子间通过心理上的相互作用，生物节律的逐渐同步以及听觉、视觉、动觉、触觉的相互感应建立起了密切的信息沟通。当母亲紧张、焦虑、愤怒、悲伤时，母亲的情绪会通过神经系统的调节而影响内分泌系统，产生相关激素，使母亲的心脏搏动加快，血压升高，这些变化会通过胎盘的血液循环影响胎儿的情感与性格，特别是在怀孕早期，妈妈情绪的极端变化有可能造成胚胎分化异常，如新生儿唇腭裂等畸形。

妊娠从卵子受精开始，孕妇在这一过程中所发生的巨大生理变化和即将发生的社会角色的转变，必然会引起孕妇错综复杂的心理变化，此时，女性的心理反应强烈，感情丰富，如矛盾、恐惧、焦虑、将信将疑或内向性等，情感变化甚至可影响整个妊娠期。有少数孕妇甚至为了一点暂时的身体不适而出现对胎儿的怨恨心理，这时胎儿在母体内就会意识到母亲的这种不良情感，从而引起精神上的异常反应。许多专家认为这样的胎儿出生后大多数感情障碍、神经质、感觉迟钝、情绪不稳、易患胃肠疾病、疲乏无力、体质差等。

因此，孕妇在妊娠期间应将善良温柔的母爱充分体现出来，通过各方面的爱护关心胎儿的成长。

胎儿的成长除了充分的营养之外，母亲的爱心对胎儿来说也是一种重要的"养分"。当孕妇情绪激动时，胃液分泌减少，肠功能减退，因此会影响食欲，食欲不好，胃和肠不能充分工作，吃下去的食物就不能完全消化，腹中的胎儿也不能获得足够的养分，从而导致成长的障碍。因此，为了胎儿的健康，对于那些令人不愉快的事情，应一笑置之。时时拥有一颗平静愉快的心，过着充实舒畅的生活，就是最好的胎教。此时期，就应注重情绪胎教，孕妇对待自身的变化要有一个积极的心态，多欣赏娓娓动听的儿童歌曲，想象胎儿的样子，输入眷恋小生命的母爱，这样对胎教起着尤为重要的作用。

音乐胎教

孕妇在怀孕第3个月时的妊娠反应最严重，此时孕妇很容易产生情绪波动，还可能产生不利于胎儿生长发育的忧郁和焦虑。不同类型的音乐对孕妇和胎儿所产生的影响是不同的，因此，这个时期孕妇适宜听轻松愉快、诙谐有趣、优美动听的音乐，以缓解不安的心情，在精神上得到安慰，同时也有利于胎儿的健康发育。

此时的孕妇最好听一些曲调优雅柔和、节奏委婉轻盈的乐曲，如《春江花月夜》《江南好》《春之声圆舞曲》《摇篮曲》等；不宜听过分激烈的现代音乐，因为这类音乐音量较大，节奏紧张激烈，声音刺耳嘈杂，可引起胎儿躁动不安，而且可促进母体分泌一些有害的物质，危及孕妇和胎儿。另外，孕妇还可听一些活泼有趣的儿歌、童谣，也可随着轻轻哼唱，通过母体的振动将音乐传递给胎儿。

意念胎教

怀孕3个月时，孕妇由于生理功能的变化，很容易心情烦躁，不能很好地休息。此时期是胎儿胚胎发育和各器官形成的重要时期，胚胎迅速成长，人体的主要系统和器官逐渐分化出来，意念胎教使孕妇的心情平和，也可使胎儿向理想的方面发展。

孕妇应多接触文学和艺术的美，除了多听音乐外，还应欣赏人体摄影、人体绘画和人体塑像，以及阅读优美的散文、童话等，还可以观看动画片等，以此陶冶孕妇的情操，并对腹中胎儿的形体发育起潜移默化的作用。孕妇还要适度修饰自己，一方面可以弥补因怀孕而引起的形体、肤色的缺陷，另一方面也可以对胎儿进行美感的熏染。

第四章

四月胎教

◎ 孕妇的表现

◎ 胎儿的倩影

◎ 日常生活计划

◎ 胎教内容

微信扫码

跟着专家学干货
让你成功接"好孕"

怀孕第4个月，孕妇腹部已经开始微微隆起了，妊娠反应已基本消失，孕妇的身心开始舒畅。此时的胎儿已经有了人的轮廓和外形，各器官的发育都接近完成阶段，胎儿可以在羊水中做不规则的运动。所以从这个月开始，孕妇就可以感觉到胎动了。

此时期孕妇的情绪开始好转，食欲也比以前有所增加，但由于此时的胎儿需要大量的养分，所以孕妇还要注意均衡合理地摄取各种营养素。此时期由于子宫增大，很容易造成胎盘血流的灌注减少，所以孕妇睡觉时应以左侧卧位为最佳。

另外，孕妇还要进行适量的运动，如散步、做孕妇体操、旅游等。孕妇平时不要浓妆艳抹，以免对胎儿造成伤害，要选择宽松的衣服和平跟鞋，这对孕妇及胎儿都有好处。

小·贴士

这个月的胎教内容主要是给予胎儿一些适当的刺激，如情绪胎教、音乐胎教、对话胎教、动作胎教和环境胎教等，让胎儿在母亲的子宫中开始活动，有利于胎儿的健康发育。

▍孕妇的表现

怀孕的第4个月，孕妇的子宫已经有婴儿头颅大小了，从表面看，孕妇的下腹部已经开始隆起。此时期，早孕反应结束，身心开始舒畅，胎内的环境也安定，食欲也增加，但分泌物、尿频、腰部沉重感依然存在。需要注意的是，如果这时仍有严重的呕吐，有可能是怀孕异常，应做检查。

此时胎盘已形成，故流产的可能性明显减小。孕妇已能感到乳房的增大，乳晕发黑。母体的基础体温在这个月中旬开始下降，逐渐呈现低温状态，并一直持续到分娩结束。

孕妇在此时期可能会出现"脏躁"的精神障碍，主要表现为时哭时笑、呵欠不断等，这样会导致胎儿意识功能发育迟缓，所以此时期孕妇应保持精神愉快，避免忧郁。

胎儿的倩影

怀孕的第4个月，胎儿的内脏等器官越来越接近完成阶段，外表和构造逐渐呈人形。但此时的头部仍偏大，头渐渐伸直，脸部已有了人的轮廓和外形，下颚骨、面颊骨、鼻梁骨等开始形成，耳廓伸出，20颗乳牙迅速增加，长出一层薄薄的胎毛，头发开始长出。皮肤逐渐变厚不再透明，脊柱、肝、肾都已发育完全，肌肉、骨骼仍处于继续发育中。内耳等听觉器官在妊娠第4个月前已基本发育完全，对子宫外的声音刺激开始有所反应。到第16周末，胎宝宝身长18厘米，体重已达120克。

这个时期，羊水已达到200毫升，由于胎儿不受重力影响，所以行动如太空人般自由。这时候，胎儿的手脚不仅可以做不规则的活动，有时也会用一只手或双手触摸自己的脸，或是头部，上下摆动，这一连串的活动，可以让孕妇真实感觉到自己腹中孕育的小生命，这就是所谓的"胎动"。

日常生活计划

情绪

此时期孕妇的妊娠反应大都已经消失，所以大部分孕妇的情绪都比前3个月时要好。但仍要避免其他一些因素的影响，避免忧郁、烦躁、时哭时笑、呵欠不断的"脏躁"精神障碍现象，否则会导致胎儿意识的发育迟缓。

孕妇情绪不好时，可以试用以下一些方法来缓解紧张的情绪：

心理互补法。情绪是在大脑皮层上"动力定型的维持和破坏"，因而应让孕妇多接触大自然景观，注意创造寝室优雅、和谐、整洁的环境。灿烂夺目的朝霞，一碧如洗的晴空，苍翠叠嶂的森林，姹紫嫣红的花朵，会使孕妇的心情变得愉悦，而优雅和谐的居室也会使孕妇情绪安定镇静。所以，寝室内色彩、灯光的选择、各种气味的巧妙运用、音响效果的合理控制以及井然有序的艺术化布置，都应科学合理。如以苹果绿或紫色为主的色彩基调环境，配之柔和灯光、芬芳香味以及优美轻音乐就是一种很好的布置。

心理转移法。孕妇自己或丈夫可以用暗示、活动和幽默等方法来转移孕妇的注意力，使其从不良情绪中走出来。初次怀孕的女性对分娩充满了恐惧感，认为那是一件很可怕的事情，这时丈夫就应对其进行语言的暗示，如"你的骨盆较宽，很适合分娩""你体格强壮，分娩时力气一定不小"等。有些孕妇因为过于担忧胎儿的性别，丈夫可以对其说"世界因为有了女人而五彩缤纷"来消除孕妇的紧张情绪。有时不出声的文字语言，也能给人以强烈的暗示，达到情绪调控的目的。例如，给孕妇送上一束浓郁芬香的鲜花，并附上一张纸条，上面写上"阵痛的到来就是幸福的开始""生育是女人神圣职责与高尚品德的体现"等有针对性的暗示语。

另外，孕妇根据自身特点及爱好，可以进行绘画、唱歌、游戏、散步、集邮、钓鱼等活动，转移注意力，避免消极因素，如担心婴儿性别、害怕分娩疼痛及是否顺利等，从而保证平稳安定的情绪。

幽默情趣法。幽默对各种类型消极情绪，都是一剂通用的"良药"。制造幽默的方法很多，如给孕妇提供幽默画刊、音视频，说个笑话，讲些幽默故事等。幽默主要来自于亲人的机智诙谐，比如当看到孕妇因疼痛而皱眉呻吟时，就说："小宝宝够调皮的，给你这位未来的妈妈一个下马威，看你当妈妈是否合格。"当看到孕妇因亲人回来晚了无人陪伴而显得抑郁沮丧时，就说："你唉声叹气不要紧，还愁眉苦脸，宝宝哪里还有兴趣跑出来。"这些幽默的语言都是在与孕妇融洽接触交往中的自然流露，注意把握分寸，不然孕妇会把幽默当嘲笑，结果就适得其反了。

营养

怀孕的早期由于早孕反应，孕妇的食欲不好，很容易造成营养的缺乏。到怀孕的第4个月时，早孕反应大都已经消失，食欲已恢复正常，不论吃什么都觉得非常可口。但此时仍不可掉以轻心，因为从这个阶段开始，胎儿的运动增多了，正值胎儿需要大量养分的时期，所以孕妇必须均衡地摄取各种需要的营养素，这不仅是为了胎儿，也是为了自己本身。

所谓的"均衡营养"，就是合理适量地摄取包括蛋白质、碳水化合物、脂肪、无机物、维生素等在内的营养素，这些营养素对自身和胎儿有着不同的作用，缺一不可，不要因为喜欢吃某种食物而养成偏食的习惯。

优质蛋白质是建造胎儿器官组织的重要成分。蛋白质由多种氨基酸组成，人体所需氨基酸有20种之多，其中8种是人体自身不能合成的，必须从动物或植物性食物中摄取，这种氨基酸称为必需氨基酸，含有大量必需氨基酸的蛋白质则为优质蛋白质。家畜禽类（如牛肉、猪肉、羊肉、兔肉、鸭肉及蛋类等）、果实类（如花生仁、南瓜子、西瓜子、杏仁、核桃仁、葵花子等）、水产类（如甲鱼、海龟、牡蛎、墨斗鱼、章鱼、带鱼、鲫鱼、鳙鱼、鲤鱼、鳝鱼及虾等）、奶类（如牛奶、羊奶）以及大豆和豆制品中的优质蛋白质的含量比较丰富。孕妇在摄取蛋白质时，应注意动物性蛋白与植物蛋白混合食用，这样能使两者中的氨基酸相互补充，更好地提高蛋白质的利用率。

脂肪是胎儿发育的必需营养。脂肪中的脑磷脂、卵磷脂及DHA是胎宝宝大脑细胞的主要原料，其中DHA能促进大脑细胞数量的增加和发育。

研究表明，如果孕妇在孕期摄入足量的脂肪，生出的孩子较聪明。脂肪分为动物性脂肪和植物性脂肪，动物性脂肪主要存在于动物性食品中，如全脂奶及其制品、肥肉、黄油和猪油中，可可油和棕榈油中含量也很高；植物性脂肪主要存在于大豆油、芝麻油、玉米油、谷类食物中；DHA在海鱼油中含量较高，核桃仁、葵花子等坚果摄入体内，经肝脏转化也可合成为DHA。孕妇每日所需的脂肪大约应占每日总热量的25%~30%，由于妊娠时动物性蛋白质摄入增多，动物性脂肪也随之增加，因而妊娠时应该使用植物油，日摄取量为2~3大匙。

　　孕妇在摄取脂肪时应注意，动物性脂肪胆固醇含量较高，孕妇过多摄取容易导致高胆固醇血症，给孕妇带来不利影响，而植物性脂肪能够降低动物脂肪中的某些胆固醇，所以应该两种脂肪混合使用。还要注意的是，脂肪的摄入量一定不要超过每日所需量，因为脂肪摄入过多会导致肥胖，不利于孕妇的分娩。

　　碳水化合物是胎儿新陈代谢的必需物质。碳水化合物通常称为糖类，它是人体热能的主要来源，是胎儿用来呼吸的主要能源。谷类如大米、小米、玉米、薯类及各种蔬菜和水果中均含有丰富的碳水化合物。孕妇每日所需的热量除了蛋白质和脂肪所供给的热量外，剩余的就是由糖类来提供了，为每日所需热量的50%~60%。通常，孕妇每日主食应在孕前的基础上增加50~100克为宜。孕妇在妊娠中晚期，如果每周体重增加350克，说明糖类摄入合理；如果体重增加过多，应减少摄入糖类并以蛋白质和矿物质来代替，同时多摄取维生素和矿物质。如摄入过多的糖类则易怀上巨大儿造成难产，而且过多的糖会消耗体内的钙质，造成体内钙的缺乏，引起骨质疏松、牙齿脱钙等疾病。

　　铁、锌、钙等微量元素在胎儿的发育过程中起到很重要的作用，一定注意不能缺乏。铁是胎儿生长发育及胎盘等附属物的生成所必需的物质，如果孕妇缺铁就会发生贫血，贫血会使未成熟儿、低体重儿、早产儿的发生几率明显增大，而且孕妇妊娠中毒症的发生率也明显高于正常孕妇，还会使得分娩时间延长，出血量增多，产褥期抵抗力下降。所以，孕妇应多吃动物肝脏、瘦肉、禽类、鱼类等，其中肝脏含铁量最高，豆类食品和面食含铁也较多，且吸收率高，每天铁的摄取量不应少于28毫克。要多吃新鲜蔬菜和水果，它们所含的维生素C可增加肠道对铁的吸收。锌在人体内的新陈代谢中有重要作用，并可促进脑细胞的增殖及蛋白质的合成，孕妇缺锌可导致胎儿畸形，发生脑积水、无脑儿。缺锌容易发生于以植物性食物为主的孕妇，高蛋白质的食物含锌量均很高，如动物肝脏、瘦肉、蛋黄等，鱼类、海螺、海蚌含量也较高，每天锌的摄入量不应少于20毫克。钙是胎儿骨骼发育的必需物质，自妊娠第4个月，胎儿开始长牙根，此时正需要大量的钙元素，如孕妇此时期摄取不足，体内的钙就会向胎体转移，导致孕妇牙齿脱钙、小腿抽筋，甚至发生骨软化，而胎儿也容易出现牙齿发育不健全的症状，出生后易患佝偻病。奶和奶制品不仅含有丰富的钙，而且吸收率也很高，是最理想的钙源，虾皮、带鱼、海带、荠菜、豆腐等食物含钙量也很高，孕妇每天钙的摄入量不应少于1000~1200毫克。另外孕妇还应注意，不要忘记多去户外接受日光浴，日光可促进孕妇身体合成维生素D，而维生素D则可促进食物中的钙在体内的吸收。

维生素有助于胎儿骨骼的形成。维生素A的缺乏容易引起胎儿发育不全或生长迟缓，孕妇容易发生产褥感染。蛋黄、牛肉、肝脏、胡萝卜、南瓜、菠菜等黄绿色蔬菜中的维生素A含量较丰富，维生素A的每日摄入量为1000微克。维生素B_1的缺乏可引起流产、早产、胎儿死于宫内等，花生、大豆、肝脏、白薯及不太精细的面粉中含维生素B_1较多，维生素B_1每日摄入量不应少于1.8~2.1毫克。维生素B_2的缺乏可导致胎儿骨骼发育不良和早产，应该多吃牛奶、干酪、大豆、蛋、有色蔬菜和肝脏，维生素B_2每日摄入量不应少于0.2~0.8毫克。维生素C的缺乏可造成胎儿宫内发育不良、牙齿出血以及孕妇分娩时出血，应多吃蔬菜，特别是绿色蔬菜、水果（柑橘），维生素C每日摄入量不应少于80毫克。维生素D的缺乏可造成胎儿出生后患先天性佝偻病，并经常发生呼吸道和消化道感染，应该多吃含脂肪高的海鱼、动物肝脏、蛋黄、牛油、香菇等，维生素D每日摄入量不应少于400国际单位。维生素E的缺乏容易导致胎儿死亡，是流产、早产的主要原因，应该多吃莴笋、油菜、花椰菜。

在饮食方面，除了要均衡合理地摄取营养外，还有一些注意事项，如避免食用速食面，因为速食面中含有大量的盐分，成人一天的盐分需求量6克左右，一包速食面的含盐量即高达4.5克，如果摄取过多的盐分，容易造成妊娠中毒症。

尽量不要喝罐装的饮料，因为每瓶罐装饮料的砂糖含量很高，食入过多的砂糖会消耗钙质，即使吃再多含钙质的食物，也会使体内钙质缺乏。另外炒菜时调味要淡，不仅在妊娠中如此，平常也应该注意。如果孕妇饮食味道偏重，孩子将来的口味偏向也会和母亲一样。

运动

许多妇女怀孕后，常因反应较大、体弱乏力而嗜睡。医学研究表明，孕妇坚持运动可以适应重心转移的变化，缩短近1/3的分娩时间，并且有利于保持良好的身材。怀孕早期由于胎盘没有发育完全，胎儿处于危险时期，孕妇只需做些轻微的活动即可。到了第4个月，胎儿已经处于一个相对稳定的状态了，此时孕妇可适当增大运动强度，但是孕妇也要避免剧烈运动和过度疲劳，以免引起胎儿营养不足。孕妇可以先从散步、做孕妇操开始，然后过渡到骑车、慢跑，随着体重的增加，活动可变得轻微柔和些。

孕妇散步时的氧气供给量要比坐着的时候高2~3倍。改善不快的心情，并且给胎儿以充足的氧气，则有利于胎儿脑细胞的发育，从而使胎儿变得聪明而富有感性。孕妇散步的时间和距离以自己不觉劳累为宜，散步时不宜走得太急，可慢慢地走，以免对身体震动太大或造成疲劳而影响胎儿。

在妊娠中期，早孕反应已过，生活恢复往日规律，腹部又不算太大，行动还算灵活，所以此时很适宜外出旅游。既可更换生活环境，呼吸新鲜空气，观赏美景，又有利于孕妇和胎儿的身心健康。但孕妇外出旅游也有一些不利因素，如旅途疲劳和颠簸可能会造成早产或流产，卫生和营养得不到保障会感染疾病和造成营养不良。因此，孕妇如果打算外出旅游，首先要征得医生的同意。外出前需去医院检查身体，如果经过医生检查孕妇可以外出，也要听从医生的指导和建议。其次，需定出旅游的计划。旅行生活很紧张，要事先定出计划，留出宽松的休息时间，免得身体疲劳，精神紧张。再次，在旅途中必须要有人陪伴。外出旅行有很多繁琐事情，需要有人跑前跑后，需要有人照顾，如果出现异常情况，也可帮助联系和护送到医院治疗。另外，注意避免去路途颠簸、人多拥挤的地方，应选择较为平

稳的交通工具。最好选择在天气好的时候去郊游,既可观赏美景,呼吸新鲜空气,又不会发生危险,从而达到有利于孕妇和胎儿身心健康的目的。

除此以外,孕妇在散步后或在工作的空闲时间里可以做几节孕妇操,以活动腰部、脚腕、手腕、脖子等,每次不要太累,微微出汗就可以了。在没有异常时,可以做些诸如煮饭、洗衣服、清洁卫生等家务,做完之后要保证有充足的时间休息,以恢复体力。

不论做什么运动,都要注意以下几点:孕妇每周至少活动3次,运动量的大小以心率在每分钟140次以下为宜,有氧运动每次不超过20分钟;孕妇活动时衣着要宽松舒适,要穿运动鞋,戴乳罩;孕妇运动前先做准备活动,使全身关节和肌肉活动开;孕妇应在活动前多喝水,喝水多,则活动时出汗多,体热散得快,体温就不会升高;孕妇在闷热天、酷暑天要严格控制运动量;孕妇要加强腿部力量和腹部力量的锻炼,以使双腿适应体重的快速增长,并减轻胎儿对后背下部的压力;孕妇怀孕后期,应加强阴道肌肉力量的锻炼,即通过意念想象进行排尿和停止排尿的控制训练,这将有助于分娩和预防孕期小便失禁;孕妇妊娠前期不应骑自行车,如非骑不可,也应骑女式坤车,而且要特别注意安全,不急启动,不急刹车。孕妇运动过程中,如出现眩晕、恶心、局部疼痛、极度疲劳等现象,应立即停止活动,如出现阴道分泌物增多或出血,应该马上去医院治疗。

淋浴

怀孕的第4个月,孕妇最好每天洗澡。洗澡要选择淋浴,因为盆浴有可能引起感染性疾病,对胎儿有影响。洗澡水不要过冷或过热,以34~37℃为宜。许多孕妇在天气特别热的时候喜欢用凉水冲脚,以图凉快,却不知脚底因脂肪薄,血液循环差,是全身温度最低的部位,若经常用冷水冲脚,则会使脚进一步受冷遇寒,引起反射性呼吸道痉挛,容易患上感冒;而且还会使脚底较发达的汗腺遇冷后突然闭合,发生排汗功能迟钝,时间久了因血管急剧收缩,将导致关节炎等疾病。洗澡的水温也不能过热,一项研究表明,育龄妇女在39℃水浴15分钟或41℃水浴10分钟后,阴道内壁的温度就达到39℃,这一温度会危害胎儿的中枢神经系统。

美国医学专家研究发现,经常洗热水浴的孕妇所生婴儿患神经结缔组织发育缺陷的可能性比其他孕妇高出3倍；还发现，如果孕妇体温经常超过38℃，会产生同样的后果，因为体温过高会抑制细胞繁殖，损害毛细血管，导致神经系统发育异常。

睡眠

从怀孕的第4个月起，孕妇的腹部一天天大起来了，这样很容易造成孕妇疲劳，因此获得足够的睡眠对此时的孕妇尤其重要。另外从胎儿方面来看，胎儿通过胎盘与母体进行气体和物质交换，获取氧气和养料，排出二氧化碳和废物，胎盘血液灌注与否，直接影响胎儿的发育与生存。孕妇只有获得充足的睡眠，才能保证胎儿健康发育成长。

此外，孕妇还要采用有利于胎儿发育的睡眠姿势。从这个月开始，子宫增大，仰卧或右侧卧位时，增大的子宫会因压迫腹主动脉及扭转子宫韧带和系膜，使子宫血流量明显减少，直接影响胎儿的营养和发育，从而导致胎儿宫内发育迟缓，所以主张左侧卧位休息姿势。每天睡眠时间不得少于8小时，在白天还应至少保证1个小时的午休时间，但不得超过2小时，以免影响夜间的睡眠。

孕期疾病及用药

孕妇在妊娠4个月后服用药物，虽然不会使胎儿畸形，但可对胎儿的脑神经产生影响，因此用药仍要当心，还应该在医生的指导下正确合理地用药。

此时期应警惕宫外孕的存在，如果孕妇出现下腹疼痛和流血，而且流血很难止住，则应立即去看医生，如因输卵管妊娠引起的破裂会有生命危险。另外，如果

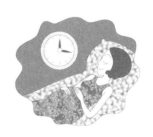

孕妇内裤上沾有黑色碎血块，则应及时去医院诊治，以防葡萄胎的发生。

急腹症是急性腹部疼痛的总称，包括内外科的多种疾病，如内科的急性胃肠炎、泌尿系统感染，外科的肠梗阻、急性阑尾炎、尿路结石，妇科的卵巢囊肿破裂、扭转等。普通人患急腹症尚不可怠慢，何况孕妇，但孕妇常常忽视急腹症。急腹症的一些症状与妊娠反应相同，如恶心、呕吐等，所以孕妇患了急腹症却以为是正常的妊娠反应。急腹症对妊娠是一种威胁，可能会诱发流产或早产，必须引起重视，要及时发现，及时治疗。

此时期孕妇最好不要打预防针，预防针所带来的不适、发热等反应对孕妇和胎儿都不利，有可能使胎儿受感染，形成死胎或是危险性流产。如果孕妇遭遇意外，情况紧急，如接触了白喉病人、受了外伤或被疯狗咬伤等，还是需要立即打预防针的，但必须先征求医生的意见，听从医生的叮嘱。

孕妇巧装扮

怀孕的第4个月，孕妇的肚子已经微微隆起，而且脸上会出现妊娠斑，有些孕妇认为自己变得很丑，不敢见人，整天待在家里。其实这种想法和做法是错误的，只要自己稍微加以修饰打扮，仍会有自己独特的美。

首先，在衣着方面要选择宽松的款式，上衣应该选择T恤衫，胸部避免有扣子及其他坚硬的饰物。应该选择腰部系带的或松紧可自由调节的裤子。胸腹部打褶的连衣裙也很漂亮，购买时注意裙身要足够长，通常前身要比后身长2.5厘米，这样穿起来才好看。最好选择容易洗涤、不起皱、透气、吸湿、保暖的衣料；在颜色上应选择互补的混合色、灰色调或低明度颜色，可遮蔽体形上的缺点，衣服上的花型可以复杂些，以打乱他人的视线。

其次，内衣的选择也很重要。乳房对孕妇很重要，对宝宝更重要，此时的乳房渐渐增大，不宜戴小号文胸；露脐的三角内裤孕期不适宜穿，应该选用前边能盖住肚脐，后边能兜住整个臀部的内裤。鞋袜的选择也有讲究，这是由孕妇的生理特点决定的。平跟鞋是孕妇最佳的选择，鞋跟高了，脚部负担会加重，使得大腹便便、脚部浮肿的孕妇走起路来不稳当。但是完全无跟的鞋也不宜穿，因为它不符合人体的生理特点。鞋跟高度应该在2厘米以下。避免选择系鞋带的鞋，一定不要穿松糕鞋、高跟鞋。大多数孕妇怀孕3个月后，从大脚趾下面开始浮肿，因此孕妇应该从怀孕3个月开始，换穿孕妇鞋，使脚部负担减小，行走方便。脚部严重浮肿的孕妇应该选择比自己的脚稍大一点的鞋，但不宜过大，以免走路不便。孕妇选用透气性好、宽松、轻便的鞋，这样有助于减轻脚部的疲劳，不宜穿合成革、皮、尼龙等材料做的鞋。

另外，孕妇随着体形的变化和体重的增加，行动越来越不自如，摔跤的危险性较大，因此所穿的鞋应该具有防滑的功能。袜子适宜选择弹性好、筒高一点的，以减轻小腿的静脉曲张，高度以至膝盖为宜，不要穿一直勒到大腿根儿的袜子。

女性妊娠后不仅外表发生了很大变化，而且内分泌也会发生很大变化，因此影响头发和皮肤状态。孕妇的皮肤可能会更细嫩，但也有的孕妇皮肤变粗糙。有的孕妇面部，尤其两侧面颊会出现黄褐色斑，即人们通常所说的"蝴蝶斑"，对于蝴蝶斑不用治疗，妊娠后一般会自然消退。孕妇的头发可能易脱落、易断，故适宜使用温和的洗发剂，避免烫发和染发，最好留短发，这不但显得利落，而且也易于梳理。

产前检查的第一次复诊

初次产前检查主要是确定孕妇是否怀孕，了解怀孕前的一切情况，对孕妇进行全面检查，以预见怀孕未来的发展情况。而在此时期进行的复诊，是为了了解前次产前检查后有何不适，以便及早发现高危妊娠，即在妊娠期有某种并发症或致病因素可能危害孕妇、胎儿及新生儿或导致难产。

产前检查的第一次复诊的内容应包括：询问前次产前检查之后有无特殊情况出现，如头痛、眼花、浮肿、阴道流血、胎动出现特殊变化等，经检查后给予相应治疗；进行全身体检，对孕妇的全身情况进行观察及检查各脏器，尤其注意心脏有无病变，测量身高、体重、血压及双侧乳房发育情况；还要进行产科检查，包括腹部检查和阴道检查，腹部检查主要测量子宫高度、腹围、胎位、胎心等，阴道检查要了解产道、子宫颈、子宫及附件有无异常，还要在骨盆外测量各个径线；进行孕期卫生宣传教育，并预约下次复诊日期。

丈夫需要做的事

到了怀孕的第4个月，丈夫们要当爸爸的兴奋心情已经渐渐平息，于是又恢复到妻子怀孕以前的状态了，对妻子的关心也少了，逐渐会引起妻子的抱怨，给妻子带来不好的情绪，从而影响到腹中的胎儿，甚至还会影响夫妻感情。所以，在此时期，丈夫要做的事情主要有：给妻子创造一个良好的生活环境，保证妻子饮食的营养，做好孕期的保健监护。

妻子的情绪对胎儿的发育有很大的影响，这在前面已多次提到，这里就不再重复了，所以丈夫要一如既往地关心和体贴妻子，如代替妻子外出购物，代替整理、打扫环境卫生，在每个周末夜晚，带妻子到外面享受烛光晚餐等。每位丈夫对妻子的体贴方式各不相同，选择适合自己的方式，使妻子保持愉悦的心情，就等于间接地帮助胎儿的成长，如此也能增进夫妻之间的感情。

孕妇到了妊娠中期，由于妊娠反应消失，胎动出现，胎儿发育迅速，孕妇的情绪明显好转而且稳定，食欲旺盛，食量增大，所以做丈夫的就需要在孕妇的饮食上下功夫。首先，不要讥讽妻子饭量大。其次，亲自动手为妻子选购、烹调各种可口的佳肴。再次，注意核算每日妻子饮食的营养量，保证营养平衡，并根据孕妇的健康状况，适当调整饮食的结构。

警示

进入第4个月，孕妇的妊娠反应大都已经消失，此时食欲好转，但还要注意加强营养，因为此时期的胎儿比妊娠早期需要更多的养分。对生成胎儿的血、肉、骨骼起着重要作用的蛋白质、钙、铁等成分，在这个阶段的需求量比平时大得多。由于维生素与钙的作用，促进骨骼生长的维生素D要比平常的需要量多出4倍，热量也要比平时增加5%~10%。所以孕妇要保证食物的质量，从多种食物中吸收各种营养素，使营养平衡。

在饮食上要注意少吃含盐多的食品，盐分吸收太多，会在后期引起浮肿和妊娠中毒症。冷饮也要适度节制。第4个月是胎儿长牙根的时期，要多吃含钙的食物，让孩子在子宫里就长上坚固的牙根。注意少吃含白砂糖多的食物，因为白砂糖有消耗钙的副作用，且易发胖。可选用红糖，因红糖中钙的含量比同量的白砂糖多2倍，铁质比白糖多1倍，而且还有人体所需的多种营养物质，有益气、补中、化食和健脾暖胃等作用。

饭量增加后，再加上子宫的增大，很容易引起便秘，所以应该多吃一些粗粮及粗纤维，多饮水，多活动，还可以饮用一些酸牛奶和蜂蜜，以起到润肠通便作用。应该去医院做一次微量元素检查，以便补充不足的元素。

女性怀孕后，卵巢的黄体便会分泌大量的雌激素和孕激素，以维持受精卵的着床和发育，因此雌激素和孕激素始终保持着高水平状态，从而使得外阴和子宫颈腺体一直分泌旺盛，致使白带增多，这是一种正常的生理现象，孕妇只需加强外阴的清洁即可。每天可用温开水清洗外阴2~3次，注意不要清洗阴道内部。为了避免交叉感染，一定要准备专用浴巾和水盆，天天更换内裤，内裤洗净后，应该在日光下晾晒。孕妇在白带增多的同时，如颜色及性状发生了变化，并有不好的气味，则应马上去看医生。

孕妇不宜浓妆艳抹，化妆品中有不少成品具有刺激性作用，如氧化铝、氧化锌、过氧化物等，孕妇使用不当能引起毛囊炎、过敏、皮肤对光的反应。

妇女怀孕后，内分泌失调，皮肤会失去光泽和弹性，变得粗糙和敏感，过多使用化妆品，容易引起斑疹。只要注意皮肤清洁，怀孕5个月后自然能恢复。此时，孕妇妊娠性黄褐斑开始在面部显现，经日光照

射会更明显，孕妇可多吃优质蛋白质和富含维生素C、维生素B的食物，外出尽量减少日光对面部的直接照射。口红的成分主要是油脂、蜡质、染料和香料，油脂一般为羊毛脂，它会吸附空气中的各种不利于人体健康的重金属微量元素和大肠杆菌等微生物，具有一定的渗透作用。讲话时，唾液可能使吸附于唇上的有害物质向机体内侵入，因此，孕妇最好不要抹口红。烫发使用的冷烫剂，多含有碱性硫甘醇酸盐和过氧化氢等物质，染发剂为硝基、氨基的芳香族化合物，孕妇妊娠期间，发质比较脆弱，头发容易脱落，若用化学药剂烫发，则可导致大量脱发。而且这些物质带有毒性，会诱发皮疹和呼吸道疾病，对母婴不利。另外，烫发时的电烫和电吹风会产生电磁场，对胎儿健康有害，因此孕妇不宜烫发或染发。很多指甲油里均含有"酞酸酯"，它可能是一种能引起胎儿畸形的有机化学物质，尤其是会使男孩子的生殖器发育受到影响，即使是哺乳的妈妈使用，也有可能使孩子长大成人后患不育症或发生阳痿，因此孕妇应该注意不要涂指甲油。孕妇化妆时可使用平时惯用的化妆品，但不要浓妆艳抹，以免掩盖病态，刺激皮肤。孕妇去医院更不应化妆，以免影响医生的检查判断。

孕妇还要注意弓形虫的感染。弓形虫的繁殖离不开猫，猫感染弓形虫后，它先在猫的肠道繁殖卵囊，然后随猫的粪便排出，污染土壤、水、蔬菜。成熟的卵囊能够保持传染力一年半之久，如果被人吃进体内就可随血液扩散到全身，并侵入各种细胞内进行分裂繁殖，猫感染弓形虫后唾液里也有弓形虫，抱着猫逗玩同样能被传染。孕妇吃火锅涮肉是弓形虫进入体内的途径之一，大多牛、羊、猪体内均有弓形虫寄生，吃火锅时，肉片只是在热汤里烫一下，很短的时间内不可能将弓形虫杀灭。

若孕妇被弓形虫感染，怀孕早期可发生流产、早产和畸形，晚期感染则可致胎儿生长迟缓或出现以侵害中枢神经和双眼为主的多发性异常，如脑积水、小头、小眼、无眼等。因而，孕妇除了尽量避免与猫或狗等宠物接触外，尽量少吃火锅。若孕妇确实被弓形虫感染，应当机立断，马上做人工流产，终止妊娠。

孕妇的居室中不宜摆放花草。有些花草，如万年青、五彩球、洋绣球、仙人掌、报春花等能够引起过敏反应，如果孕妇的皮肤触及它们或其汁液不小心弄到皮肤上，会发生急性皮肤过敏反应，出现疼痛、皮肤黏膜水肿等症状。另外，一些具有浓郁香气的花草如茉莉花、水仙、木兰、丁香等会引起孕妇嗅觉不灵敏、食欲不振，甚至出现头痛、恶心、呕吐等症状。因此，孕妇卧室应避免摆放花草，特别是芳香浓郁的盆花。

此外，孕妇应该避开一些对胎儿不利的因素，如尽量不要吃药，以免引起胎儿畸形，尤其是不可滥用泻药，以免引起子宫收缩而导致流产、早产。不宜用风油精，风油精中含有樟脑成分，它能穿过胎盘进入羊膜腔，引起孕妇恶心、呕吐。夏季不要长时间地使用电风扇，在有空调的屋子里也不要呆得太久。保持良好的心情，还要注意记妊娠日记。

胎教内容

情绪胎教

早在我国古代，就有了胎教，认为孕妇不良的情绪会对胎儿有影响，如在妊娠中看见火灾，会生出有红色胎疮的婴儿；拿取高处的物品，脐带会缠住胎儿脖子等。虽然古代的这些说法并没有什么科学依据，但古人已明确孕妇在妊娠期间避免遭受过大的惊吓或危险，保持良好的心情，既是对孕妇的体贴，又有利于胎儿的健康发育。

根据英国产科学界研究，夫妻吵架，相处不好，对胎儿产生的不利影响比母亲患有高血压病对胎儿产生的不利影响大6倍，可见母亲情绪对胎儿的影响有多大。妊娠4个月时，胎儿大脑中枢内控制本能、欲望、心理状态的间脑或旧皮质部分已经形成，夫妻吵架时，如

果用超声波来观看胎儿,可发现胎儿会有一些异常行为。因为当孕妇情绪不稳定时,间脑的激素就会变化,这时会通过母亲血液,经由胎盘流入胎儿血液中,再进入胎儿间脑,间脑受到刺激,就会让胎儿的行动产生变化。这种刺激的反应,对出生后的孩子影响甚远,一般来说,脾气较暴躁的孩子,在母亲体内孕育时的家庭环境,特别是父母关系往往不是很和谐。

丈夫应该体贴妻子,为了腹中胎儿的安全,应尽量避免让妻子做吃力的家务劳动,减少妻子的负担。近来很流行"怀孕期间多看可爱婴儿的照片会生出漂亮宝宝,倾听音乐可让将来的孩子具备音乐天赋"等说法。如果这样做能使孕妇高兴,那也不失为一种良好的胎教。如果心情平静开朗,身体情况便能维持良好状态,同时也能减少妊娠期间的负担,如此一来,胎儿就能在舒适环境中健康地发育成长。

音乐胎教

妊娠早期的音乐胎教都是母亲听音乐,然后通过母体将自己的感受传递给胎儿,胎儿自己并不能真正听到音乐。到怀孕的第4个月时,胎儿的听觉感受能力明显提高,已经能够听到外界的声音了,也就能听到音乐了。

这一阶段,音乐胎教的目的是以声波刺激胎儿听觉器官的神经功能,以促进其更好发育。这时孕妇和胎儿听的胎教音乐内容可以丰富一些,种类可以多一些。胎教音乐的节奏宜平缓流畅,不带歌词,乐曲的情调应温柔甜美。父亲低音唱歌、大提琴独奏曲或低音歌声和乐曲等,胎儿最容易接受。另外,孕妇亲自哼唱歌曲会得到十分满意的效果,孕妇每天可以哼唱几首自己喜爱的抒情歌曲,或优美而又富有节奏的小调、摇篮曲等。一方面,母亲在自己的歌声中陶冶了性情,获得了良好的胎教心境;另一方面,母亲在唱歌时,产生的物理振动,和谐而又愉快,使胎儿从中得到感情和感觉上的双重满足。

音乐胎教的具体方法同怀孕第3个月。

对话胎教

根据研究发现,如果将小的麦克风放入子宫内,请母亲说话,最后录音的结果发现,母亲的声音会随着腹主动脉的血流清楚地传入子宫内。因此在母亲子宫内的胎儿，最先听到的声音是母亲的声音。妊娠第4个月的胎儿，已经产生最初的意识，不仅母亲胸腔的振动可以传递给胎儿，而且母亲的说话声也可以被胎儿听到。但胎儿此时还没有记忆声音的能力，只能判断声音的规律以及高低起伏，因此，孕妇要特别注意自己说话的音调、语气和用词，以便给胎儿一个良好的刺激。

根据对胎儿分辨声音能力的实验得出结论：子宫内血液流动声可以让婴儿停止哭泣。成人心音对婴儿没有明显的影响，节拍器的高音部分却让许多新生儿大哭（52中有41人），这就是说胎儿在母体时即有分辨声音的能力。刚出生的婴儿如果哭得非常厉害，只要把他放在母亲怀里（让他听母亲的脉动声音），倾听母亲慈爱的说话声，就可以使婴儿停止哭闹，这种做法的目的是要再度唤起婴儿在子宫内的安全感。气候寒冷以及有刺眼光线的新世界，对刚出生的婴儿而言，非常陌生，此时只有母亲温柔的声音，可以抚慰宝宝惊惶的心。如果在母亲体内经常听到母亲的声音，胎儿出生后对于母亲所说的话会有安全感。母亲对胎儿的爱，可以通过声音在妊娠期间建立起良好的联系，这就是我们所说的对话胎教。

对话胎教要求父母双方共同参与，父母可以给胎儿起一个中性的乳名，经常呼唤之，使胎儿牢牢记住。如此，婴儿出生后哭闹时再呼其乳名时，婴儿便会对子宫外的崭新环境不陌生，而有一种安全感，会很快安静下来。

同时，父母要把胎儿当作一个懂事的孩子，经常和他说话、聊天，或唱歌谣给他听。这样，不仅能增进夫妻间的感情，而且还能把父母的爱传递给胎儿，对胎儿的情感发育具有莫大益处。对话的内容不宜太复杂，最好在一段时间内反复重复一两句话，以便使胎儿大脑皮层产生深刻的记忆。男性的低音是比较容易传入子宫内的，而且研究发现胎儿比较喜欢这种低沉的声调，因此爸爸要经常给胎儿唱歌、讲故事，同他说话。通过这种声音训练的胎儿出生后会很快适应新的生活环境。

运动胎教

胎儿一般在怀孕第7周后开始活动。胎儿在宫内的活动方式是丰富多彩的，如握拳、吸吮手指、吞咽羊水、蹬腿、翻身等。大量资料表明，如果从此时开始对胎儿进行宫内运动训练，经常帮助胎儿活动，胎儿出生后动作的发展要比一般婴儿早些，也更灵活些。

孕妇平卧在床上，全身尽量放松，先用手在腹部来回抚摸，然后用一手指轻按一下腹部再抬起，胎儿能马上作出反应。胎儿的反应速度也有快有慢，有的要用几天才能作出反应。如果遇到胎儿用力挣脱时，应立即停止，等过一段时间后，胎儿对母亲的动作熟悉了，母亲再用手按压抚摸，胎儿就会主动迎上去，要求"玩耍"。开始时动作要轻，时间要短，当胎儿适应后，可稍延长训练时间，每次以5分钟为宜。

环境胎教

胎儿在母体内长到4个月时，就有了种种感觉，如对声音刺激有了反应，当母体处在过分嘈杂的环境中，受到干扰的胎儿就会频频蹬脚以示反感。视觉也有了一定的反应，当母亲腹部处于强光照射下时，大部分胎儿都会微微侧脸。此时的胎儿已经有了味觉，注射了糖汁的羊水被胎儿吸收的速度加快了1倍，相反，如向羊水中注射带苦味的碘，胎儿吸收羊水的速度显著放慢。母亲吸烟时，胎儿的心脏也会随着母体心跳的加快而加速搏动，更重要的是母亲吸烟过量，胎儿会烦躁不安，甚至出现痉挛。由此可见环境对胎儿的健康发育的重要性，因此孕妇要投入到大自然中去欣赏、去感受，让腹中的小宝宝早日受到美的熏陶。

大自然的美景多种多样，各具风格，它们都能陶冶人的情操，激发对祖国的热爱，给人带来欢乐，激励人去思考，使人的精神世界得到极大的丰富。大自然不仅可以开阔母亲的视野，而且对于母婴身体也大有益处，因为只有投入到大自然中去，才能让人赏心悦目。大自然中清新的空气对于人类的健康有极大的益处，对孕妇更是如此。有一些孕妇，因怕伤风感冒而不敢开窗，因而人为地限制了新鲜空气的摄取。长此以往，不仅会使健康受损，而且也会给胎儿带来一定的影响。

俗话说："一天之计在于晨。"对于孕妇来说就更是如此。每一位即将做妈妈的孕妇都应该克服自己的懒惰情绪，争取每日早些起床，到有树林或者有草地的地方去做操或散步，呼吸那里的清新空气，因为在树林多的地方以及有较大面积草坪的地方，尘土和噪声都比较少。除早晨外，孕妇在休息时间也应到树木、草坪或喷水池边走走。晚上最好能开小窗睡眠，保证室内空气清新。如天气太冷可关窗，但应在起床后，打开所有的窗户换空气。另外，假日里与丈夫和亲朋好友一起去郊外游玩，也是一种呼吸新鲜空气的好方式。在欣赏秀丽大自然的同时，你那未出世的宝宝也会受到益处——含氧丰富的血液会使宝宝像喝足水的"庄稼"一样茁壮成长。有时还会在母腹中手舞足蹈，以示感激之情。

第五章

五月胎教

◎ 孕妇的表现

◎ 胎儿的倩影

◎ 日常生活计划

◎ 胎教内容

◎ "好孕"干货尽在码中

科学备孕有指导,胎教干货跟着学。

怀孕的第5个月,胎儿的生长速度增快,各器官的发育已经基本完成,此时的胎儿已经有正常足月儿的1/2了。孕妇已经能够明显地感觉到胎动,真正感觉到小生命的存在了。

这个月是胎儿大脑开始形成的时期,孕妇在这个时期应该注意从饮食中充分摄取对脑发育有促进作用的食品,如水果、核桃、芝麻等,以利胎儿脑组织的发育。此时期的妊娠反应完全消失,胎儿也已经比较稳定,所以孕妇可适当地增加运动量。从妊娠中期开始,孕妇及家人要做好孕期的保健监护,以便及时发现胎儿的异常情况,及时处理。此时期做产前诊断,对胎儿的健康发育是很重要的。

孕妇的表现

怀孕第5个月,孕妇妊娠反应完全消失,从心理上逐渐接受并适应了怀孕这一现实,开始有了为人母的意识,从而身心稳定、食欲旺盛、体重增加、精神饱满。此时期的子宫已经有幼儿头颅大小了,孕妇下腹部明显突出,可测到子宫底高度在耻骨联合上缘的15~18厘米处。乳房由于乳腺的发达而膨胀得更为显著,甚至有些孕妇还能挤出透明、黏稠、颜色像水而又稍微发白的液体。臀部由于脂肪的增多显得浑圆,从外形上开始显出较从前更丰满的样子。此时期,由于增大的子宫挤压内脏,使得孕妇感到饭后胃里的东西不易消化,还有许多孕妇常感到口干舌燥,甚至出现耳鸣,总认为自己患了伤风,事实上并非如此,这些都是

妊娠引起的体内变化。

　　比较细心的孕妇，在妊娠第4个月时就会感觉腹内偶尔产生有规则的抽动，这种感觉，在周围环境非常安静或心情宁静时特别明显。而一般的孕妇在怀孕第5个月时才渐渐能够感觉到胎动。当孕妇精神集中的时候，特别是夜晚躺在床上时，会感到下腹部像有一只小虫子似的东西一下一下地蠕动，就像手放在鱼篮外面能感到里面的鱼在跳动一样，这是胎儿在子宫的羊水中挺身体，频繁活动手和脚，碰撞子宫壁，就好像在告诉妈妈："我发育得很好，请妈妈放心。"家人可以将手放在孕妇的肚子上，一起感觉来自胎儿的信息，这时丈夫可以感受到做父亲的骄傲，家人可以在等待胎儿降临的愉悦中，做好欢迎新成员的心理准备。胎动对了解胎儿的发育情形非常具有参考价值，因此一定要将第一次感觉胎动的时间记录下来，并告诉医生。但并非所有的胎动都是胎儿健康发育的象征，有时的胎动则相当于胎儿的求救，最明显的例子是当孕妇吸烟或做粗重工作时，会对肚子施以重压。特别是吸烟时，使用超声波检查可以清楚看到胎儿痛苦的模样，或是缩成一团，或是扭转身体做抵抗的姿势。

　　此时孕妇由于皮下脂肪开始生长，身体突然发胖，体重增加。孕妇的体重包括自身体重以及胎儿、胎盘和羊水的重量。

　　妊娠期增加的体重中，孕妇子宫、乳房、大腿和臀部等处的脂肪组织占20%，血液和体液占22%，胎儿占38%，胎盘占9%，羊水占11%。正常孕妇在最初的3个月，体重每月增加0.5千克左右。怀孕第5个月起，体重每月增加1.8千克左右。妊娠7~8个月时，体重增长速度放慢。足月妊娠时，体重停止增加。整个妊娠期，中等身材的孕妇体重均增加12.5千克左右，80%的孕妇体重增加10~20千克。

　　理想的体重（千克）等于身高（厘米）减去100，即IBW（kg）=Ht（cm）-100。

　　身材等于体重（千克）除以身高（米）的平方，即BMI=Wt（kg）/[Ht（m）]^2。双胎妊娠的孕妇体重增加要多一些。

　　孕妇的体重变化对胎儿的发育具有重要意义，体重增加的多少和早晚都会影响胎儿的发育。妊娠期体重增加过少，则胎儿的发育受到限制；体重增加过多，则可能娩出巨大儿，增加阴道分娩的困难；从怀孕开始，体重增加就缓慢者，容易生出低体重儿；妊娠中晚期，体重才缓慢增加者，容易早产。因女性在妊娠前的体重不同，故妊娠后体重的增加量也相应不同。孕妇可以根据自身的孕前体重和妊娠的不同时期，适当调整日常生活，既不要节制饮食，也不要过度进食，以保证母婴双方充足的营养，并使自己不过于肥胖，体重处于理想的范围。

胎儿的倩影

从这个月开始，胎儿的生长速度是惊人的，身长已达到18~25厘米，体重大约250~300克，已是一个正常足月儿的1/2了。此时胎儿的头部仍然相对较大，占全身长的2/3，耳朵的入口张开，牙床开始形成，头发、眉毛齐备，手指、脚趾长出指甲，并呈现出峭纹隆起，这即是具有个体特征"指纹"的前身。头部及身体上呈现一层薄薄的胎毛，皮下脂肪开始沉着，皮肤逐渐变得不再透明，但皮下血管仍清晰可见，骨骼和肌肉也越来越结实。如果是一个女婴，则阴道已经发育成形。

用超声波观察这个时期胎儿的行为，发现胎儿最常见的动作是吸吮手指。在母亲腹中，胎儿吸吮手指的程度，待胎儿出生后检查手指就可以知道，有些胎儿甚至会吸得手指长茧。这也许可以使我们产生以下的联想：胎儿也知道将来不是从肚脐吸收养分，而是由嘴巴摄取食物；婴儿一出生就会吸奶，是因为在母亲体内已经做过充分练习。此时的胎儿已经会吞咽羊水了，经过肾脏过滤后，把它变成洁净的尿液重新又排入羊水中，过滤出的渣滓积存在肠道内形成胎粪，待出生后才排出体外。胎儿已能听到妈妈的心脏和动脉的血流声及肠鸣声，若用听诊器可听到胎儿的心音。

日常生活计划

情绪

妇女在妊娠期间，总会有许多不必要的担心，尤其是第一次怀孕的孕妇，担心性生活对胎儿的影响，担心孕吐，担心流产，担心将来的分娩等等。

一般怀孕的妇女，性欲都会降低，又会担心丈夫在外拈花惹草，于是就会产生许多不良的情绪，如急躁、烦闷、抑郁、恼怒、胆怯等，这些不良情绪会造成肝火上升，影响胎儿的正常发育。

夫妻可通过商量的方式相互体谅，夫妻之间的沟通并不仅限于夫妻性生活，平时一些生活上的琐事也可以无所不谈。最好夫妻能一起阅读有关妊娠的书籍，等知识充实后，再坦率地商量。在妻子孕吐严重时，相信没有一个丈夫会强行要求性生活的。同样，没有一个妻子在不需禁欲的时期，还要丈夫抑制性欲。为了确保两人的爱情结晶健康成长，性生活的确有特别注意的必要。

营养

怀孕的第5个月，是胎儿大脑开始形成的时期，所以孕妇在这个时期应该注意从饮食中充分摄取对脑发育有促进作用的食品，以利胎儿脑组织发育。那么健脑的食品有哪些呢？核桃营养丰富，据测定，0.5千克核桃相当于2.5千克鸡蛋或4.75千克牛奶的营养价值，特别对大脑神经细胞有益。芝麻，特别是黑芝麻，含有丰富的钙、磷、铁，同时含有19.7%的优质蛋白质和近10种重要的氨基酸，这些氨基酸都是构成脑神经细胞的主要成分。多吃水果对大脑的发育也有很大的好处，水果为脑细胞的合成提供了大量的维生素。

营养学家研究，小米和玉米中蛋白质、脂肪、钙、胡萝素、维生素的含量是非常丰富的，是健脑和补脑的有益主食。而海产品可为人体提供易被吸收利用的钙、碘、磷、铁等无机盐和微量元素，对大脑的生长发育有着极高的效用。

但有些食品对胎儿的大脑发育有害，应尽量避免过多地摄入，以免影响胎儿大脑的正常发育。如肉类，人体呈微碱性状态是最适宜的，而肉类可使体内趋向酸性，致使大脑反应迟钝、不灵活，影响胎儿智力的发育。精白砂糖等能够直接进入血液中，使血液不能畅通，精白砂糖还能进入脑细胞，并带进水分，使脑细胞呈"泥泞"状态，不仅有损大脑，还可导致脑溢血、脑血栓。米和面在精制过程中，会使有益于大脑发育的成分丧失很多，剩下的基本就是碳水化合物了。碳水化合物在体内只能起到"燃料"作用，而大脑需要的是多种营养，所以长久地吃精白米和精白面不利于胎儿的大脑发育。黄油又名奶油，其实就是脂肪块，脂肪容易滞留在血管壁上，妨碍血液流动。大脑中有为数众多的毛细血管，通过这些毛细血管向脑组织输送营养成分，若脂肪使毛细血管不畅通，则会引起大脑营养不良，导致大脑正常发育受阻。

有些孕妇为了胎儿大脑的发育，大量食用人参、桂圆、鹿茸、蜂王浆等补品，她们并不知道补品是不可滥用的，用多了往往会起到相反的作用，可能造成流产或死胎。

妇女怀孕后身体出现一系列的生理变化，如内分泌旺盛，血流量增加，心脏负担加重，胃肠功能不好等，这是"阳常不足，阴常有余"。人参是大补之品，孕妇服用易导致气盛阴耗，阴虚火旺，会加重妊娠呕吐、水肿和高血压等。孕妇妊娠后期原本就很容易出现水肿、高血压等症状，而人参有抗利尿的作用，会使钠潴留而减少排尿，导致羊水过多，这些都可引起阴道流血、流产或死胎。有些孕妇发生先兆流产就是因为服了人参、桂圆等补品引起的。

除了人参以外，桂圆也要少用或不用，就连鹿茸、鹿胎膏、鹿角胶等温热大补之品在怀孕期间也不宜使用。孕妇适宜的补品就是饮食中的蛋白质、维生素、微量元素。只要日常饮食全面、营养充足，孕妇是不需要使用大补之品的。

另外，孕妇在饮食中还要注意以下几方面：饭后，食物在胃里不易消化，所以可以少食多餐，将一日三餐分为四餐、五餐；孕妇要避免每餐进食过多，特别是不要太饿了才去吃东西，也不要一次喝大量的水或饮料，尤其是避免喝浓茶或含咖啡因、巧克力的饮料，这些饮料可加重食道肌肉的松弛；辛辣食物、过冷或过热的食物也会刺激食道黏膜，加重"烧心"感，应该少吃为宜；要多吃些含铁的食物，如猪、牛、鸡的肝脏及海藻、绿色蔬菜；进食后不要立即躺下。

运动

此时期妊娠反应基本消失，胎儿也已经比较稳定，可以适当增加运动量。适宜此期孕妇的运动有散步、孕妇操等。

散步是孕妇最好的运动方式，也是最基本、最简单的运动方式。每天早上起床后或晚饭后都可进行，宜选择在空气清新的绿地、公园等处，时间和距离以自己的感觉来调整，以不觉劳累为宜，不宜走太快，以免造成疲劳或对身体震动太大而影响胎儿。

除了每天坚持散步外，还可做一些保健体操。一位运动专家设计了一套孕期保健操，只需要一根棍子作为辅助器械，简单易学。

双手握棍，两足分立，保持双肩、臀部及双膝成一直线，吸气，呼气，收臀部，收紧骨盆，低头，下巴抵胸，背部微弯成"C"形，两手前伸时耸肩，膝微屈，重复5次。作用是伸展背、腰和颈部。

1. 面对墙直立，两手撑墙，收臀部，手肘微屈，胸靠近墙，再用力推开，重复做5~10次。作用是运动胸、臂肌。

2. 两足分立，肩、臀、膝成一直线，收臀，双膝放松，举双臂，两手在头上相握，手肘靠头侧，两臂向后伸，两手仍相握，然后回复原位，重复动作10~20次。作用是运动肱三头肌。

3. 两足分立，双膝向外屈，肩、臀成直线，然后慢慢下蹲10厘米左右，再起立，重复动作为15次。作用是运动腿部、臀部。

4. 四肢着地，前臂完全着地以减轻肩、背的负担，背直，举单腿，收臀，抬腿时膝不应高过臀部。重复10~30次，再换另一腿。伸直单腿，腿直、脚屈，脚不应高过臀部，注意背要直。重复10~30次，再换另一腿。作用是运动臀部及腿部。

5. 侧躺地上，用一手支撑头部，脚屈成45°角，举上腿，膝、脚成一直线，脚不要伸直，否则易抽筋。放下，举起，放下时别碰另一腿，重复15~30次，再转身换另一腿。作用是运动腿部肌肉。

6. 背墙而立，双脚离墙8厘米，两足分立，膝微屈，双肩及臀压向墙。尽量使背部贴紧墙，不要留空位。放松，再压，重复10次，到第10次时，屈双膝，背靠墙下滑10厘米，维持姿势10秒，再伸直。重复5次。作用是运动背肌与双腿。

7. 双手撑墙，左脚离墙稍许，屈膝，右腿伸直，右脚全部着地，背直。维持姿势10秒，换另一脚。作用是伸展放松。

淋浴

孕妇妊娠期新陈代谢旺盛，皮脂腺、汗腺分泌增加，常出现多汗的症状，主要表现为手脚的掌面，皮肤的皱襞，肛门、外阴以及头皮等汗腺分布较多的部位出汗增多。如遇炎热天气，还会出现浑身冒汗的情况，有可能发生多汗性湿疹。此时的孕妇要勤换洗内衣，勤洗澡，保持身体的卫生。全身清洁还可促进血液循环和皮肤的排泄。

孕妇洗澡时，不宜用浴盆，应该选用淋浴。淋浴不需弯腰，适合身体不便的孕妇。盆浴可将细菌带入阴道，引起孕妇感染，公共浴盆更易传染阴道疾病。盆浴时，下身浸入热水之中，容易导致子宫充血，孕妇长时间盆浴更易使阴道温度升高，危害胎儿中枢神经系统。孕妇洗澡时要特别注意行走稳当，以免摔跤。妊娠晚期，行动不便时，可以请人搓澡。洗澡

时，应该有人陪同，以防不测。

此时阴道的分泌物也在增加，因此孕妇应该每天用温水清洗会阴部，保持阴道的干净、清爽，以避免湿疹的发生。

睡眠

孕妇要保证充足的睡眠，每晚睡眠时间不得少于8小时，中午最好也要保证1~2小时的睡眠。睡觉的姿势应该采用左侧卧位，这有利于胎盘血流的灌注，进而有利于胎儿的健康发育。孕妇不宜睡软床。另外，孕妇的睡眠时间要适度，也不能睡得太多。近年来，医院产房经常出现这样的情况：孕妇身体健康，胎儿生长发育情况良好，胎位正常，产道畅通，自然分娩应该没问题。但在临产时，产妇却宫缩无力，产程进展缓慢，造成滞产，只得采取胎头吸引器助产，甚至发生有胎儿宫内窘迫，只好进行剖腹产。调查发现，发生滞产的主要原因是孕妇在妊娠期，特别是妊娠中晚期卧床静养较多所造成的。

很多妇女怀孕后，受到家中的特殊"待遇"，不仅增加营养，而且什么都不用做，整天躺着不动，孕妇长期缺乏活动和锻炼，使机体的肌肉，特别是与分娩有关的腰、腹及盆腔肌肉变得松弛无力，再加上妊娠期营养充足或过剩，使胎儿在腹内生长过大，因而造成分娩困难。所以孕妇从此时期就要注意，在保证适度睡眠的情况下，还要进行适量的运动。

孕期疾病及用药

孕妇在孕期一定要慎重选择用药，因为用药不当会导致胎儿畸形，甚至流产、死胎等。

四环素可致骨骼发育障碍，牙齿变黄，先天性白内障等；氯霉素可使骨髓功能受抑制导致再生障碍性贫血，还可导致新生儿肺出血；磺胺类可导致新生儿黄疸；链霉素可致先天性耳聋，并对肾脏有损害；红霉素可引起肝脏损害；阿司匹林可致骨骼畸形、神经系统或肾脏畸形等。因此，这些药在妊娠期间要禁用。

家庭自我监护

在妊娠期间，孕妇除了定期去医院进行产前检查外，也可以在家人的帮助下进行自我监护，以便及时发现胎儿生长发育的异常情况。家庭自我监护主要包括数胎动、听心音、量宫底、测腹围、量体重等几方面。

数胎动。从怀孕的第5个月起，胎儿就有了明显的胎动，此时孕妇可通过计数胎儿的胎动次数来判断胎儿状态。正常情况下胎儿12小时的胎动应在30次以上。孕妇及家人可于每天早、中、晚各计数胎动1小时。一般情况下，胎动早晨少，中午稍多，晚上更多，可将早、中、晚各1小时的胎动计数之和乘以4作为12小时内胎动数。如果12小时内胎动次数累计低于20次，则为异常，少于10次就是胎儿危险的信号。胎儿死亡往往发生于胎动停止后的12~48小时。所以，一旦发现胎动减少，须立即就医。胎动异常也可用于异常胎儿的诊断，如某些畸形的胎儿往往胎动不活跃。

听心音。妊娠5个月后，使用各种心音听诊器在孕妇腹部适当位置便可直接听到胎儿的心音。胎儿的心音呈双音，第一音和第二音很接近，有节律规则，近似"嘀答"声。一般胎心每分钟跳动120~160次。听心音的方法是孕妇排尿后仰卧床上，两腿伸直，家人直接用耳朵或木听筒贴在孕妇腹壁仔细听。在妊娠24周前，心音的位置多在肚脐下正中或稍偏左右，怀孕24周后，胎心音多在胎背所在侧。每日可听1次或数次，每次1~2分钟。如果胎儿的心脏跳动过快、过慢或音调低弱，快慢不规则，则可能是胎儿宫内缺氧。

量宫底。一般在妊娠8周时，宫底刚刚超出耻骨。到16周时，宫底位于耻骨和肚脐之间。20~22周时，宫底达到肚脐的水平。28周时，位于肚脐和胸骨下端之间。32~34周达到剑突下1~2横指。测量的方法是孕妇将尿排净，仰卧躺下，用卷尺紧贴腹壁，从耻骨联合量到子宫底的长度即为子宫增长的高度，每周测量1次，通过与正常值相比较，如果发现连续2周没有变化，须立即去医院。

测腹围。从妊娠16周至足月，平均腹围增长21厘米，每周增长0.8厘米。怀孕20~24周时，腹围增长最快；怀孕34周后，腹围增长速度减慢。测量的方法是用尺绕腹部最大处一周测得的结果。腹围也可反映胎儿的发育情况。

量体重。孕妇的体重包括自身体重，胎儿、胎盘和羊水的重量。一般来说，妊娠1~12周，孕妇体重增加2~3千克；妊娠13~28周，增加4~5千克；妊娠中后期，每周增加约0.45千克。妊娠期间平均增加11~13.5千克。孕妇应该自这个月起每15天测试1次体重，每次测试时应空腹，并将身上所穿衣物重量去除。孕妇

体重的变化对胎儿的发育有重要的意义，增加过快或不增加都表明有异常，应及时去医院检查。

产前检查

这个时期，孕妇应该到医院做第一次产前诊断检查。产前诊断是指在胎儿出生前应用各种先进的科技手段，采用影像学、生物化学、细胞遗传学及分子生物学等技术，了解胎儿在宫内的发育状况。例如，观察胎儿有无外形畸形，分析胎儿染色体核型有无异常，检测胎儿细胞的生化项目和基因等，对先天性和遗传性疾病作出诊断，以便进行选择性流产。

并不是所有的孕妇都必须进行产前诊断，有下列高危因素者必须要进行产前诊断：35岁以上的高龄孕妇，生育过染色体异常儿的孕妇，夫妇一方有染色体平衡易位者，生育过无脑儿、脑积水、脊柱裂、唇裂、腭裂、先天性心脏病患儿者，性连锁隐性遗传病基因携带者，夫妇一方有先天性代谢疾病或已生育过病儿的孕妇，在妊娠早期接受过较大剂量化学毒剂、辐射和严重病毒感染的孕妇，有遗传性家族史或有近亲婚配史的孕妇，原因不明的流产、死产、畸胎和有新生儿死亡史的孕妇，本次妊娠羊水过多、怀疑有畸胎的孕妇。

丈夫需要做的事

从妊娠中期开始，胎教对胎儿的健康成长就更为重要了，这时的丈夫应该和妻子共同寻找正确的胎教方法，与妻子一起对胎儿进行正规的胎教。所谓的胎教就是妈妈或爸爸与在母体内的胎儿进行对话的一种胎教，就好像孩子在眼前一样与孩子说话。胎儿对爸爸的声音很敏感，作为胎教音乐的推荐音乐——古典音乐也与此有异曲同工之妙，因此爸爸要经常和胎儿说话，给胎儿讲故事或为胎儿唱歌，从下班的时候"爸爸早点回家"开始做起，以后话题就越来越多了，偶尔唱一首歌或读一本童话书都是不错的胎教。虽然刚开始的时候不是很习惯，但进行几分钟的胎教后，胎宝宝就能感知准爸爸和准妈妈的心情，谈话的时候轻轻抚摸着肚子会更有效果。到一定的月数后，胎儿就会对爸爸的声音有感应。

另外，丈夫可以对妻子进行按摩，这样不仅可以预防孕妇的妊娠纹和赘肉，而且也是向妻子积极表达爱意的一种方式。此时期还要陪同妻子去医院进行产前检查。以上这些都是丈夫的责任和义务。

警示

由于怀孕后体内激素的变化，可能会出现皮肤瘙痒。孕妇皮肤瘙痒是妊娠期较常见的生理现象，不需要特殊治疗，孩子出世后就会消失。经常洗澡，勤换内衣，避免吃刺激性食物，保证睡眠充足，保证大便通畅，都有助于减轻皮肤瘙痒。面部出现蝴蝶形"妊娠斑"的孕妇外出时应戴遮阳帽。

此时的孕妇经常出现腿脚抽筋的现象，主要是由于孕妇血液中缺钙造成的，所以要注意补充适当的微量元素。许多孕妇可能出现腰、腿部神经痛或膀胱刺激症，因而要格外注意下身的保暖，尤其是寒冷时节，应挑选覆盖式贴身内裤，即裤腰能覆盖肚脐。

怀孕超过4个月以后，流产的危险性也比早期小了，孕妇的早孕反应消失，性器官的分泌物也增多了，是性欲增高的时期，因此，可以愉快地过适度的性生活。但是，不能与非怀孕期完全相同，在次数和结合方面都要节制。这个时期肚子越来越显眼了，注意不要压迫腹部，同时，由于性高潮引起子宫收缩，有诱发流产的可能性，所以孕妇本人自身的调节也是极其重要的。此外，丈夫也应注意不要刺激乳头，性交的体位采取前侧位、前坐位、侧卧位较好，但仍要注意男性的生殖器不能插入太深，动作不要太激烈。

从这时起，孕妇要注意自己的体重，母亲肥胖容易诱发糖尿病、妊娠中毒症等，引起胎儿发育不正常。怀孕中期，每周体重增加不超过500克，孕妇最好每周测一次体重，及时调整饮食，使自己的休重符合标准休重。

这个月产前检查要做B超，以了解胎儿的大小、活动情况、心跳、羊水量、胎盘位置、器官发育情况等。另外，孕妇还可以上产前学习班，学习班由产科医院主持，或由妇幼保健机构组织，与许多准妈妈一起听课，会增加你的信心。

胎教内容

运动胎教

孕妇的运动因个人和运动习惯不同而有所不同，但是散步适合所有的孕妇。散步不仅能够锻炼孕妇的身体，使孕妇保持良好的情绪，而且还有胎教的功效，有助于胎儿大脑的发育。孕妇散步时的氧气供给量要比坐着的时候高2~3倍，并能改善不快的心情。散步可以促进血液循环，能减轻腰腿酸痛，解除低、高血压，而且散步能调整体重，减轻分娩时的阵痛。散步还能给胎儿以充足的氧气，有利于脑细胞的发育，从而使胎儿变得聪明而富有感性。

在散步的同时，还可以进行对话胎教和爱抚胎教。散步的时候，孕妇不时给胎儿讲有趣的故事或变化周围环境等，可使胎儿在母体中就能了解外部世界。母亲以平和的心态走在林荫小路上，可以对子宫产生规律性的按摩。研究发现，胎儿的大脑和皮肤有着密切的联系，因此刺激胎儿的皮肤也可以促进胎儿大脑的发育，刺激胎儿皮肤最好的方法便是有规律地抚摩子宫。

从这个月开始，可以同胎儿玩"踢肚游戏"。方法是：胎儿开始踢孕妇肚子时，孕妇要轻轻拍打被踢的部位，然后待第2次踢肚，一般情况下1~2分钟后胎儿会再踢，孕妇再轻拍几下然后停下来；待胎儿再次踢肚的时候，孕妇可改换拍的部位，胎儿会向改变的地方踢，必须注意改变的位置不要离胎儿一开始踢的地方太远。

音乐胎教

怀孕的第5个月，胎儿的器官和组织正在迅速发育，并在功能上逐渐完善，能对各种外界刺激作出反应，此时生活在母亲子宫中的胎儿已经是一个能听、能看、有各种感觉的小生命，具备了接受教育的基础。而此时的孕妇已经度过了妊娠反应时期，身体和心理上都处于一个很稳定的时期，有足够的精力与胎儿进行沟通交流。所以，此时是对胎儿进行胎教的最佳时期，给予胎儿一些良性刺激，不仅可以促进胎儿的各种感觉器官和大脑的发育，而且有利于今后形成良好的性格。科学研究已表明，一个人的性格和气质特点有很多都取决于胎儿在母体里所获得的信息。

音乐胎教是孕妇首选的与胎儿进行交流的胎教方法。胎儿此时已经具备了听音乐的生理条件，孕妇可准备一个微型扩音器，将扬声器置于孕妇腹部，乐曲响起时，不断移动（动作要轻）扩音器，将优美的乐曲透过母腹的腹壁，源源不断地灌输给胎儿。每一次可播放2~3支乐曲。既要让胎儿欣赏音乐的美感，又要防止胎儿听得过于疲乏。要注意选择合适的音乐，孕妇在听音乐时音量不要过大，也不要听那些节奏强烈、有刺激性的躁动音乐，如迪斯科舞曲、霹雳舞曲，它们有可能造成细胞破裂死亡，对胎儿造成不良的影响。

音乐分两种：一种是给腹中宝宝听的，一种是给孕妇自己听的。孕妇自己听的胎教音乐是"孕妇专用胎教音乐"，可用耳机听，也可以从扬声器里放出来听，音量不宜太大。

优美的音乐能调节孕妇的心理情绪和生理功能，使其精神放松、情绪愉快，使孕妇的心脏血管、消化器官乃至内分泌都处于正常的状态之中。同时，平稳的旋律和节奏对胎儿大脑的发育是一个良好的刺激，能使胎儿情绪安宁，有利于胎儿的发育。而给胎儿听的胎教音乐带是"胎儿专用胎教音乐"，在节奏及情感特征等方面都有特殊的要求。要每天给胎儿听1~2次，每次15分钟，最好选择旋律优美的钢琴、小提琴乐曲，为了便于胎儿记忆，每段乐曲重复放10天

左右。

除了听音乐外，孕妇可通过自己的哼唱让腹中的小宝宝欣赏音乐，并进行"学习唱歌"。胎儿有听觉，但胎儿毕竟不能唱。孕妇应充分合理地发挥自己的想象，想象腹中的宝宝神奇地张开蓓蕾似的小嘴，跟着你的音律和谐地唱起来。

孕妇可先练音符的发音或简单的乐谱，这样可使胎儿易学易记，一教即会。比如1234567、7654321反复轻唱若干遍。每唱完一个音符，等待几秒钟，这几秒钟即是胎儿唱的时间，而后依次进行。

对话胎教

妊娠20周时，胎儿的听觉功能已经完全建立，此时的胎儿可以听到外界的声音，因此父母说话时别忘了还有一个小生命在聆听，说话时语调要轻柔，充满感情，避免讲一些对胎儿发育不利的话语。另外说话时还要同小宝宝进行搭话，和胎儿搭话可以使宝宝有一种安宁感，对宝宝出生后加强母与子、父与子之间的感情极为有益。

孕妇可以给胎儿讲每天喜闻乐见的事，也可以给胎儿朗读一些笔调清新优美的散文和诗歌，还可以讲故事，声音要亲切、柔和、明朗，特别是讲故事时应该绘声绘色。如果提前为胎儿起一个名字，孕妇可随时随地地呼唤他，与胎儿说一些日常语言，如"你好，明明""晚安，明明"，下班的时候可以说"明明，爸爸回来了"，如果胎儿活动激烈，孕妇受不了时，父亲就可以一边用手轻轻抚摸妻子腹部，一边说"我的乖明明，妈妈受不了，你不要太用力，好吗"，如此等等。胎儿出生后，再听到妈妈的呼唤时会感到熟悉和亲切，在新环境中不会感到紧张和不安，从而从心理上尽快适应新环境，以促进胎儿出生后语言的发展。

情绪胎教

要想使胎儿发育得好，应该从外部给予良好的刺激，这一点非常重要。所谓良好的刺激，并不是指什么特殊的刺激，只要妈妈每天保持一个良好的心情就可以了。当妈妈心情好的时候，就会产生许多激素，如促进神经细胞发育的生长激素，刺激快感的多巴胺等，这些激素相互协作，为胎儿的发育提供良好的刺激。当胎儿感受到良好的刺激就会产生快感，从而促进自身分泌可以促进细胞活动的激素，使胎儿血流旺盛，脑细胞更加活跃。

此时期的孕妇可以通过到大自然中去散步，欣赏一些优美的图画，或者听一些悦耳的音乐等方式，使自己保持良好的心境，妈妈拥有良好的情绪是胎教的最高境界。

到了怀孕的第5个月，胎儿已经具备听的能力了，虽然胎儿还听不懂话中的具体含义，但通过声音的强弱，可以敏感地感知妈妈的心情。实验表明，在母猴肚子里一直听嘈杂声音长大的小猴，在成长过程中也会表现出毛躁的特点，并且常常会情绪不稳定。因此，胎儿如果听到歇斯底里的声音，可能会引起胎儿血压的大幅度波动，甚至会导致贫血。如果怀孕期间夫妻经常吵架，在这样的家庭环境中出生的孩子情绪往往不稳定。

夫妻性生活不仅能确认和丈夫的爱，使母亲有安定的好心情，而且胎儿的心情也会很好。由于胎儿在这个时期具有听力，所以，有的人担心夫妻性生活的情形会被胎儿听见，其实，这是杞人忧天。有的妇女往知道妊娠后，即会紧张得对夫妻性生活采取慎重的态度，这

小·贴士

胎教是一项母亲和父亲一起进行的工作，母亲充满爱意的声音对胎儿具有一种神奇的安抚作用，有利于胎儿的发育，而父亲深沉厚重的声音更容易被胎儿接受，所以为了使自己的宝宝健康、聪明，父母要共同努力，积极地同胎儿进行交流和沟通。

种精神方面的焦躁会传达给胎儿。

胎儿是在感受着母亲的情绪度过每一天的，他不能拒绝不良的情绪，也不能让自己喜欢的情绪重放，只有靠妈妈的选择。了解了这一点，妈妈就要考虑到胎儿的感受，对胎儿始终充满爱心，始终拥有一份平和的心情，这种情绪会给胎儿带来良好的刺激，使胎儿更加健康地发育成长。

故事胎教

为了培养孩子丰富的想象力、独创性以及进取精神，孕妇可以选择一些色彩丰富、富于幻想内容的幼儿画册，利用画册做教材进行故事胎教。只要适合胎儿成长的主题都可以采用，可以是提倡勇敢、理想、幸福、爱情的主题。

可以将画册中每一页所展示的幻想世界，用你富于想象力的大脑放大并传递给胎儿，从而促使胎儿心灵健康成长。一定要注意把感情倾注于故事的情节中去，通过语气声调的变化使胎儿了解故事是怎样展开的，一切喜怒哀乐都将通过富有感情的声调传递给胎儿。而且，不仅仅是朗读，对这些语言也要通过你的五官使它形象化，以便更具体地传递给胎儿，因为胎儿对你的语言不是用耳朵而是用脑来接受的。单调和毫无生气的声音是不能唤起胎儿的感受性的。

艺术胎教

我国古代胎教理论认为，孕妇在怀孕期间的所作所为可以直接对胎儿造成影响，因此规定了许多孕妇在怀孕期间的注意事项。当今世界上许多国家的研究人员也争相注意对这个问题的研究，目前有研究结果显示，胎儿在母体内是可以感受到母亲的举动和言行的，母亲的举止可以直接影响到胎儿出生后的性格、习惯、道德水平、智力等各个方面。这不仅可以从母亲输送给胎儿血液中的化学物质的变化中体现出来，也可以从孕妇从事体力劳动引起胎动异常的感觉中体会到。这些都证实了我国古代胎教理论的科学性。

因此，孕妇应该在学识、礼仪、审美、情操等各方面全面发展，这样既可提高自己在各方面的修养，又可对胎儿进行了良好的胎教。最好的方法是读书，读一些伟大人物的传记、优美的诗歌和儿歌、令人神往的童话和神话、鼓励人向上的世界名著、著名的山水和名胜古迹的游记以及精美的画册等，从中可以感受到大自然母亲般的胸怀，从书中对人世间一切美好事物的描写中体会到世界的温馨。

这不仅可以使孕妇本身得以充实、丰富，同时也可熏陶腹中的胎儿，让他感受到诗一般的语言、童话一样美的仙境，另外，还会刺激胎儿快速地生长，使其大脑的发育优于其他胎儿。由于这种教育使胎儿事先拥有了朦胧美的意识，出生后一般也较其他婴儿聪慧、活泼、可爱，孩子与母亲的关系也会因此倍感亲密。

一位哲人说过："读一本好书，就像是与一位精神高尚的人在谈话。那精辟的见解和分析、丰富的哲理、风趣幽默的谈吐，都会使人精神振奋、耳目一新。"

所以在读书时也要有所选择，一些不好的书籍，如黄色书刊、趣味低下的街头画册、思想过于低沉的书等，由于充满了下流、淫秽、打斗、杀戮，会使孕妇长期处在不良的精神状况中，对胎儿的发育极为不利。因此，孕妇应该选择一些语言优美、引人入胜的文学作品，从而得到好的艺术胎教效果。

环境胎教

前面已经说过环境胎教分妊娠的内外环境教育，外环境指的是温馨的家庭气氛、良好的居住环境、景色优美的自然环境，内环境指的母体子宫内的安静环境以及孕妇的良好身体状况等。外环境胎教在前面的月份胎教中已经讲过，这里不再多述，孕妇可参考前面的相关内容，这里主要讲一讲内环境胎教。

妊娠过程中胎儿能否正常生长发育，除了与父母的遗传基因、孕育准备、营养因素有关外，还与孕妇在妊娠期间的内外环境有着密切的联系。

鉴于在此只讲内环境胎教，所以为了保证胎儿的健康发育，母亲此时应该避免一些有害物质的伤害，如放射线、化学物品、农药等，以避免内环境发生异常变化，使胎儿赖以生存的内环境遭到破坏；体弱患病的孕妇应及时诊治疾病，以确保身体健康，给胎儿提供一个优良的孕育"温床"；为了确保宁静的宫内环境，应注意合理的性生活，注意性生活要适度，并且要注意卫生，动作要轻柔，男性生殖器不要插入太深，不要压迫孕妇的腹部，以避免流产。

此外，胎儿是一个活泼敏感的小生命，他的发育与母亲紧密相关，受母亲情绪影响很明显。母亲要为胎儿创造良好宫内环境的同时，也要为胎儿建立良好的精神内环境，母亲应保持豁达乐观的情绪，这有助于小生命的健康发育，也有助于宝宝出生后活泼开朗性格的形成。

第六章

六月胎教

◎ 孕妇的表现

◎ 胎儿的倩影

◎ 日常生活计划

◎ 胎教内容

"好孕"干货
尽在码中

科学备孕有指导，
胎教干货跟着学。

妊娠的第6个月，胎儿已经能够在羊水中自由活动了，并且可以感受到母亲的情绪，所以，此时孕妇的情绪对胎儿的影响是很大的，孕妇应该选择各种方式来调节自己的情绪。胎儿出生后的饮食习惯也会受到母亲的影响，孕妇应该养成良好的饮食习惯，做到饮食有规律，均衡地摄取各种营养。6个月的胎儿已经基本稳定，此时的孕妇可以做一些适当的运动，如散步、游泳、跳舞等，既可提高自身的抵抗力，为顺利分娩做好准备，又可为胎儿提供充足的氧气，有利于胎儿大脑的发育。

孕妇的表现

怀孕的第6个月，孕妇的下腹部已经明显隆起，此时的子宫底部已高达肚脐处，孕妇自己也能准确地判断出增大的子宫。体重急剧增加，腰部增粗已很明显，孕妇的体形由于子宫增大和加重而使脊椎骨向后仰，身体重心向前移，出现孕妇特有的体态。孕妇身体对这种变化还不习惯，很容易出现倾倒，腰部和背部也因为对身体的这种变化不习惯而特别容易疲劳，孕妇坐下或站起时会常感到有些吃力。由于增大的子宫压迫各个部位，使下半身的血液循环不畅，因而很容易疲劳，且疲劳很难解除。

孕妇乳房越发变大，乳腺功能发达，有的孕妇在洗澡时或洗澡后以及其他一些时候，会有淡淡的黏性很强的黄色初乳流出，内衣很容易被污染。

由于血液中水分的增多，孕妇可能发生贫血，有些孕妇因钙质被胎儿大量摄取，出现牙痛或口腔炎，有的孕妇甚至还出现了孕妇特有的尿糖现象。

胎儿的倩影

孕妇满20周后，进入妊娠第6个月。此时期，胎儿已经有28厘米长，体重增加到600克，已长出头发、眉毛、睫毛，骨骼已经长得很结实，因为还没有皮下脂肪,皮肤发红且有皱,因而还很瘦弱。到了6个月末,皮肤表面开始附着胎脂,它为胎儿提供营养的同时,还可保护皮肤,并且在分娩时起到润滑作用,使胎儿能够顺利地通过产道。

此时,胎儿已经开始吸吮手指,睁开眼睛,并能够在妈妈子宫充足的羊水中自由地移动身体,甚至可以大头朝下,并会用脚踢子宫,羊水因此而发生震荡,这样可刺激胎儿的皮肤,引起大脑冲动而促进皮肤发育。若此时子宫收缩或受到外力压迫,胎儿会猛踢子宫壁,把这种信息传递给妈妈。

此时的胎儿已经懂得清理自己的环境了,他把带着很多脏东西的羊水喝下去,经过胃肠把渣滓过滤掉,再将其输入到刚刚发生作用的肾脏里又一次过滤,处理干净后存放在膀胱里,然后以尿的形式排出体外,被过滤下来的渣滓一直储存在肠子里,直到胎儿降生后,作为第一次胎便被排泄出来。

日常生活计划

情绪

孕妇心情愉悦或紧张焦灼的情绪,都可转化为胎儿的身心感受,从而影响着他的成长。若孕妇时常处于紧张、发怒、惊恐、痛苦及忧虑等情绪中,会使内分泌腺分泌出有害的激素,通过生理信息传递到胎儿的身体内,对下丘脑造成不良影响,致使胎儿日后患精神病的几率增大,出生后的婴儿体重低、好动、情绪易激动、爱哭闹、不爱睡觉,发生消化系统功能紊乱和其他疾病的可能性较高,并且对环境的适应能力差,精神易紧张,往往发生行为问题及学习困难。

更为严重的是孕妇如果情绪极度不安,则能引起胎儿形体发育异常,如发生兔唇、腭裂、心脏缺陷等畸形,并会引发流产。因此,孕妇千万不要忘记自己腹内时时刻刻都在发育的宝宝,为了胎儿必须要有博大的胸怀,拥有平稳、乐观、温和的心境,这也是良好的胎教。

日常生活中难免有很多烦恼,它们会左右孕妇的情绪使之发脾气、抑郁,此时孕妇可以在林荫大道、江边、田野等地方散步,自然景观会消除紧张不安的情绪；可以用警句、名言告诫自己，让自己保持好心情，每当生气或发脾气时，首先要想到胎儿正在看着妈妈呢；可以离开让自己不愉快的地方，去做一件喜欢的事情，如听音乐，欣赏画册，阅读自己感兴趣的书刊，或去郊游，各种自然美感引起的情感会使孕妇对生活的乐趣提高一半；还可以换一个发型，给自己买一件新衣服，或装点一下自己的房间，这些都会给自己带来新鲜感，从而改变沮丧的心情；或广交情绪积极乐观的朋友，充分享受与他们在一起的快乐，让他们的情绪感染自己，把自己的烦恼向密友倾诉，这样一般都能非常有效地调整情绪。

营养

研究发现，胎儿出生后的生活与饮食习惯，也深受胎教的影响。台北医学院附设医院营养室主任杨淑惠指出：虽然目前并无严谨的实验证实，但从临床中的个案可发现，宝宝出生后，如果在尚未有行为或认知能力之前，就经常表现出没有胃口、不喜欢吃东西、吐奶、消化吸收不良，或在宝宝稍大一点开始进食副食品时，即出现明显偏食的现象，追溯既往，则发现其母亲在怀孕时的饮食状况往往也是胃口不好、偏食，或是吃饭的过程紧张匆忙，常被外界干扰打断，或者是常常有一餐没一餐。由此可见，母亲的不良饮食习惯对胎儿的影响是很大的，所以为了以后少为宝宝的饮食问题操心，应该培养自己良好的饮食习惯。

首先，要做到饮食有规律，即三餐定时、定量、定点。最理想的吃饭时间为早餐7~8点，午餐12点，晚餐6~7点，吃饭时间最好控制在30~60分钟，进食的过程要从容，心情要愉快。三餐都不宜被忽略或合并，尤其是早餐，而且份量要足够，每餐各占一天所需热量的1/3，或呈倒金字塔形——早餐丰富、午餐适中、晚餐量少。吃饭的时候最好固定在一个气氛和悦、温馨的地点，且尽量不受外界的干扰。

其次，营养要均衡而多变。身体所需的营养尽量从食物中获得，不同的食物所含的营养素是不一样的，目前仍有许多营养素尚未被发现，所以要多变化食物的种类，每天可吃2~5种不同的食物，营养才易充足。补充营养要科学、合理，不要认为多多益善，拼命地补充，这样会造成孕妇发胖，不利于孕妇的分娩。

再次，要以没有加工的食物为主。因为没有加工的食物中营养素不容易丢失，有利于为胎儿提供全面的营养。妇女在怀孕时尽量多吃原始食物，如五谷、青菜、新鲜水果，烹调时以保留食物原味的方式为主，少用调味料，少吃垃圾食品，让宝宝还在肚子里时就习惯良好的饮食模式。加上日后用心培养，就不会为孩子"不爱吃青菜、正餐，喜吃饼干、糖果、汉堡、可乐"而烦恼了。

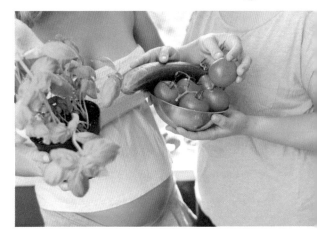

在怀孕期间，孕妇很容易出现贫血，这是因为早孕反应会使孕妇铁的摄入量下降，妊娠后胃酸分泌减少，摄入的铁质也不能完全被吸收。到了妊娠中后期，孕妇的血容量增加，使红细胞相对不足。另外，母体除了本身对铁的需求之外，还要供给日益成长的胎儿对铁的需要。

母亲贫血容易出现水肿、妊娠中毒症、心肺功能障碍，还会使胎儿发育不良、体重偏低、早产甚至死亡。因此，此时孕妇应该多吃一些含铁丰富的食物，如奶类、蛋类、瘦肉、豆制品、动物肝脏等，还需要多吃西红柿、绿色蔬菜、红枣、柑橘等富有铁质的水果。如果血红蛋白低于10克，应遵医嘱补充各种铁剂药物及维生素，直到血红蛋白恢复正常为止，这里介绍几种减轻妊娠浮肿的食疗法：

方法一：鲤鱼片100克，入麦片粥内烫熟，加盐、味精、葱、姜末少许。

方法二：赤小豆30克，与麦片30克同煮，加饴糖一匙。

方法三：冬瓜250克，煎汤，日服2次。

运动和动作

妊娠的第6个月，胎儿的状况已经基本稳定了，此时孕妇应该主动参加一些合理的、适度的运动。孕妇适当进行运动，不但可以控制体重，还可提高身体抵抗力，改善妊娠中的不适，如腰痛、水肿、便秘及痔疮，适当运动还可加强骨盆和腰部的肌肉，使胎儿在分娩时容易娩出。运动能充分地摄取氧气，研究表明，脉搏1分钟跳动120次时，是摄取氧气最好的时机。通常，胎儿是通过脐带来摄取氧气或营养的，如果孕妇能充分地摄取氧气，胎儿的大脑即会因为充足的氧气而变得活性化。"运动能生出头脑好的孩子"，这并不是夸张的说法。

通过户外锻炼能更多地接受日光照射，可防止孕妇缺钙。最为重要的是运动还能帮助大脑释放有益物质，这些物质通过血液进入胎儿体内，对胎儿大脑发育极为有利。另外，运动还可以有效地转变孕妇的心情，这对胎儿的健康是很重要的。此时的孕妇可选择的运动项目有散步、做孕妇操、游泳、跳舞等。

散步对所有孕期的妇女都适合，具体做法前面已叙述过，这里不再重复。

做孕妇操能够防止由于体重增加和重心变化引起的腰腿疼痛，能够松弛腰部和骨盆的肌肉，为将来分娩时胎儿能顺利通过产道做好准备，还可增强自信心，在分娩时能够镇定自如地配合医生，使胎儿平安降生。

游泳是妊娠中期一项很好的运动项目。游泳可以使妊娠中的妇女身体健康，可以防止因过少的活动而引起肥胖，还可以进行分娩练习，有助于孕妇顺利地分娩。游泳的时间最好选择在上午10点到下午2点宫缩不是很厉害的时候进行。水温要适宜，水温过高，超过32℃，容易引起疲劳；水温过低，低于28℃，就会刺激子宫收缩，有可能引起早产或流产。在下水之前，一定要量血压、测脉搏，此外，还要对身体状况做全面详细的检查，身体合格者才能下水游泳，并且一定要有游泳教练在场。并不是所有的孕妇都适合这项运动，以前不会游泳的孕妇一定不要尝试，如果怀孕未满4个月，或有过流产、早产、死胎病史，阴道出血，腰部疼痛，妊高症，心脏病的孕妇都不宜参加。注意动作不宜剧烈，可在水中漂浮、轻轻打水，仰游较为合适。

跳舞的目的和游泳一样，随节奏有规律地活动手脚和全身，使紧张的肌肉得到放松。在适度的活动中，使分娩时需要使用的肌肉和关节都可得到锻炼，分娩的准备工作也能积极地进行了。跳舞最好在有轻音乐的舞曲伴奏下进行，在家里最好，不要到喧闹的舞厅里。在妊娠中，腹部虽然大起来了，但是由于妊娠中受荷尔蒙的影响，孕妇身体的柔韧性很强，因此可以自由地、舒展地、愉快地进行活动。

另外，孕妇还要注意避免做影响腹部的工作，如农田里的劳作，笨重物品的举上卸下，弯腰，提重物，或用搓板顶住腹部洗衣服等，这些都会对腹部造成震动和挤压，可能会引起孕妇流产或早产。孕妇站立时，两腿要平行，两脚稍稍分开，把重心放在脚心上。孕妇走步时要抬头挺胸，下颌微低，后背直起，臀部绷紧，走路时要一步一步踩实，上下楼时切忌哈腰和腆肚，特别到了怀孕晚期，下楼时一定要手扶着扶手，看清台阶踩稳了再迈步。孕妇坐位时要深深地坐在椅子上，后背伸直靠在椅背上，髋关节和腰关节呈直角状，千万不能只坐在椅子边上。孕妇起床时不要仰面猛起，应先侧身双手撑床后慢慢起来，避免腰腹部用力太大。孕妇拾取东西时不要压迫肚子，不要采取不弯膝盖只做倾斜上身的姿势，要先弯曲膝盖，然后弯腰，蹲好后再拾。不要双手拾重东西，不要站在小凳子上取高处的东西。

淋浴

许多孕妇在天气特别热的时候喜欢冲个冷水澡，或是经常用冷水冲脚以图凉爽。却不知脚底脂肪薄，血液循环差，是全身温度最低的部位。若经常用冷水冲脚，则会使脚进一步受冷遇寒，反射性引起呼吸道痉挛，容易患感冒，而且还会使脚底较发达的汗腺遇冷后突然闭合，发生排汗功能迟钝，时间久了因血管急剧收缩，将导致关节炎等疾病。

所以在此时，淋浴要特别注意脚的洗浴，孕妇在淋浴完毕，可用适度的温水对脚进行特殊的浸泡，时间为15分钟左右，如果有条件可用专用的按摩洗浴脚盆，进行合理的足浴。但洗澡或洗脚的水温不能太热，水温太热可能会导致胎儿的出生缺陷。因此孕妇在洗澡时，应把水温控制在35~37℃较为合适。

小·贴士

不管进行什么运动，强度都不宜太大。一旦运动过于剧烈，脉搏1分钟超过150次时，会呈现氧气不足的状态，剧烈运动后，呼吸急促，连话都说不出来，即会造成相反的效果，会抑制胎儿大脑的发育。

睡眠

妊娠6个月时，孕妇的子宫明显增大，右侧卧位睡眠时可使下腔静脉受压，而平卧位睡眠可使腹主动脉受压，这些都可阻碍下肢、盆腔以及肾脏的血液回流入心脏，导致心脏向全身各组织器官输出的血量减少。若是大脑供血减少，孕妇会感到头晕、心慌；若是子宫供血减少，则使胎盘长期灌注不足，胎儿缺氧及养料，从而导致胎儿宫内发育迟缓或胎儿畸形。另外，仰卧位睡眠还可压迫骨盆入口处的输尿管，影响尿液流入膀胱，致使尿量因此减少，不利于孕妇的代谢废物排出体外，还能够引起孕妇身体水肿。所以，孕妇适宜采取左侧卧位的睡眠姿势，这样可避免增大的子宫对大血管的压迫，有利于回心血量的增加，使孕妇全身获得充足的供血量，并缓解水肿的发生。

孕期疾病及用药

孕妇妊娠第6个月时，已经习惯了妊娠生活，肚子里的胎儿也安定下来，此时的孕妇要注意一些疾病的发生。首先，要预防便秘。妊娠中期，孕妇的子宫越来越大，压迫直肠，再加上孕妇的活动减少，所以很容易造成便秘。因此孕妇应该多吃含粗纤维的食物，如绿叶蔬菜、水果等；还应多饮水，每天至少喝6杯水，有浮肿的孕妇晚上少喝水，但白天要喝够量。其次，要预防尿路感染。孕妇妊娠期内分泌激素的改变，使输尿管轻度扩张，蠕动减弱，造成尿液滞留，从而成为细菌繁殖的"温床"，以后由于胎儿长大，子宫压迫骨盆输尿管，更进一步造成尿液的潴留，所以孕妇妊娠期易患尿路感染。孕妇多喝水是保证尿流畅通的有效方法。再次，孕妇因为钙质等成分被胎儿大量摄取，常会引起牙痛或患口腔炎，所以孕妇要注意口腔卫生。另外，此时期许多孕妇会出现脚或小腿浮肿现象，这是由于孕妇怀孕后体内对水分和盐类的代谢能力降低，水和钠潴留在身体内造成的，而增大的子宫使下肢血液回流不畅，也会引起浮肿，站立、蹲坐太久或腰带扎得过紧，浮肿则会加重。

丈夫需要做的事

从此时期开始，孕妇的肚子急剧增大，行动变得越来越不方便，所以此时的丈夫要更加关心体贴妻子，以消除妻子不安的心情。首先，要增加对妻子按摩的次数。由于妻子的肚子变大，即使没有什么异常，腰腿也很容易疲劳，如果疲劳就会间接对胎儿产生影响，因此这期间应适当增加对妻子的手腕、脚腕等部分的按摩次数，特别是为了让上半身和下半身的血液循环更加舒畅，按摩的次数更应增加。其次，要同妻子一起对乳房进行护理。为了给将来的宝宝提供一个好的哺乳条件，从此时开始，应该对乳房和乳头进行护理，虽然妻子自己也可以护理，但如果丈夫给予护理会更好。具体方法：丈夫把手洗干净，用温热的毛巾轻轻擦试妻子乳头的周围，然后用橄榄油或冷霜进行按摩。

另外，从这时开始，应该为将来的生产做准备了。此时的妻子活动还比较方便，所以趁这个时候要准备好生产用品并布置好宝宝的房间。与妻子逐一地准备宝宝的衣服及奶瓶等用品，当前需要的物品一定要购买，但没有必要一次购买所有的物品，有些物品在生产以后再购买也不晚。要为妻子的身体考虑，长时间走动对她的身体不好。在妻子身体还轻便的时候把宝宝的小房间布置得漂漂亮亮是件很有意义的事情。

警示

进入妊娠第6个月，孕妇的肚子越来越大，体形接近典型孕妇的体形，身体的重心前移，很容易产生疲劳的感觉，所以要注意充分休息，保证充足的睡眠，条件允许的话，中午应该睡1~2个小时的午觉。由于子宫增大，压迫血管，使血液回流不畅，所以此时的孕妇很容易产生下肢水肿，站立、蹲坐太久或腰带扎得过紧，浮肿就会加重，所以孕妇应该避免站立或蹲坐太久。此时的孕妇应该选择上腹部宽松的孕妇服装，衣料选用轻软、透气、吸湿性好的真丝、纯棉织品为佳，不宜用化纤类织品。不能让腹部长时间受到压迫，不能弯腰，注意对腹部的保护。鞋子的质地应该穿着舒适，不至于摔跤或滑倒。不要拿重物行走。避免急促的动作，特别是低血压的孕妇，下蹲时应慢慢地站起，身体的位置应慢慢变化。

要预防疾病的发生。注意口腔卫生，因为此时的胎儿生长迅速，孕妇体内的钙质等成分被胎儿大量摄取，所以孕妇易患牙痛或口腔炎。注意防止便秘，多吃含粗纤维的食物，如绿叶蔬菜、水果等，还应多饮水，每天至少喝6杯开水，有浮肿的孕妇晚上少喝水，白天要喝够量。妊娠期易患尿路感染，多喝水是保证尿流畅通的有效方法。

小·贴士

妊娠6个月的胎儿已具备了记忆、听力和学习的能力，是进行胎教的关键时期，因此保持愉快的心情是很重要的。孕妇的情绪要活跃，富于想象，通过对胎儿的想象活动，使自己产生甜蜜而温馨的母爱心态，加强母子情感沟通。

胎教内容

情绪胎教

怀孕的第6个月，胎儿已经基本稳定，孕妇也已经习惯了妊娠生活，而且没有了妊娠反应的影响，所以此时孕妇的心情不再像怀孕初期那样战战兢兢、容易波动了。虽然情绪稳定了，也不能忽视情绪胎教，别忘了，也要让肚子里的孩子拥有愉快的心情。要趁着身体还能灵活行动时，多多外出调节身心，跟胎儿一起度过愉快的生活。

丈夫应趁现在带着妻子做一次短期旅行，这也是一种很好的胎教。对胎儿来说，空气清新、宁静的地方

较理想。旅行不一定要离家很远，可以去离家较近的场所，如绿色草原、温泉等都很适合孕妇。妈妈愉快地呼吸新鲜空气，肚子里的宝宝也会感觉心旷神怡。如果能边进餐边和先生讨论肚子里的胎儿，不但可以充分享受野外用餐的乐趣，也能增进彼此的感情。

　　制定旅行计划时，必须考虑到胎儿是否也能愉快地参与，比如在旅行中，夫妻一起讨论胎儿的命名，也许这种经验会成为日后的美好回忆。行程不要安排得太紧凑，千万不要让孕妇和胎儿过度劳累。不要将旅行想象得过于盛大，回娘家、回婆家住几天，享受悠闲的生活，既对消除孕妇的疲倦有帮助，又可以从现在起，和即将成为爷爷奶奶和外公外婆多接触，培养三代人之间的感情。

音乐胎教

　　这个月的音乐胎教同第5个月时一样，通过听录音磁带或唱片中的轻音乐，让休闲生活充满优美的乐声，从而使孕妇精神愉悦，并将这种美好的心情传递给胎儿。

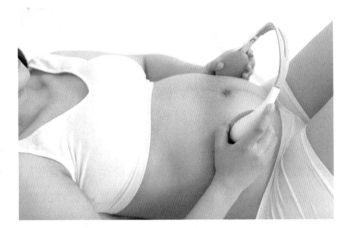

　　另外，母亲可以用柔和的声调哼唱轻松的歌曲，同时想象胎儿正在静听，从而达到母子心音的谐振。还可直接将胎教器放在孕妇的腹部，让胎儿亲自欣赏音乐。由于胎儿对父亲的声音比较敏感，所以父亲在胎教中的作用是很大的，父亲可以练习音符发音，例如"1234567"，"7654321"。反复轻声教唱若干遍，再让胎儿"学唱"。

对话胎教

　　怀孕的第6个月，胎儿的听觉器官已经发育得比较完善，对外界的声音刺激变得敏感了，并且已经有了记忆和学习的能力。因此，孕妇要时刻牢记胎儿的存在，而且经常与之谈话，这是一项十分重要的行为。这一时期主要采用同胎儿谈话的方式，以逐渐加强对胎儿的语言刺激，以语言来激发促进胎儿的智力发展。

谈话之前，先要给胎儿起个乳名，并经常呼唤，和他说话。这样做，一方面可以把父母的爱传递给胎儿，以利于母子感情交流的形成；另一方面，还可以使胎儿记住自己的名字，出生后呼唤他时，他会感到熟悉、亲切并有安全感。

谈话内容以丰富多彩，简单、轻松、明快为原则，可把生活中的一切活动和事物都讲给胎儿听，通过和胎儿一起感受、思考和行动，使母子间的纽带更牢固，并培养胎儿对母亲的信赖感及对外界的感受力和思考力。

可以告诉胎儿一天的生活，从早晨醒来到晚上睡觉前，母亲或家庭成员做了什么，想了什么，有什么感想，说了些什么话，这些都要讲给胎儿听，这是母子共同体验生活节奏的一种方法。如早晨起来，先对胎儿说一声："早上好！"告诉他新的一天已经开始了；打开窗户告诉胎儿："早上空气真新鲜！""啊！太阳升起来了，阳光洒满大地。""今天是一个晴朗的好天气！"关于天气，可教的有很多，如阴天、下雨、飘雪花等，风力的大小，温度的高低等，都可以作为话题。在洗脸间也有很多可以同胎儿说的话，如天天要洗脸，饭后要刷牙，便后要洗手，衣服要经常换，爸爸为何要刮胡子，妈妈为什么爱梳妆，肥皂为何起泡泡，吹风机为什么能把头发吹干等，这些都是很好的内容。

还可以告诉胎儿，今天穿的衣服是什么样式的，什么颜色的，什么布料的。接着把镜子里的自己视觉化，将信息传递给腹中的胎儿，如"今天很冷，穿风衣吧。""应邀赴会，还是穿套服的好。""这件上衣，还是配蓝色的领带合适。"等。吃饭时，先深深地吸口气，问胎儿："闻到了吗？饭菜真香啊！"还可以告诉胎儿各种蔬菜的名称、味道、营养和制作方法，要胎儿出生后喜欢吃各种蔬菜。

此外，母亲可在散步时把眼前的景色生动地讲给胎儿听："瞧，公园真美丽，青青的草，红红的花，鱼儿在池塘里游来游去。"母亲还可以利用诸如打扫房间、洗衣服、做饭、买东西、上银行、去医院，或者织毛衣、看电视、洗澡等活动同胎儿谈话。

父亲对胎儿的讲话也是很重要的，父亲的声音更易被胎儿所接受，通过与胎儿讲话，可以培养父子感情。并且，父亲对胎儿进行胎教，还可增进夫妻感情。父亲与胎儿讲话时，母亲应仰卧或端坐在椅子上，父亲把头俯在母亲的腹部，嘴巴离腹壁不能太近也不能太远，一般以3~5厘米为宜。父亲同胎儿讲话的时间，一般选在晚上睡觉前为好，每次讲话时间以5~10分钟为宜。父亲同胎儿讲话的内容，可以由父亲先编写好，应该以希望、祝福、要求、关心的话为内容，语句应该简练，语调要温和，内容健康，更应切合实际。如就寝前，可以由父亲通过孕妇的腹部轻轻地抚摸其中的胎儿，同时与胎儿谈话："爸爸来啦，起来活动吧，对啦，小手伸出来，小脚又在哪里呢？让爸爸摸一摸，啊，会蹬了，再来一个……再见！"

意念胎教

母亲与胎儿心灵相通，孕妇的想象是构成胎教的重要因素，可转化、渗透在胎儿的身心感受之中。同时，母亲在形象中，会使情绪达到最佳状态，从而使体内具有美容作用的激素增多，使胎儿面部器官的结构组合及皮肤的发育良好，从而塑造出自己理想中的胎儿。在我们日常生活中看到许多相貌平平的父母却能生出非常漂亮的孩子，这与怀孕时母亲经常强化孩子的形象是有关系的。因此，母亲在怀孕期间要经常设想孩子的形象，那么出生后的宝宝一定会与孕妇所想象的孩子有某些相似之处。

运动胎教

妊娠的第6个月，可以在孕妇腹部明显地触摸到胎儿的头、背和肢体，从此时开始就可以对胎儿进行抚摩胎教了。抚摩胎教是促进胎儿智力发育、加深父母与胎儿之间情感联系的有效方法。起床后和睡觉前是进行抚摩胎教的良好时机，应避免在饱食后进行。一般每天可进行3次，每次约5分钟。

具体的方法是：孕妇排空小便，平卧床上，下肢膝关节向腹部弯曲，双足平放于床上，全身放松。此时孕妇腹部柔软，利于触摸。

抚摩可由妈妈进行，也可由爸爸进行，也可轮流进行。先用手在腹部轻轻抚摩片刻，再用手指在胎儿的体部轻压一下，可交替进行。有的胎儿在刚开始进行抚摩或按压时就会作出反应。随着孕周的增加，胎儿的反应会越来越明显，当胎儿习惯指压后，他会主动迎上来。怀孕28周以后，轻轻的触摸配合轻轻的指压可区别出胎儿圆而硬的头部、平坦的背部、圆而软的臀部以及不规则且经常移动的四肢。当轻拍胎儿背部时胎儿有时会翻身，手足转动，此时可以用手轻轻抚摩以安抚之。在用手触摸胎儿的时候，别忘了还要轻轻地、充满柔情地对胎儿说话，让胎儿更强烈地感受到父母的爱意。父母也可以在触摸胎儿的时候谈谈心，交流交流感情，憧憬一下宝宝出生后美好的生活，营造出温馨、亲密的气氛，这样有利于加深一家三口间的感情。

做完抚摩后，可用双手轻轻推动胎儿在宫内"散步"，即每晚让孕妇平卧床上，放松腹部，使胎儿在"子宫内散步"、做"宫内体操"。这样反复的锻炼，可以使胎儿建立起有效的条件反射，并台邑增强肢体肌肉的力量。经过锻炼的胎儿出生后肢体的肌肉强健，抬头、翻身、坐、爬、行走等动作都比较早。训练时，手法要轻柔，要循序渐进，不可急于求成，即使在怀孕7~8个月的训练高峰期，每次也不能超过5分钟，否则只能是拔苗助长，适得其反。一旦胎儿出现踢蹬不安时，应立即停止刺激，并轻轻抚摩，以免发生意外。在进行动作胎教过程中，精力一定要集中，心里应有幸福喜悦的感受。此法对妊娠3个月以内和临近产期或有早期宫缩者，都不宜进行。

第七章

七月胎教

◎ 孕妇的表现

◎ 胎儿的倩影

◎ 日常生活计划

◎ 胎教内容

微信扫码

跟着专家学干货
让你成功接"好孕"

妊娠进入第7个月时，孕妇的肚子明显增大，完全呈现出孕妇的体态。此时胎儿的大脑已经能够通过母亲的刺激，感受外界发生的变化了，对声音的分辨力也有所提高。

此时期由于受增大的子宫的压迫，很多孕妇容易出现便秘、下肢水肿、静脉曲张等症状，因此孕妇应注意预防这些症状的发生。虽然孕妇体态变得笨重，但此时的运动仍然是必不可少的，适合此时期孕妇的运动主要是孕妇操。此时的孕妇很容易疲劳，所以保证充足的睡眠对孕妇来说是非常重要的。此时期的产前检查也是很重要的，主要检查胎儿的胎位，如果胎位不正，则需要马上进行纠正。

小·贴士

为了使胎儿更好地发育，孕妇在这段时间里要使自己情绪保持最佳状态，各种胎教方法可以轮流使用，如情绪胎教、音乐胎教、对话胎教、故事胎教、听觉胎教、意念胎教、环境胎教、运动胎教等。

◾▏孕妇的表现

怀孕的第7个月，孕妇子宫底的高度上升到肚脐之上，达到耻骨上21~24厘米。孕妇腹部向前挺得更为明显，身体的重心移到腹部下方，完全呈现出孕妇的体态。日渐增大的胎儿使孕妇的肚子有了明显的沉重感，身体动作显得笨拙、迟缓，只要身体稍微失去平衡，就会感到腰酸背痛，有时这种疼痛会放射到下肢，引起一侧或双侧腿部疼痛。增大的子宫可压迫下半身的静脉和骨盆底部，因此会出现静脉曲张、痔疮、便秘等症状。而且心脏负担也逐渐加重，血压开始升高，心脏跳动次数由原来每分钟65~70次增加至每分钟80次以上，所以血液流量增加，但增加的部分主要是血浆，这样红细胞在血液中就相对减少了，因此孕妇易出现相

子宫底高度21~24cm

对性贫血。

此时孕妇对色彩的反应非常敏感。鲜艳的红色可使其血压迅速升高,脉搏明显加快,产生兴奋、激动等心理反应,而且胎动明显增加。如猛然看到大面积黑色,孕妇的瞳孔则会自然散大,胎动强烈,随之出现心慌、气短、出虚汗等现象。

在怀孕的第7个月,由于增大的子宫压迫静脉,孕妇很容易出现肢体水肿,尤其是长期站立之后更加明显,这种情况多属正常,不需处理,产后自然会消失。但如果孕妇在下肢甚至全身浮肿时伴有心悸气短、血压增高、四肢无力、尿量减少等症状,则为病态,此时就需要到医院就诊。

对待水肿可通过饮食来调理。因有一部分水肿是由于机体对水分和盐类的代谢能力降低,致使体内水、钠过多而造成的,所以孕妇一定要控制水和钠的摄入量,尽量少饮水,少吃盐,重者可吃无盐食物。

胎儿的倩影

怀孕的第7个月,胎儿身长已达36厘米,体重达900~1300克。此时胎儿眼睑的分界已经出现,眼睛能睁开。有了明显的头发,皮肤逐渐变得平滑起来,但皮下脂肪仍然较少,胎儿的满面皱纹就像一位沧桑的老头。脑组织开始出现皱缩样,大脑皮层已很发达,虽然还是生活在黑暗的子宫内,但大脑已经能通过妈妈的生活感知昼夜的变化。能分辨妈妈的声音,同时对外界的声音也能表现出喜欢或厌恶的反应,内耳与大脑发生联系的神经通路已接通,对声音的分辨能力更有所提高。感觉光线的视网膜虽然还没有完全发育好,但已经形成。有了浅浅的呼吸和很微弱的吸吮力,但此时如发生流产,较难存活下来,这是因为胎儿的肺和气管还没有完全发育成熟。

这时胎儿的内部器官已经运转有力了,除了心脏以外,肝脏和肾脏也继续发育成熟,骨骼关节以及肌肉都不断生长发育。如果是男孩,阴囊明显,睾丸已经开始由腹部向阴囊下降了,并且下降至阴囊里。若是女孩,她的小阴唇、阴蒂已清楚地突起。包裹胎宝宝的胎膜内的羊水量，与胎宝宝的身体体积相比，已经达到妊娠最高峰，胎宝宝能够自如地"游泳"，所以活动变得更加频繁。

日常生活计划

营养

提倡食物的多样化，多吃动物性食品、豆类食品和水果，选用富含维生素B、C、E的食物，维生素B可以促进消化，增加食欲，维生素C可以提高机体抵抗力，改善新陈代谢，有解毒、利尿的作用，维生素E能防止早产。少吃或不吃不易消化的、油炸的、易胀气的食物，如白薯、洋葱、土豆等。忌吸烟饮酒等。

运动

此时孕妇的肚子越来越大，行动越来越不方便，但不能因为这样就不再活动了，运动可以为胎儿提供充足的氧气，为胎儿的健康发育提供良好的环境，运动还可以帮助孕妇将来顺利分娩。此时期适合孕妇的运动项目是一些简单、轻松的运动，如散步和做孕妇操等。

前面已经多次提到散步是适合孕期全过程的一项运动项目，而且适合所有的孕妇，所以此时期的孕妇还应该进行散步，在散步的同时可以和胎儿说话，对胎儿进行胎教。

适合此期孕妇的运动还有孕妇操，这里介绍一套适合妊娠晚期做的孕妇操，通过锻炼可以防止由于体重增加和重心变化引起的腰腿疼痛，能够松弛腰部和骨盆的肌肉，为将来分娩时胎儿能顺利通过产道做好准备。

1. 伸展运动。站立后，缓慢蹲下，动作不宜过快，蹲的幅度应根据孕妇所能及的程度。双腿盘坐，上肢交替上举下落，上肢及腰部向左右侧伸展。双腿平伸，左腿向左侧方伸直，用左手触摸左腿，尽量能伸得更远一些，然后，右腿向右侧方伸直，用右手触摸右腿。坐直，小腿向腹内同时收拢，双手分别扶在左右膝盖上，然后小腿同时向外伸直。

2．四肢运动。站立，双臂向两侧平伸，肢体与肩平，用整个肢体前后摇晃划圈，大小幅度交替进行。站立，用一只腿支撑全身，另一只腿尽量抬起（注意：手最好能扶住支撑物，以免跌倒），然后换另一只腿进行，可反复几次。

3．骨盆运动。平卧在床上，屈膝、抬起臀部，尽量抬高一些，然后徐徐下落。

4．腹肌运动。半仰卧起坐，平卧屈膝，从平仰到半坐，不完全坐起，这节运动最好根据孕妇的体力情况而定。

5．盆底肌练习。收缩肛门、阴道，再放松。

上述各节运动应该重复进行，每次以5~10分钟为宜。运动量、频度、幅度要根据自己的实际情况自行掌握。

淋浴

妊娠的中后期，孕妇由于体内激素的影响，导致汗腺分泌旺盛，容易造成孕妇多汗，所以孕妇应该经常洗澡以保持身体的清洁。洗澡时应该洗淋浴，以减少盆浴的感染机会。水温要合适，一般保持在35℃左右，水温过高对胎儿不利，水温过低可导致孕妇感冒。另外，此时的孕妇活动很不方便，一定要注意避免滑倒，所以洗澡时丈夫最好在旁边帮忙。

此外，由于激素的影响，阴道的分泌物也会增多，使外阴部经常处于潮湿状态，对皮肤有一定的刺激，而且也会给细菌的孳生创造良好的条件，所以应该经常用温水清洗，保持外阴部的清洁干燥，最好穿棉质、透气好的内裤。

睡眠

孕妇的肚子越大，越不容易入睡，尤其是第一次怀胎，每当要躺下休息时，肚子里的宝宝也会跟着改变姿势或活动增加，影响孕妇的睡眠。还有的孕妇由于担心即将到来的分娩或宝宝将来的养育问题也不容易入睡。

保证充足的睡眠对孕妇来说是非常重要的，睡眠中母体的脑下垂体会不断产生促进胎儿生长的荷尔蒙，这种激素是胎儿生长时不可或缺的激素。睡眠不但可以消除孕妇身心的倦怠感，而且能积存第二天活动的精力，这些都是因为脑下垂体激素的作用。妊娠中的孕妇必须有比平常更充裕的睡眠，就是为了使脑下垂体可以分泌更多的生长激素。采取合适的睡眠姿势是很重要的，由于仰卧位和右侧卧位都可造成下腔静脉受压，使心脏的回流血量减少，对孕妇本身和胎儿的生长发育都不利，所以孕妇最好采用左侧卧位的姿势，可以减轻上述的症状。

孕期疾病及用药

孕期的后半期，由于子宫增大，压迫直肠，造成肠蠕动及肠张力减弱，再加上此时孕妇的运动量减少，易造成便秘。而且子宫的压迫还会使腹压增加，会阴、肛门静脉回流受阻，引起痔疮。所以此时的孕妇最好养成每天定时排便的习惯，吃一些含高纤维的蔬菜和水果，每日食用一勺蜂蜜也是有效预防便秘的方法，同时还要进行适当的运动。

由于身体血液循环的改变及体内水分的滞留，妊娠后期孕妇的下肢多发生水肿，经休息可以消退，这是妊娠过程中的正常现象，不需要进行处理，只需在平时的饮食中注意限制盐和水的摄入就可以预防。但如果水肿加重，应该立即去医院就诊。

此时由于增大的子宫将横膈向上顶，以致膈肌活动幅度减少，胸腔变窄，从而发生代偿性呼吸急促，在胎儿先露部未下降之前，这种情况不会减轻。如在闷热季节或空气不流通的地方呆的时间太久会有呼吸困难与憋气的感觉。所以孕妇应该多到外面呼吸新鲜空气，避免到拥挤的公共场所。仰卧时如感到不舒服，可抬高枕头，采取半卧位或侧卧姿势。有心肺疾患者如出现气喘要警惕病情变化。

增大的子宫可压迫下腔静脉，导致下肢静脉回流不畅，引起静脉曲张，主要表现为下肢及会阴部"青筋"隆起和疼痛。此时应该保证充足的休息，避免干重活，睡觉时将下肢抬高。

由于受阴道局部充血和激素的影响，阴道分泌物会增加，这也是妊娠期的正常反应，不需进行特殊治疗，只要保持局部清洁干燥，穿棉质内裤，勤换洗就可以了。但有时由于患有宫颈炎或阴道炎，白带也可增多，外阴灼热瘙痒，须请医生治疗。

警示

怀孕7个月以后，孕妇的身体变得越来越笨重，这时一定要防止早产的发生。平时要注意避免过度激烈的运动，上下楼梯次数要尽量减少，拿重东西、向高处伸手、突然站起等动作都应避免。腿抽筋和静脉曲张的人，不要长时间站立，下半身不要系带子，为了防止曲张的静脉破裂出血，可以在静脉曲张处用短袜或紧身衣加以保护，睡觉时把脚稍微垫高一些有助于静脉血的回流。为了防止便秘，应该每天早晨喝牛奶和水，多吃水果及多纤维的食物。乳房保健、产前检查都是应该切实注意的事项。

此时期的产前检查是很重要的，主要检查胎位，如果胎位不正，必须从这时开始矫正，以利于将来分娩的顺利。胎位是指胎儿在子宫里的位置，胎位在妊娠期就已确定，正常的胎位是枕前位，占所有胎位的90%以上，胎儿的位置为屈膝倒坐，头部在下，臀部在上，胎头俯屈，下颏紧贴胸部，背在前，后枕骨最低。胎位是否正常影响着分娩顺利与否，并决定所采取的分娩方式。造成胎位不正的主要原因有骨盆狭小，胎头入不了骨盆，子宫形状异常，腹壁太松或羊水过多，胎儿在子宫里不受约束等。

在不正常的胎位中，横位的危险最大，胎体横在子宫里，胎头在孕妇一侧，可能危及孕妇和胎儿的生命，临产时必须及时做剖腹产手术。其次是臀位，即胎儿头部在上，臀部在下，占所有分娩胎位的3%~4%，臀位可能会使胎儿闷死在子宫内。再者，头部在下，胎头后仰的额位一般也必须做剖腹产手术；而枕后位是头部在下，胎头俯屈，后枕骨和胎背在后，有时可能会自然转正或可在产钳协助下分娩。由于胎位不正会给胎儿或孕妇带来很大的危害，所以在妊娠第7个月时要进行胎位的检查，及时发现异常胎位，及时纠正。不正常的胎位中，臀位和横位一般在产前检查时能够诊断出来，而枕后位、额位和面位往往要等分娩发动、宫口开大以后才能发现。如果在产前检查中发现臀位和横位，就要采取纠正措施，以期分娩前能转为枕前位。

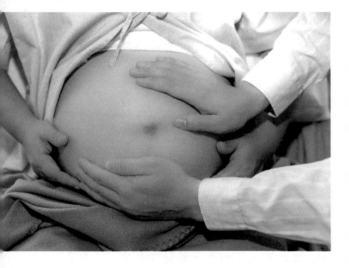

妊娠六七个月时，臀位比较多见，故孕妇不必惊慌，也可以不加纠正，胎位会自然转正，但如果之后仍为臀位，则就要采取措施。首先要查清发生臀位的原因，由医生检查是否存在子宫畸形或胎儿畸形、骨盆是否狭小、是否有肿物阻塞产道等，可根据原因进行胎位的纠正。如做胸膝卧式体操，目的是改变胎儿重心，使其便于转成正常胎位。做体操时应在医生指导下，在硬板床上，放松裤带，跪在床上，大腿要垂直，胸部要贴近床面，每日早晨起床和晚上临睡前各做一次，每次10分钟，连做7天。也可由医生通过手法矫正，由医生将腹部子宫底处摸到的胎头，朝胎儿俯卧的方向回转，将胎头推下去，臀部推上来。如果经过上述处理，胎位仍是臀位，则须进一步查找原因。臀位较头位容易发生胎膜早破，所以，孕妇应提前入院，及早决定分娩方式。如果产前检查发现是横位，医生就会将孕妇腹部摸到的胎头推向下方，如果临产时仍是横位，就要做剖腹产。

胎教内容

情绪胎教

母亲的情绪在胎教中占有非常重要的地位，有人说过妈妈良好的情绪是胎教的最高境界，可见情绪胎教的重要性。胎教的最大障碍是母亲持有杂乱、不安、恍惚的心情，因为胎儿可以感受到母亲的这种情绪，从而影响胎儿的接受能力。这里介绍一种呼吸法，这种呼吸法在胎教训练开始之前进行，对稳定情绪和集中注意力是行之有效的，能进一步提高胎教效果。

身体要自然，采取舒适的姿势，坐躺自便；腰背要舒展，全身放松，微闭双目；用4~6秒的时间缓慢地吸气，让自己有一种将气体储存在腹中的感觉；用比吸气时多1倍的时间，也即用8~12秒的时间呼气，直到能无意识地深呼吸为止。不仅在胎教前，而且要在每天早上起床时、中午休息前、晚上临睡时，都应各进行一次这样的呼吸。那么，妊娠期间动辄焦躁的精神状态就可以得到改善。

音乐胎教

怀孕的第7个月是胎儿听觉功能发育基本完成的时期，此时的胎儿可以听到各种各样的声音，所以此时最好给胎儿传达多种声音，除欣赏音乐外，可让胎儿经常听鸟鸣、水声、风声等自然的声音。

进行音乐胎教时，首先要保持平和的心态，采用舒服的姿势，如斜靠着或坐在安乐椅上。其次，要安排好胎教的时间，最好每天2次，每次10~20分钟。此外，要根据不同的情况选取不同的音乐，做家务事时可听轻快的米努哀小步舞曲；独自一个人冥想时最好听弥撒曲或米赛亚等宗教歌曲；整理一天的工作或写日记时听小夜曲类的音乐；忧郁时，与其立即听高兴的音乐，不如开始先听一会儿单调而悲伤的音乐，然后再听高兴的音乐；稍微有点不安时，听旋律一定的弦乐器演奏的音乐，能使情绪镇定；不要只听古典音乐，也可听自己喜欢的流行歌曲或歌谣、爵士等来转换心情。

另外，觉得好听的音乐要反复听，这样可以给胎儿加深印象，促进胎儿记忆力的发育；在听音乐的同时，还可以做腹式呼吸，这样的胎教会收到双倍的效果。

对话胎教

到了怀孕的第7个月，胎儿对声音感应的神经系统已经接近完成阶段，这时胎儿越来越大，几乎要碰到子宫壁，由于母亲腹壁变薄，所以胎儿可以听到外界的各种声音。此时的对话胎教不仅是同胎儿讲话，还要在此基础上给胎儿讲故事，教胎儿学习语言和文字。

母亲可以利用幼儿识字教材，每天教胎儿识几个文字（包括数字）；或者制作一些写着文字、数字的卡片，利用卡片教胎儿识文字或识数字。首先从汉语拼音ɑ、o、e开始，每天教2~3个，教文字或数字时，一面准确地发音，一面用手指写它的笔画。这样通过母亲的声音和手的动作将一个个文字或数字的信息传递给胎儿，从而使胎儿用脑去理解并记住它。汉字拼音韵母教完后，可以接着教声母和简单的汉字，如"大""小""山""水"等。父母如果想从胎儿时期就发掘孩子的外语天赋，也可以教胎儿26个英语字母，教英语字母时，要先教大写，再教小写，然后教简单的单词。教胎儿认识文字、数字时，精力要集中，要全神贯注，要投入最真挚的感情并充满耐心，切忌急躁和敷衍了事，每天要定时进行，不断重复，反复强化。

故事胎教

通过讲故事，可以将画册中的每一页所展示的幻想世界，用富于想象力的大脑放大并传递给胎儿，从而促进胎儿的心灵健康成长，有助于培养孩子的想象力、创造力以及进取精神。讲故事时，母亲应取一个自己感到舒服的姿势，精力要集中，吐字要清楚，声音要和缓，既要避免高声尖气地喊叫，又要防止平淡无味地照书念，应以极大的兴趣绘声绘色地讲述故事的内容。母亲一定要注意把感情倾注于故事的情节中，通过语气声调的变化，将喜怒哀乐传递给胎儿，使胎儿受到感染，单调和毫无生气的声音是不能唤起胎儿的感受性的。

故事的内容宜短小、轻快、和谐，最好选择那些色彩丰富、富于幻想的故事。可以选择提倡勇敢、理想、幸福、友爱、聪明智慧等的故事，那些容易引起恐惧、伤感以及使人感到压抑的故事，如《灰姑娘》《白雪公主》等，就不适宜讲给胎儿听。除利用幼儿读物进行讲述外，也可以由父母自编故事内容。此外，母亲还可以给胎儿朗读一些轻快活泼的儿歌、诗歌、散文以及顺口溜等。下面介绍几则小故事和儿歌，供准妈妈们参考。

小故事范例一：

《星孩子》

天上住着很多很多星孩子。每天傍晚，他们都到银河去洗澡。这银河水洁白洁白的，就像牛奶一样，星孩子们跳进去一洗，身上就会发出光来，亮闪闪的，好看极了。

这天傍晚，星孩子们又到银河来洗澡。可他们走近一看，怎么？银河变成黑乎乎的了！原来，一大片乌云把银河给盖住了。

"咦，咱们洗不成澡了！这么大块的乌云怎么搬得掉呢？"一个星孩子失望地摇摇头，走了。

其他的星孩子也说："对，还是回去吧，月亮姐姐马上要给大家讲故事了，迟了就听不成啦！"接着，他们也都走了。

只有一个小星孩子，没有跟大家一起回去，他站在岸边，想把乌云拖上岸来。可是，乌云很大很大，有操场那么大，小星孩子怎么拖得动它呢？

有办法了！小星孩子掏出小刀，一块一块把乌云割下来，割了好大一会儿，终于割掉了一大块乌云，露出一片河水来。现在，小星孩子可以跳到水里去洗澡了，一洗，他的身上就变得亮闪闪了！

小星孩子累了，想回去听月亮姐姐讲故事，可他又想：不行，这么一小块地方，只够我一个人洗，我应当把乌云全部搬掉，让大伙儿都能洗澡。于是，他又干了起来，干了整整一夜，终于把乌云全部搬走了。

第二天，天上的星星，又发出了闪闪的亮光，因为星孩子们又都在银河里洗澡了。

小故事范例二：

《企鹅爸爸爱孩子》

南极洲，是一片白茫茫的冰雪世界。那里，有一群矮矮胖胖的企鹅，不管风吹雪打，它们一动也不动地站着。

一天过去了，又一天过去了，它们还是那样站着，不吃一条鱼，不喝一口水。狂风呼呼地吹，它们不怕；肚子咕噜咕噜地叫，它们忍着。它们站在那里干什么呢？

告诉你吧，它们都是企鹅爸爸，在它们厚厚的肥肥的肚子底下，双脚捧着一只蛋，它们要用自己温暖的身体孵出可爱的企鹅宝宝。

宝宝可能要问：企鹅妈妈到哪儿去啦？

企鹅妈妈生下蛋，就到海里去找鱼吃了，吃饱了，来接企鹅爸爸的班。这不，你瞧，企鹅妈妈摇摇晃晃地回来了，嘴里流出像奶汁一样的东西，喂着刚出生的宝宝。企鹅爸爸这才拖着皮包骨头的身体，跌跌撞撞地跑向大海，去找吃的东西。它实在太饿了。

所以说，世上不只是妈妈好，爸爸也好，你说是吗？

听觉胎教

到怀孕的第7个月，胎儿的听力已经发育完成，还能分辨出各种声音，并在母体内作出相应的反应。有人曾做过这样一个实验：在妊娠中期让孕妇给胎儿经常朗读《戴帽子的猫》，当胎儿出生后进行吸吮试验时，先准备两篇韵律完全不同的儿童读物，一篇是婴儿在母亲体内听到过的《戴帽子的猫》，另一篇是婴儿从未听到过的《国王、小耗子与奶酪》，婴儿通过不同的吸吮方法才能听到这两篇不同的儿童读物，结果发生了让人非常吃惊的事情：这些婴儿完全选择了他们出生之前听过的《戴帽子的猫》。通过这个实验可以得出结论，胎儿在未出生前是有听力的，并且能够记住那些经常听到的声音。

根据这个原理，一个叫布莱德·格尔曼的年轻人发明了一种被称为"胎儿电话机"的胎教工具。这种电话机有点像收录机，它可以将录下的声音通过母亲的腹壁传递给胎儿，并可以随时记录胎儿在子宫内对外界各种声音刺激的反应，把这些微弱的子宫内声音再放大，就可以了解胎儿对声音的反应。每天不间断地将这种电话机放在孕妇腹部子宫的位置上，父亲经常通过话筒直接与胎儿讲话或唱歌，逐渐地，当胎儿喜欢听某种声音时他会表现得安静而且胎头会逐渐移向妈妈腹壁；听到不喜欢的声音时头会马上离开，并且用脚踢妈妈的腹壁，表示他不高兴。因此通过"胎儿电话机"可以使父亲和胎儿之间的关系同母亲和胎儿的关系一样密切。经过训练可以了解胎儿喜欢听什么声音和不喜欢听什么声音，在胎教中就可以选择适当的声音对胎儿进行胎教了。当孩子出生后，一听到熟悉的声音，就会掉转头来寻找声音的来源，从而既可促进胎儿大脑的发育，又可增进父子之间的感情。另外，通过听力训练，还可以对患有先天性耳聋的胎儿作出初步的诊断，有利于优生优育。

环境胎教

优美的环境不仅可以使孕妇心情舒畅、身心放松，而且还能够陶冶孕妇的情操，从而促进胎儿的生长发育。

首先，要为孕妇布置一个良好的居室环境，最基本的要求是居室整洁雅致，夫妻关系和睦。可以在居室的墙壁上悬挂一些活泼可爱的婴幼儿画片或照片，他们可爱的形象会使孕妇产生许多美好的遐想，形成良好的心理状态。另外，悬挂一些景象壮观的油画也是有益的，它不仅能增加居室的自然色彩，而且能使人的视野开阔，试想，茂密的森林、淙淙的流水、蓝天高穹、海浪、沙滩，多么令人神往，即使紧张劳累了一天，孕妇也可以在这优美的环境里得到很好的休息。除此之外，还可以在居室悬挂一些隽永的书法作品，时时欣赏，以陶冶性情。书法作品的内容应该是令人深思的名句，这样不仅能欣赏字体的美，更能感到有一种使人健康向上、给人以鼓舞和力量的作用在时时激励自己。居室还要进行绿化装饰，而且应以轻松、温柔的格调为主，无论盆花、插花装饰，均以小型为佳，不宜用大红大紫，花香也不宜太浓。孕妇处在被花朵装饰得温柔雅致的房屋里，一定会有舒适轻松的感觉，这有利于消除孕妇的疲劳，增添情趣。在这优美的环境里，孕妇可以培养自己更广泛的兴趣，如自己种一些花草，喂养一些漂亮的小鱼等，这些都能够陶冶孕妇的情操。

其次，孕妇还要经常到空气清新、风景秀丽的地方游览，多听听悦耳动听的音乐，多看看美丽的图画和花草，以调节情趣，这样可使孕妇心情舒畅，体内各系统功能处于最佳状态，使胎儿处于最佳的生长环境。

意念胎教

为了迎接小生命的降临，这个阶段的孕妇应该有所行动了。除了到商店购买一些婴儿用品外，还可以利用每天的空闲时间为宝宝缝制小鞋、小袜子、小衣服、小帽子，一边一针针缝入母亲的爱心，一边温柔地和胎儿说话，这种心情是到婴儿用品店购物所体会不到的，它能表现出母亲的爱心。相信胎儿在母亲肚子里，听着妈妈慈爱的声音，希望自己赶快出生，可以早点穿上妈妈为自己缝制的衣服。如果这时丈夫也能陪在妻子身旁，夫妻一起为将来的生活制定计划，谈论有关孩子的话题，可使胎儿感受到父母的关爱，更加有利于胎儿的健康发育。

运动胎教

此时期应该继续对胎儿进行抚摩胎教并让胎儿在子宫里"散步"。除此以外，由于此时的胎儿已经很大，子宫内的空间对胎儿来说稍显拥挤。所以这时候孕妇最好采用腹式呼吸法，这种方法可以给胎儿提供充足的新鲜空气，并且能够刺激母体分泌微量的激素，保持心情愉快。孕妇的这种愉快心情也会影响胎儿，使胎儿的心脏感觉非常舒服。另外，学会腹式呼吸法后，对生产或阵痛的放松也很有益。

腹式呼吸法在任何地方均可进行。正确姿势为背部挺直紧贴在椅背上，膝盖立起，全身放松，双手轻放在腹上，想象胎儿目前正居住在一个宽广的空间；然后用鼻子吸气，直到腹部鼓起为止，吐气时微微把嘴张开，慢慢地用力将体内的空气全部吐出，吐气时要比吸气时更为缓慢且用力。当孕妇感觉疲倦时，可以坐在椅子上，挺直背脊做深呼吸，这样就可以恢复平静。腹式呼吸法每天做3次以上，要持之以恒，早上起床前、中午休息时间、晚上睡觉前各做一次，尽量放松全身，并轻轻告诉胎儿："妈妈现在就把新鲜空气传送给你！"以这种平静的心情练习，可达事半功倍的效果。

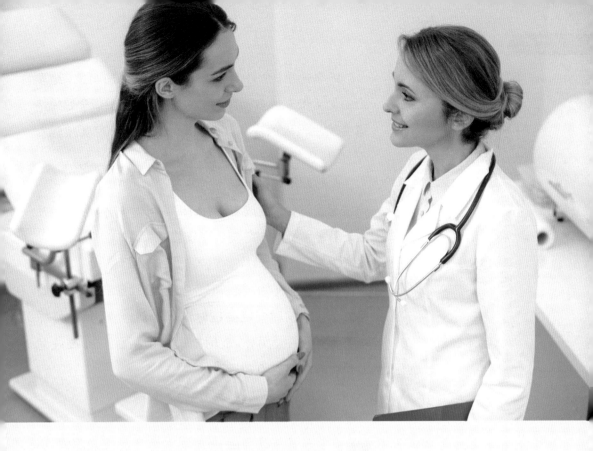

第八章

八月胎教

◎ 孕妇的表现

◎ 胎儿的倩影

◎ 日常生活计划

◎ 胎教内容

"好孕" 干货
尽在码中

科学备孕有指导，
胎教干货跟着学。

怀孕的第8个月，孕妇的腹部突出更加明显，给孕妇的生活带来很多不便，再加上要面临分娩，孕妇的情绪会发生很大的变化，所以此时的孕妇一定要减轻心理负担，保持良好的心态面对分娩。

此时期孕妇的也要特别注意饮食，如果吃得太多，很容易发胖，会造成难产；如果吃得太少，又会使胎儿缺乏营养。所以一定要合理安排饮食，以量少、丰富、多样为主。

从这个月开始，就应该为分娩做准备了，以免到时手忙脚乱。同时一定要按时进行产前检查，预防妊娠中毒症的发生。另外，此时期最容易发生早产，要注意避免引起早产的因素。

孕妇的表现

怀孕的第8个月，子宫底的高度已经上升到25~27厘米，孕妇的腹部向前突出得更加明显，不管是站立还是走路，孕妇不得不挺胸昂头，身体越来越笨重，经常会给孕妇带来诸多不便，稍微多走点路，孕妇就会感到腰痛和足跟痛。

由于子宫的增大，压迫胃、肠及膀胱，孕妇会感到胃口不好，有烧心感，经常出现便秘、尿频等症状。增大的子宫顶压膈肌，使胸腔变小，孕妇会觉得胸口上不来气，甚至需要用肩来协助呼吸。夜里偶尔还会因增大的子宫挤住了腹部的大血管而突然神志昏迷。

因激素的影响，有的孕妇面部会出现黄褐斑或雀斑，或在嘴、耳朵、额头周围出现斑点。乳房高高隆起，乳房、腹部以及大腿皮肤上的一条条淡红色花纹增多。由于激素的作用，孕妇乳头周围、下腹、外阴部的颜色日渐加深，脸和腿常发生水肿。

■ 胎儿的倩影

这时的胎儿身长已达到40~44厘米，体重增加至1400~2100克。此时期，胎儿的指甲已长到指尖，皮肤淡红，并变得光滑起来，皮下脂肪渐渐增多，但皮肤的皱褶仍然很多，看起来仍似一位满脸沧桑的老人。大脑、肺、肾、胃等一些重要器官已发育完成，但各项功能都还较差。

这个阶段，胎儿的各种感觉也渐趋发育完善。听觉是胎儿最早成熟的感觉，这时的胎儿可以通过腹壁听到各种声音，能分辨高低音，并且有反应。从超声波的画面上可以看出，当父母在交谈时，胎儿的行动会有明显的变化，因此判断胎儿可以听见声音。

据研究，母亲的声音比父亲的声音更容易传达给胎儿，但胎儿似乎更喜欢父亲的声音。肚子里的胎儿已经具有视觉，从肚子外面照射强光，胎儿有想逃避的反应（因为视网膜神经尚未发育成熟，所以只能感觉光线的强弱），这种强烈反应，显示胎儿已有视觉基础，但此时的胎儿还看不到东西。至于味觉和嗅觉已经发展到什么程度，就不得而知了。可是第一次给新生儿喂奶时，他会自动地把嘴转向奶的方向，由此可知道胎儿在母亲腹中即已具有某种程度的嗅觉。至于味觉部分，如果将柠檬汁或砂糖沾在胎儿舌上，胎儿会立刻产生反应（感觉味道的味蕾，在妊娠第3个月就已经完成），从这点可以知道，胎儿此时的味觉已经相当发达了。从8个月的早产胎儿身上可以发现，在相当于上唇和鼻翼的部位，对外力已经有反应，这说明皮肤在相当早的时候就已经开始发挥作用了。既然知道胎儿这些感觉已经非常发达，母亲就要努力给腹中胎儿创造一个良好的生存环境，要常常温柔地和肚子里的胎儿说话，也别忘了在为期不多的妊娠日子中，为迎接新生命的降临，做好各种准备。

妊娠第8个月时，胎儿已经非常"活泼"，孕妇的肚子已有明显的变形，子宫对胎儿而言已太小，所以胎儿时时都想把手脚伸出这狭窄的空间。迅速长大的胎儿的身体紧贴着妈妈的子宫，可以自由自在地回转，但若遇到强烈的声音刺激和震动，胎儿就会大惊失色，张开双臂似要抓住什么，作出非常惊愕的样子。这个时期的胎儿位置已经比较固定，一般由于头重，头部自然朝下。

此时的胎儿已经具有一定的生存能力，若在此时提早来到人世，可放在氧气浓度较高的暖箱里喂养。此时宝宝吸吮能力非常差，所以要从宝宝的鼻中插上一根可以通到胃里的管，将营养丰富的母乳或奶汁直接送到宝宝胃里，这样做也可避免宝宝把乳汁吸进肺里。尽管如此，8个月的早产宝宝能活下来的并不是很多，因为宝宝的呼吸器官——肺部还需要一定的时间才能充分发挥功能，大约有1/3的宝宝不能活下来。

妊娠第8个月时，胎儿的睡眠已经有了变化，其情形和成人做梦的情形类似，所以有人将胎儿突然踢母亲肚子或扭动身体的反应解释为做梦，刚出生的孩子会突然哭出来或无意识地微笑，这也是一种原始反射动作，是因为刚出生的孩子仍在继续做胎儿时的梦。

日常生活计划

情绪

在妊娠的第8个月，由于孕妇的身心负担加重，又要面临分娩，所以引起生理和心理上的显著变化，一点儿小事就会造成心烦意乱，因此孕妇作好心理保健极为重要。

此时的孕妇由于乳房肿胀、尿频、便秘、恶心呕吐、偏食等，常常感到疲劳和烦躁，再加上孕妇对分娩的恐惧心理，很容易造成情绪的波动。

所以此时的孕妇一定要保持良好的心态，对做母亲充满自信，这是产后母乳喂养成功的基本保证。此时丈夫的作用就更重要了，要在生活中为妻子创造良好的条件，经常开导妻子，帮助妻子消除分娩的恐惧心理等，使妻子以良好的心态度过这一时期。

营养

从妊娠第8个月开始，胎儿的身体长得特别快，他的体重通常是在这个时期增加。主要特点为大脑、骨骼、筋脉、肌肉都在此时完全形成，各个脏器官发育成熟，皮肤逐渐坚韧，皮下脂肪增多。若孕妇营养摄入不合理，或者是摄入过多，就会使胎儿长得太大，出生时造成难产。所以一定要合理地安排此时期孕妇的饮食。

此时的饮食要以量少、丰富、多样为主，一般采取少吃多餐的方式，要适当控制进食的数量，特别是高蛋白、高脂肪食物。如果此时不加限制，过多地吃这类食品，会使胎儿生长过大，给分娩带来一定困难。此外，脂肪性食物里含胆固醇较高，过多的胆固醇在血液里沉积，会使血液的黏稠度急剧升高，再加上妊娠毒素的作用，使血压也升高，严重的还会出现高血压脑病，如脑出血等。饮食宜清淡，少吃过咸的食物，每天饮食中的盐量应控制在7克以下，不宜大量饮水。孕妇应选体积小、营养价值高的食物，如动物性食品，避免吃体积大、营养价值低的食物，如土豆、红薯，以减轻胃部的胀满感。特别应摄入足量的钙，孕妇在吃含钙丰富食物的同时，应多摄入维生素D，维生素D能促进钙的吸收，含维生素D丰富的食物有动物的肝脏、鱼肝油、禽蛋等。孕妇在使用药用维生素D制剂时，要注意不可过量，以免引起中毒。另外，应多摄入含足量维生素B_1的食品。这一时期孕妇体重增长每周不应超过500克。

专家建议，此时期每天饮食的品种和量如下：主食（大米、面粉、小米、玉米和杂粮）370~420克，蛋类（鸡蛋、鸭蛋、鹌鹑蛋）50克，牛奶500克，肉类和鱼类150克，动物肝脏50克（每周1次），豆类60克，蔬菜500克，水果100克，烹调用油20克。

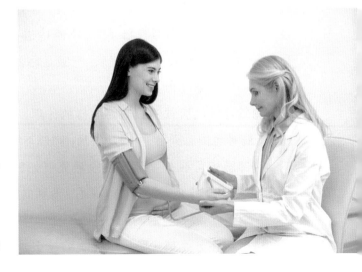

需要注意的是，妊娠晚期

容易出现妊娠高血压综合征,该病是引起早产和胎儿、产妇死亡的重要原因之一。由于其表现主要为水肿、高血压、尿中出现蛋白,所以在饮食中应该更加注意。一般原则为摄取足够的优质蛋白质和必需脂肪酸,但尿蛋白高的孕妇应限制蛋白质、水分和食盐的摄入,多吃植物性油。注意均衡营养,平常的饮食生活要节制食盐的摄取,热量高的食物、甜食、米、面包等主食不要吃得太多,要多吃含有优质蛋白质的蛋、牛奶、肉类以及大豆制品等,同时也要考虑食用含有其他营养成分的食物。

运动

这时的孕妇肚子明显增大,行动笨重,很容易疲劳。有些孕妇干脆就什么都不做,整天躺在床上,这种做法是错误的。此时的运动是非常重要的,既可以使胎儿呼吸到新鲜空气,又可以使孕妇锻炼腹部和盆腔的肌肉,有助于日后的分娩。

此时期孕妇的运动应以散步、做些力所能及的劳动为宜,要比前几个月适当地减少运动量,如果感到累了,应马上休息。孕妇可在每天早上起床、晚上睡觉或午睡时,开始学习和练习一些分娩辅助动作,以便在分娩时配合医护人员,使自己顺利分娩。分娩能否顺利进行,很大程度取决于产妇是否懂得用力、休息、呼吸的方法,所以孕妇应该从这几方面进行训练。

腹式深呼吸适用于孕妇分娩开始,感到有子宫收缩及阵痛出现时进行,以减轻子宫收缩带来的疼痛。具体方法是:孕妇把肩膀自然放平,仰卧,脚弯着也没关系,把手轻轻地放在肚子上,不断地进行深呼吸。先是把气全部呼出,然后慢慢地吸气,使肚子膨胀起来;气吸足后,再屏住气,全身放松,最后慢慢地将所有的气全部呼出。

胸式呼吸同腹式呼吸有着同样的作用,但要注意:吸气时,左右胸部要鼓起来,胸骨也向上突出;气吸足够后,胸部下缩,呼出气。

腰部压迫可在分娩第一阶段腰痛开始时使用,可以减轻腰部疼痛。方法是:身体仰卧,膝盖弯曲呈45°左右,两手向腰的上部及背部方向揉捏,两手握拳,手背向上,放在背后,用力压。

按摩可在分娩第一阶段子宫收缩越来越频繁的时候与腹式深呼吸同时进

行。两手放在腹部中间，吸气时，两手向上作半圆状按摩；呼气时，两手向下作半圆状按摩。另外，还有下腹水平式按摩，吸气时，从下腹中央向左右两边进行按摩，呼气时再往回按摩。

阵痛之后，分娩开始，这时产妇应像解大便一样自然地用力，用力是全身肌肉都参与的激烈运动。如果用力得当，腹部可受到强烈压力，从而将胎儿经产道推出；如果用力不当，力量集中在上半身，就没有效果，只会徒劳地消耗体力。正确的用力方法是：身体放直仰卧，两膝弯曲，两腿分开，双手握住产床的栏杆，背贴着床，下巴低下，深深地吸气，又屏住气，然后像解大便一样用力。这时最重要的是不让背和腰抬起来，头部歪斜或上身弯曲是不行的。

随着分娩的进行，当婴儿的头从产道露出来时，就使用短促呼吸的方法，这种呼吸方法可以消除会阴的紧张，在婴儿娩出阴道时，不致使阴道撕裂。姿势同腹式呼吸法一样，两手交叉放在胸上，口张大，一口接一口地呼吸，要一遍又一遍地快速进行。呼吸时有无声音、是深呼吸还是浅呼吸都无关紧要，重要的是产妇自身要放松，这样疼痛会减轻。

在开口期的子宫收缩时，用松弛法可以收到很好的效果。松弛法和分娩时的用力方法完全相反，练习时首先从身体的一部分开始，握紧拳头，然后拳头张开，整个手放松下垂，反复进行，做掰手腕的动作，力气要均匀，往回掰再放松。脚、腹肌、头等身体的主要部位一松一弛反复进行。

分娩辅助动作，应当坚持每天用一点时间来练习，但是如果已经被医生认为有早产可能的孕妇就绝对不能练习分娩的辅助动作了。下面介绍几种消除分娩时肌肉无效紧张的方法，以减少孕妇在分娩过程中无效的体力消耗。

浅呼吸：像分娩时那样平躺着，嘴唇微微张开，进行吸气和呼气间隔相等的轻而浅的呼吸。此法用于解除腹部紧张。

短促呼吸：像分娩那样，双手握在一起，集中体力连续做几次短促呼吸，为的是集中腹部力量，使胎儿的头慢慢娩出。

肌肉松弛法：肘和膝关节用力弯曲，接着伸直放松，这是利用肌肉紧张感的差异进行放松肌肉的练习。

淋浴

进入妊娠第8个月，孕妇身体各组织、系统均发生了一系列的生理变化，汗腺和皮脂腺分泌旺盛，所以孕妇应该注意保持卫生，常洗澡。孕妇洗澡要注意选择恰当的方式，仍要选择淋浴，因为淋浴可防止污水进入阴道，避免孕妇感染疾病。由于孕妇身体笨重，进出澡盆、浴缸时注意不要滑倒，以免腹部受到撞击。洗澡时水温要与体温接近，以35℃左右为宜，太凉或太热的水会对皮肤造成刺激，影响孕妇的周身血液分布，不利母体健康及胎儿发育。在饥饿或饱食后1小时以内不宜洗澡。夏季酷热，每天洗澡不可少于2次；春秋气候宜人，每周1~2次即可；寒冬腊月每两周1次就足够了。

此时还要注意乳头的清洁，要经常用温水清洗乳头，洗后抹上油脂，这样可使皮肤滋润而有韧性，分娩后经得起婴儿吸吮，否则容易发生乳头皲裂。孕妇的外阴部发生了明显的变化，由于激素的影响，阴道上皮细胞通透性增强，子宫颈腺体分泌增加，使阴道分泌物明显增加，所以孕妇应该经常清洗外阴部，以保持外阴部的清洁干燥。

清洗时要用温水，不可用热水烫洗，最好用专用清洗液清洗，也可用清水，但一定不要用肥皂水洗，也不可用高锰酸钾液洗。

睡眠

妊娠8个月时，由于孕妇行动不便，很容易疲劳，所以更应该多加休息，每天最少保证8小时的睡眠时间，中午最好也要保证1~2小时的睡眠。不管是夜晚睡眠，还是白天躺卧，孕妇必须采取左侧卧位。因为日渐增大的子宫在孕妇仰卧时会压向脊柱，使得脊柱两旁的大静脉和大动脉受压，从而使大静脉中的血液不能顺畅地流回心脏，造成回心血量减少，导致心脏向全身输出的血量减少，出现头晕、心慌、发冷、出汗、血压下降等症状，甚至神志不清和呼吸困难，这就是仰卧综合征。

仰卧综合征不仅影响孕妇的健康，而且对胎儿也同样有危害。由于心输出量的不足及大动脉的受压，都会减少对子宫的供血，胎盘的血液供应因而也减少，导致胎儿缺氧，很快出现胎心或快或慢或不规律，以致胎儿发生窒息或死亡。所以孕妇要避免长时间仰卧位，在牙科、美容院和妇科等处几乎都要采取仰卧位，所以要警惕仰卧综合征的发生。如因仰卧发生了血压下降，孕妇应迅速改换体位，即由仰卧位改为左侧卧位或半卧位，症状就会缓解。

妊娠疾病及用药

妊娠期间生病是孕妇们很头痛的事情，吃药怕对胎儿有影响，实在坚持不住就服用自认为比较安全的中药。其实有关专家指出，在怀孕期间，最好不要服药，如果必须服用，要在医生的指导下正确合理地服用，

一般来说不会对胎儿造成伤害。

复旦大学附属妇产科医院产科主任王宏在为一位孕妇进行检查时，发现她已患了两个星期的重感冒，孕妇固执地认为，无论吃什么药都会给胎儿带来不好的影响，因此，尽管不停地流涕、头痛不止，她还是坚决不肯吃药。王主任说，现在不少孕妇宁可自己吃苦，也不愿伤着胎儿，甚至在医生指导下服药也不放心，其实有病不治对自身和胎儿同样可能带来伤害，只要坚持在医生的指导下正确用药，不仅能确保孕妇和胎儿的安全，还能减少胎儿感染某些疾病的几率。

有人认为中药对人体的伤害小，无毒副作用，还有的人认为中药对孕妇安胎有一定的好处，所以可以无所顾忌地服用中药。但专家指出，在服用中药时也应避开某些药材，如容易腹泻的中药（大黄、芒硝），润肠利小便的药材（木通等），大辛大热的药材（肉桂、附子等）。如必须服用也要十分小心，剂量不能太大。

如因治疗需要而必须较长期应用某种可致畸的药物，则应终止妊娠。服用药物时，注意包装上的"孕妇慎用、忌用、禁用"字样；孕妇误服致畸或可能致

畸的药物后，应找医生根据自己的妊娠时间、用药量及用药时间长短，结合自己的年龄及胎次等问题综合考虑是否要终止妊娠。

产前检查

妊娠28周之前，孕妇每个月只需做一次产前检查就可以了，但从妊娠第28周开始，则必须每两周做一次检查，36周之后要改为每周检查一次，这种频繁的检查次数，是为了尽早发现妊娠后期的孕妇疾病，特别是对胎儿有直接影响的"妊娠中毒症"。

妊娠中毒症又叫做妊娠高血压综合征，是妊娠期所特有的疾病，据调查，约9.4%孕妇可发生不同程度的妊娠中毒症。本病常发生于妊娠20周以后，临床表现为高血压、蛋白尿、浮肿，严重时出现抽搐、昏迷，甚至母婴死亡，是怀孕产妇及围生儿死亡的重要原因。妊娠中毒症可引起孕妇大脑、心脏、肾脏以及肝脏的小动脉痉挛，导致组织器官缺血、缺氧，从而引起一系列的改变。同时胎盘也会严重受损，血管痉挛，血管腔变窄，影响母体对胎儿的血液供应，导致胎儿宫内发育迟缓，严重时动脉栓塞、坏死，发生胎盘早剥。

高血压是妊娠中毒症最先出现的症状，孕妇在未孕前或妊娠20周前，基础血压不高，至妊娠20周后血压升高可达140/90mmHg，或收缩压超过原基础血压30mmHg，舒张压超过原基础血压15mmHg时，要特别注意。蛋白尿的出现常略迟于血压升高，在每次定期的尿常规检查中就可以发现。在妊娠后半期，如果孕妇体重每周增加500克，两周增加1千克以下，这是正常现象。但如果每周体重增加超过500克，就是肾功能不好引起的浮肿，水肿多由脚开始，逐渐延至小腿、大腿、外阴部、腹部，按之可有凹陷。大部分的孕妇在妊娠中都会有浮肿现象，如果浮肿发生在黄昏，第二天早上自动消失，这是正常现象；但是如果早上就有浮肿的情形，则要尽快到医院检查。严重者可有全身水肿或伴有腹水。

对于孕妇来说，重度的妊娠中毒症可引起心脏病、胎盘早剥、肺水肿、凝血功能障碍、脑出血、急性肾功能衰竭、产后出血等并发症，还可能导致孕妇的死亡。对胎儿来说，由于子宫血管痉挛所引起的胎盘供血不足、胎盘功能减退，可致胎儿窘迫、胎儿宫内发育迟缓、死胎、死产或新生儿死亡。所以为了孕妇和胎儿的健康，一定要定期到医院进行产前检查，做好孕期保健工作，及时发现异常，给予治疗及纠正，从而减少疾病的发生。

预防早产

妊娠满28周而不满37周分娩者称为早产，早产占分娩总数的5%~15%。此时出生的婴儿各器官发育尚不够成熟，所以有15%的早产儿于新生儿期死亡。引起早产的原因有孕妇因素和胎儿、胎盘因素两种。孕妇因素主要有：孕妇合并急性或慢性疾病，如病毒性肝炎、急性阑尾炎、严重贫血、慢性肾炎、妊娠高血压综合征、心脏病、性传播疾病及重度营养不良等；孕妇生殖器官异常，如子宫肌瘤、双子宫、子宫颈内口松弛等；孕妇年龄过小在18岁以下，或过大在40岁以上，或体重过轻在45千克以下，或有吸烟、酗酒习惯者；孕妇过去有过流产、早产史；孕妇合并有严重的产科疾病或内外科疾病，因病情需要必须提前终止妊娠者；母体营养不良、过于劳累、遭受严重的精神刺激或创伤。胎儿、胎盘因素有：双胎、羊水过多、胎盘功能不全、前置胎盘、胎盘早期剥离、胎位不正、胎膜早破等。

以往有流产、早产或本次妊娠有阴道流血史的孕妇容易发生早产，主要表现为子宫收缩。最初为不规则子宫收缩，并常伴有少许阴道流血或血性分泌物，以后可发展为规律子宫收缩，与足月临产相似，要与妊娠晚期出现的生理性子宫收缩相区别。如胎儿存活，无宫内缺氧情况，胎膜未破宫颈扩张在3厘米以下者，应设法控制宫缩，尽可能使妊娠维持至足月再分娩，应嘱孕妇卧床休息，适当应用抑制宫缩的药物；如宫缩规律，宫颈扩张至4厘米以上，或胎膜已破裂，则早产不可避

小贴士

孕妇还要注意营养与休息，减少脂肪和盐的摄入，增加富含蛋白质、维生素、铁、钙和其他微量元素的食品，对预防妊娠中毒症的发生有一定的作用，并且孕妇要保证充分的休息和保持良好的情绪，这样更有助于抑制妊娠中毒症的发生。

免，应尽量提高早产儿的存活率。由于胎儿的呼吸系统发育不完善，出生后很可能发生新生儿呼吸窘迫综合征，所以可在分娩前注射糖皮质激素以促进胎儿肺成熟。

由于75%的围生儿死亡与早产有关，所以，为了降低围生儿的死亡率，一定要积极预防早产的发生。要坚持做好产前检查与孕期卫生，对可能引起早产的因素应充分重视；要切实加强对高危妊娠的管理，积极治疗妊娠合并症；要注意改善孕妇的饮食起居，注意增加营养，多吃蔬菜、水果，保持大便通畅，防止腹泻；要保持心情愉快，不要过怒、过悲或过忧，学会自我调节情绪，家人要在精神方面多给予安慰；要注意休息，避免劳累，不要登高举物或使腹部受到撞击；要尽量避免突发的精神创伤；对过去有流产、早产史的孕妇应特别注意重点监护，早期应卧床休息。由于吸烟时吸入的一氧化碳可与血液中的血红蛋白结合，致使红细胞携氧量减少，而尼古丁可使血管收缩，两者都可使供应胎儿的氧减少，发生胎儿宫内发育迟缓或早产，所以孕妇一定要戒烟，并避免被动吸烟。

分娩前的准备

妊娠8个月时，就应该开始为分娩做准备了，除了孕妇需要准备外，丈夫也应该和妻子共同为小宝宝创造一个良好的生活空间。

分娩后的一段时间，孕妇的生活、行动都不方便，所以要在分娩前做好充分的准备，以免到时手忙脚乱。最重要的就是将坐月子期间所穿用的衣服准备好，上衣要选择易解易脱、方便哺乳的样式；裤子要选购比较厚实的针织棉纺织品，如运动裤，既保暖又比较宽大，穿着舒适，同时还容易穿脱；坐月子洗澡不便，要多准备几套内衣，以便换洗，内衣选择纯棉制品，因纯棉制品在吸汗方面比化纤制品优越，穿着较舒适。

丈夫在妻子怀孕期间，要干一些妻子做不了的重活，如购买一些家庭必需品，如小米、大米、红枣、黄花、木耳、花生米、芝麻、黑米、海带、核桃等能够储存较长时间的食品，以及肥皂、洗衣粉、洗洁精、去污粉等洗涤用品。丈夫应该在妻子产前将房子收拾好，让妻子愉快地度过产假期，让宝宝生在一个清洁、安全、舒适的环境里。布置房间时应当将妻子和小宝宝安排在安静、干燥、采光和通风条件好的位置。如果房间少，不能专为妻子和宝宝安排一间的话，可用家具为妻子和宝宝隔一个小间，以便尽量减少外界干扰。检查房间是否有鼠迹、蟑螂、蚂蚁等，要采取措施消灭这些有害物

并防止再度出现。丈夫应主动地将家中的被褥、床单、枕巾、枕头和妻子坐月子时所需要穿的衣服拆洗干净，并在阳光下暴晒消毒之后放好。

　　另外，丈夫和妻子要共同为将来的小宝宝做一些必要的准备。为宝宝布置一个充满阳光的卧室后，还要为宝宝准备一张舒适的床铺，新生儿要和母亲住在同一个房间，但最好给他单独准备一个小床铺，婴儿睡单床可以减少感染，有利于正常的生活规律和习惯的形成。床铺四周栏杆的高度以婴儿站起来不会掉落为准，栏杆与栏杆之间的距离要小，避免婴儿的头部通过，栏杆起落要方便。用钩子扣住的栏杆，要检查挂钩是否安全，如果孩子出生时来不及准备安全的婴儿床铺，可以使用简易的摇篮。要为宝宝准备一些日常用品如衣服、尿布及洗涤用品等。

　　新生儿的衣服一定要用柔软、手感好、通气性和保暖性好、易于吸水的棉织品做，颜色宜浅淡，这样容易发现污物，样式可选用我国最常用的斜襟衣式，衣服要宽大些，便于穿脱，至少准备3件以上。婴儿出生后3个月内不用穿鞋，如果为了保护脚不受凉，可用毛线或棉线织成软鞋，鞋的长度可在8厘米左右，也可以准备一两双袜子。另外要多准备几个围嘴，用于接婴儿流的口水，可围在胸前，并用带子固定在身后。尿布是婴儿必不可少的日常用品，要用柔软、易吸水的布做成，最好选用淡色的布来制作，以便观察大小便的颜色，还应再制作一些棉尿垫，放在尿布和褥子之间，以减少褥子被大小便弄脏弄湿的次数。此外还要为宝宝准备澡盆、脸盆、脚盆、浴巾、毛巾、婴儿皂、痱子粉、爽身粉等洗澡用品，还要准备一些常用的药品，如酒精、紫药水、红药水、氯霉素眼

药水、绷带、消毒棉签、消毒纱布、烫伤药膏等。

怀孕的第8个月，孕妇的肚子越来越大，负担也越来越重，行动很不方便，容易疲劳，又要面临分娩，有很大的心理负担，所以此时的丈夫要从身心两方面来关心妻子，减轻妻子的负担。要和妻子共同学习一些与分娩有关的知识，充分地收集信息后就会知道如何保护孕妇及婴儿的安全。帮助妻子消除分娩的恐惧心理，解除妻子的思想压力，理解妻子的心理状态。对妻子的烦躁不安和过分挑剔应加以宽容、谅解，并且帮助妻子练习分娩的辅助动作和呼吸技巧，有助于妻子的分娩。

要保证妻子的营养和休息，为分娩积蓄能量。丈夫不但要主动承担家务，还要注意保护妻子的安全，避免妻子遭受外伤。此时，孕妇的子宫变得非常脆弱极易受伤或感染，所以一定要避免性生活。

要同妻子一起对胎儿进行胎教。在婴儿的感觉器官基本形成的时候，与婴儿进行对话越多越好，最好进行至少3次规律性的对话。在触觉基本形成的时候应更加频繁地按摩肚子，在进行对话的时候，用手指头敲一下肚子可以感觉到胎儿的脚在动。要做好家庭中的妊娠监护，以防早产。

要为分娩做好充分的准备。为妻子分娩做好经济上、物质上、环境上的准备，为迎接新生命的到来做好知识上、物质上的准备。要和妻子一起学习哺育、抚养婴儿的知识，检查孩子出生后用具是否准备齐全，不够的要主动补充。

警示

孕妇到了妊娠后期，干什么都不方便，因而变得懒散，不爱动，整天呆在家里，不停地吃东西，不注意修饰自己，头发也不梳理，这种精神状态是不可取的。此时进行适当的运动对孕妇和胎儿都有好处，有助于孕妇的顺利分娩，有利于胎儿的健康成长，所以孕妇要有规律、有目的地做一些力所能及的劳动。此时也应注意打扮装饰自己，买一些合体的孕妇服装，翻改一些旧衣服为新式样，都能调整情绪。

由于身体变得沉重，所以孕妇走路时要特别注意脚下，不要摔倒、绊倒。由于身体的原因，此时的孕妇很容易疲劳，所以孕妇要保证足够的睡眠。母亲睡觉胎儿也睡觉，胎儿生长所需要的荷尔蒙通过脑下垂体制造出来，而充足的睡眠能促进其分泌，这对胎儿的成长有很大的影响。

　　孕妇要控制脂肪和淀粉类食物的摄入，以免胎儿过胖给分娩带来困难，应多吃营养价值较高的蛋白质以及含有矿物质和维生素的食物。为了防止以后哺乳时发生乳头皲裂，应经常擦洗乳头，然后涂一些油脂。腹部可擦液体维生素E或油脂，以增加腹部皮肤的弹性，减少妊娠纹的出现。

　　一定要坚持定期去医院进行产前检查，以防妊娠中毒症的发生。可以利用胎动对胎儿进行家庭监护，每天早中晚各测1小时，3次数字相加乘以4即为12小时的胎动数，正常为30~100次，如胎动每小时少于3次或比前一天下降一半以上，说明胎儿在宫内有缺氧现象，应到医院就诊，在这个时期，孕妇可能会出现阴道流血、早产、胎盘前置等现象，这时应立即上医院，即使只有少量的出血，也要尽早接受医生的诊治，以防早产的发生。

　　另外，此时的孕妇腹部膨胀，懒得动弹，性欲减退，子宫很容易受到机械性的强刺激而发生收缩，进而导致早产，所以这个时期最好避免性生活。即使要进行性生活，也要采用丈夫从背后抱住孕妇的后侧位，这样不会压迫腹部，也可使孕妇的运动量减少。

胎教内容

音乐胎教

　　在前面曾经谈到胎儿能记忆他每天听到的声音（血流声和母亲的声音），到第8个月时，和大脑连接的神经回路更加发达，这时母亲的腹壁和子宫壁会变薄，所以胎儿更容易听到外界的声音，而且此时的胎儿可以区别声音的差异，对声音的强弱和旋律的变化都能作出不同的反应。音乐三要素为旋律、节奏、和音，胎儿虽然能听见声音，但这时只能听懂"节奏"，必须在出生3个月后，才能听懂"旋律"与"和音"。

　　除了听音乐外，父母还可以给胎儿唱歌，这种形式的音乐胎教效果更好，是任何形式的音乐所无法取代的。一方面，母亲在唱歌时，陶冶了情操，获得了良

好的胎教心境；另一方面，母亲在唱歌时产生的物理振动，和谐而又愉快，使胎儿从中得到感情上和感觉上的双重满足。此法还可使胎儿熟悉父母的歌声，加强感情交流一直保持到出生以后，在音乐的气氛中，父母子女间会更和谐、融洽。有的孕妇认为，自己五音不全，没有音乐细胞，哪能给胎儿唱歌呢，其实，完全没有必要把唱歌这种事看得过于神秘，要知道给胎儿唱歌并不是登台表演，不需要什么技巧和天赋，要的只是母亲对胎儿的一片深情。只要你带着对胎儿深深的母爱去唱，你的歌声对于胎儿来说，一定是十分悦耳动听的，唱的时候，尽量使声音往上腭部集中，唱得甜甜的，你的胎儿一定喜欢。此法每天可进行几次，每次不超过20分钟，孕妇可采用自己认为舒适的姿势，为胎儿唱一些摇篮曲、抒情以及欢快的歌曲。孕妇可以哼唱、清唱、随乐曲唱。唱歌时心情要舒畅，富于感情，如同面对着你可爱的小宝宝，倾述一腔柔肠和母爱，这时母亲可想象胎儿正在静听你的歌声，从而达到母子心音的谐振。

另外，还可以教胎儿唱歌，虽然胎儿不能真正地唱歌，但毕竟有听觉，母亲应充分发挥自己的想象力，让腹中的胎儿随着母亲的音律和谐地唱起来。母亲可先练音符发音或简单的乐谱，每次唱歌都留出复唱时间，想象胎儿在跟着唱。

对话胎教

到了怀孕的第8个月，生活在母亲腹中的胎儿已经是一个能听、能看、能"听懂"话、能理解父母的有生命、有思想、有感情的人了，父母对胎儿说话绝不是"对牛弹琴"。凝聚着父母深情的呼唤和谈话，一定会让胎儿聚精会神地倾听，作为父母应不失时机地与胎儿之间进行语言沟通和交流，对他施以良性刺激，以丰富胎儿的精神世界，这对开发胎儿的智力有极大的好处。比如可以告诉胎儿："我的小宝宝，不久以后你就要出来了，妈妈好盼望这一天。你也一定很想和妈妈见面了，是吗？"或者与丈夫一起对胎儿说："爸爸妈妈为了迎接你的诞生，已经准备了好长时间，外面的世界很美丽，你一定会喜欢的。"

在与胎儿讲话、给胎儿读画册和讲故事、教胎儿学文字的基础上，可通过视觉印象将图形的形状、颜色和母亲的声音一起传递给胎儿，教胎儿学算术和认识图形。在教胎儿学算术和认识图形的时候，要充分发挥想象力，将数字和图形变成立体的形象，这样会使胎儿学起来饶有兴趣，如将数字"1"联想为竖起来的铅笔。做算术也是一样，例如教胎儿1加1等于2的时候，母亲可以这样对胎儿说："这里有1个苹果，又拿来了1个苹果，现在一共有2个苹果了。"这就将具体的、有立体感的形象，导入语言刺激中去了。

意念胎教

从胎教的角度来看，孕妇的想象是构成胎教的重要因素，转化、渗透在胎儿的身心感受之中，所以，妊娠期母亲通过意念想象可以达到胎教的目的。

在此时期，母亲可以随时随地想象着孩子可爱的样子，如母亲悠闲地躺在躺椅上，就可想象娇儿绕膝的场景，想象着宝宝在此种环境下的音容笑貌；当母亲在公园或其他环境优美的地方散步时，就可想象妈妈带着漂亮宝宝，穿着漂亮服装在公园玩耍的情景等。并且母亲还可刻意的去想象孩子的皮肤、眼睛、鼻子、嘴巴等都要长成什么样子，性格是要活泼的还是文静的等等，这样久而久之，母亲就会通过意念进行胎教，从而塑造出心目中完美的宝宝。

视觉胎教

胎儿的视觉较其他感觉功能发育缓慢，怀孕27周以后胎儿的大脑才能感知外界的视觉刺激。怀孕30周以前，胎儿还不能凝视光源，直到怀孕36周时，胎儿对光照刺激才能产生应答反应。因此，从怀孕第24周开始，每天可定时在胎儿觉醒时用手电筒（弱光）作为光源，照射孕妇腹壁胎头方向，每次5分钟左右，结束前可以连续关闭、开启手电筒数次，以利于胎儿的视觉健康发育。但切忌强光照射，同时照射时间也不能过长。

运动胎教

此时期还应该对胎儿进行运动胎教，主要还是帮助胎儿运动，动作可较以前大一些。孕妇仰卧或侧卧在床上，平静均匀地呼吸，眼睛凝视着正前方，全身肌肉最大限度地放松。孕妇可用双手从不同的方向抚摸胎儿，左手轻轻压，右手轻轻放，右手轻轻压，左手轻轻放；或者用双手手心紧贴腹壁，轻轻地做旋转动作。可以左旋转，也可以右旋转，这时胎儿就会作出一些反应，如伸胳膊、蹬腿等。

这种帮助胎儿运动的做法坚持一段时间后，胎儿就习惯了，能够形成条件反射，只要母亲用手刺激，胎儿便很快进入运动状态。如果在帮助胎儿运动时，能够有适当的音乐伴奏，则效果更为理想。帮助胎儿运动的时间应该固定，晚上8点左右最为适宜。每次运动时间也不宜太长，每次5~10分钟最为适宜。

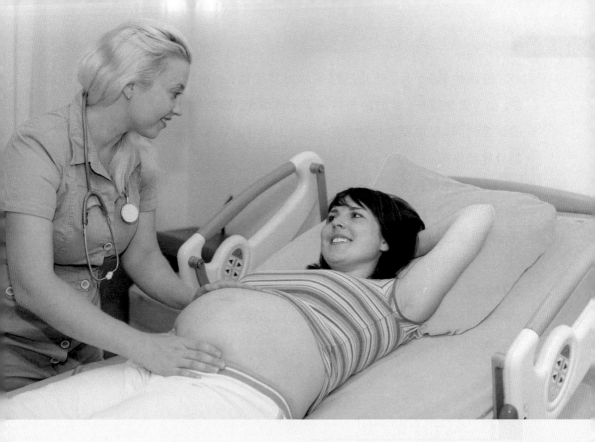

第九章

九月胎教

◎ 孕妇的表现

◎ 胎儿的倩影

◎ 日常生活计划

◎ 胎教内容

"好孕"干货尽在码中

科学备孕有指导，胎教干货跟着学。

妊娠的第9个月，胎儿已经基本发育成熟，此时早产的婴儿，只要精心呵护，仍可健康成长。此时的孕妇由于子宫增大，行动很不方便，所以要保证足够的休息时间，但也要进行适当的运动，为顺利分娩做好准备，如做孕妇操、做辅助分娩动作等。

这个时期很容易发生意外情况，如腹痛、阴道出血、血压升高、胎动次数减少等，这时必须及时到医院就诊。由于马上面临分娩，所以孕妇和丈夫都应为分娩做好充分的准备，共同为胎儿的出生创造一个良好的条件。

这个月不能因为临近分娩而放松了对胎儿的胎教，此时的胎儿发育完善，各种胎教方法可以轮流使用，让胎儿在母亲腹中的最后时期过得愉快而轻松。此时期可以进行的胎教有：情绪胎教、音乐胎教、对话胎教、故事胎教、触摸胎教、视觉胎教等。

▉▏孕妇的表现

妊娠的第9个月，孕妇的子宫继续在增大，子宫底已经高达28~30厘米，身体变得更加沉重，行动笨拙，所以此时是孕妇感觉最不舒服的时期。由于增大子宫的压迫作用，心脏被挤得不能像以往那样自由自在地活动，使得孕妇常常感到喘不过气来，心跳加剧；胃由于被压迫使得消化液分泌减少，孕妇食欲减退；膀胱被压迫则使得尿频更加明显；分泌物增多；甚至有的孕妇会出现轻微的子宫收缩，这些都是正常的。

▉▏胎儿的倩影

此时的胎儿发育已经基本成熟，身长42~45厘米，体重在2200~2500克。外表部分，如头发、指甲等都已经长得相当长了，皮下脂肪增多，使得皮肤有了光泽和颜色，脸上也不再是那么一脸"沧桑"，原本长满全身的胎毛逐渐消退，这时的胎儿仿佛初生的婴儿一般。

胎儿的内脏几乎完全形成，肺和胃肠的功能已经很发达，具备了一定的呼吸和消化功能。若此时早产，虽然个头并不大，但只要精心地呵护，在暖箱中宝宝仍可以健康地成长。此时生殖器官也基本形成，若是男婴，睾丸已下降到阴囊中；若是女婴，大阴唇隆起，左右两侧紧紧贴在一起。到了这个阶段，胎儿每天大概会喝下500毫升的羊水，同时也会排出约500毫升的尿液到羊水中。

胎儿脑部虽未完全形成，可是部分功能已经非常发达。对于外界的刺激，不仅会传达给身体的各感觉器官，也可经由脸部表情显现出喜欢或讨厌，这就是胎儿已有"情绪"反应的证明。从羊水镜中，可以清楚地看到胎儿的表情，有时像在微笑、皱眉，有时像在哭泣。

胎儿此时的动作更加激烈，手和脚可以将妈妈的腹壁顶起来，甚至会把妈妈吓一跳。

▉▎日常生活计划

情绪

科学研究证明，孕妇情绪不安时，胎儿的身体运动增加，胎动次数可比平常高3~10倍。如胎儿长期不安，则体力消耗过度，出生时的体重往往比一般婴儿轻0.5~1千克。孕妇与人争吵、家庭不和、极度悲伤、情绪压抑、丈夫脾气不好、婆媳关系不和、人际关系紧张等，常常导致胎儿出生后出现不同程度的消化功能失调现象，如呕吐、消瘦，甚至脱水、躁动不安、爱哭闹。

孕妇不良的精神状态给胎儿所造成的刺激，常引起婴儿行为、性格异常。特别是妊娠后期孕妇精神状态的突然改变会使大脑下丘脑受影响，进而引起体内肾上腺髓质激素的分泌增加，而且交感神经系统的活动也明显增加，人体的肾上腺髓质及周身交感神经都可分泌去甲肾上腺素，结果使血中去甲肾上腺素由平时的30微克/100毫升的浓度提高为原来的100倍，进而造成心率增快，使每次心搏出血量减少,胎盘供血量也因此减少而使胎儿缺氧。

此外去甲肾上腺素还可使平滑肌收缩,进一步使血管收缩、子宫收缩,加重了缺氧,可使胎儿大脑发育受阻。所以为了胎儿的健康成长和智力发育,孕妇一定要保持良好的心态度过这最后的时期。

营养

妊娠第9个月时,由于增大的子宫压迫胃部,使得孕妇消化功能减退,还很容易发生便秘,所以此时的孕妇一定要注意饮食的安排。首先,要养成少食多餐的饮食习惯,因为这时的孕妇胃部受压,一次吃不了太多的东西,所以可以分几次吃,每次少吃些。其次,由于平常饮食中总会不知不觉摄取过多的盐分,所以可在食物中加入胡萝卜泥和柠檬汁,这样不但可降低含盐量,又能促进消化,保持均衡的营养。此外应该多吃一些薯类、海藻类和含纤维素丰富的蔬菜类,以防止便秘的发生。

当胎儿降至骨盆中时,孕妇感觉会舒服一些,食欲也会恢复正常。但应注意不要因饮食过度而导致肥胖,这时胎儿已经有足够的养分,即使母亲不吃东西,也不会立刻影响他的生长发育。这个阶段的孕妇,要为生产而贮存体力,要多吃一些增强体力的食品,养精蓄锐为分娩做准备。

要保证蛋白质的摄入量,禽类、鱼类的蛋白质中含有丰富的蛋氨酸和牛磺酸,可调节血压的高低;大豆中的蛋白质能降低胆固醇而保护心脏和血管,同时可以保证胎儿的发育,但肾脏功能异常的妊高症孕妇必须控制蛋白质摄入量,以减轻肾脏负担。

要控制脂肪摄入量,孕妇应该少吃动物性脂肪,使膳食中的饱和脂肪酸(动物性脂肪)与不饱和脂肪酸(植物性脂肪)之比值为1或小于1,这样不仅能提供胎儿生长发育所需要的必需脂肪酸,还可以增加前列腺素的合成,而前列腺素能消除体内多余脂肪。控制热量的摄入,特别是妊娠前体重过重的肥胖孕妇,应维持热能摄入量和消耗的平衡,少用或不用糖果、点心、甜饮料、油炸食品以及脂肪含量高的食品。

此外,孕妇要注意增加钙、锌的摄入,做到每日喝牛奶、吃大豆或豆制品以及海产品。每天保证摄入蔬菜和水果500克以上,同时搭配蔬菜和水果的种类。烹调用盐2~4克或酱油不超过10毫升，不要吃腌肉和腌菜，禁用碱或苏打制作的食物。

下面介绍一种一日膳食安排范例，供孕妇参考：

早餐：牛奶250毫升，玉米面和标准面粉制成的发糕50克，猪肉松10克。

早点：烤白薯100克。

中餐：大米饭150克，鲤鱼木耳汤（鲤鱼250克，黑木耳30克）280克，海带丝炒肉丝（水发海带100克，瘦猪肉100克）200克。

午点：酸奶250克。

晚餐：麻酱花卷100克，芝麻酱20克，白虾青椒（白虾米100克，柿子椒100克）200克，蒜蓉西兰花100克。

运动

女性在怀孕后，产生一系列生理变化，增加了心脏负担，而体育运动能够增强人的心脏功能，保证供给胎儿充足的氧气，有利胎儿发育，减缓怀孕期间出现的腰痛、脚痛、下肢浮肿、心跳气短、呼吸困难等症状。另外，孕妇进行体育运动时，能使全身的肌肉血液循环得到改善，肌肉组织的营养增加，使肌肉储备较多的能量，增强的腹肌能防止因腹壁松弛造成的胎位不正和难产。有力量的腹肌、腰背肌和骨盆肌有利于自然分娩。所以此时的孕妇不能因为身体笨重就不运动了，而应该继续进行运动，如继续做孕妇操、继续做辅助分娩动作，从这个月开始，还应该练习助产呼吸技巧。

助产呼吸技巧不但能够减轻宫缩疼痛，还可积极与助产医生配合，使分娩顺利进行，具体方法如下。

第一产程呼吸练习：当宫缩疼痛开始时，深深地吸一口气，然后慢慢地呼出。孕妇练习时以5秒钟作为标准，心中

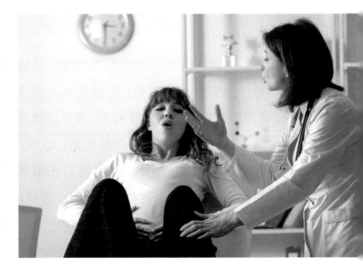

默默地数1，2，3，4，5，让自己有一种将气体储存在腹中的感觉，然后把气一点一点慢慢地呼出，从嘴里或鼻里呼出都可，呼气时间是吸气时间的2倍。孕妇按照这样的方法反复做4~5次后，呼吸要逐渐变得短而浅一些，直到呼吸恢复自然状态。接着，孕妇继续轻微呼吸，待感到宫缩减弱为止。再连续做4~5次深吸气、慢呼气的练习，每次逐渐加深，直至宫缩停止。注意往外呼气时不要用嘴吹气，一定要向外送气。在临产第一产程结束时，孕妇宫缩加强，可能会出现呼吸被抑制，甚至挤压的感觉，但若按上述方法去做，就会得到缓解。

第二产程呼吸练习：当宫口开全时，孕妇需要进行屏气呼吸，孕妇在做这个练习时，应采取仰卧、双膝弯曲、两腿分开、头和双肩抬高的姿势，孕妇在每次宫缩开始时，深深吸气，并用力向下屏气，以推挤胎儿前进。当宫缩结束时，吸气应缓慢，并且加重，然后慢慢呼气，直到下次宫缩开始。在胎先露出来时，孕妇采用张嘴短促的哈气呼吸，即"哈""哈"，不可发出声音，身体也不可用力，练习时应该以30秒为一次宫缩时间，逐渐增加训练，直至能达到以60秒为一次宫缩时间为止。

睡眠

怀孕的第9个月，是孕妇的身体接近最笨重的时候，很容易感觉疲劳，所以要保证足够的休息时间。每天晚上至少要有8~9小时的睡眠时间，有条件的话，中午还可以小睡1~2小时，使孕妇有一个饱满的精神状态和充足的体力。但休息并不等于整天躺着静养或者坐着不动，每天除了适当休息以外，还必须有一定的运动时间。

睡觉的姿势往往会影响睡眠质量，妊娠晚期尤为重要。孕妇的姿势对自身与胎儿的安危都很重要。要避免长时间仰卧，以免增大的子宫压迫下腔静脉，使回心血量及心输出量减少，发生低血压，使孕妇出现头晕、心慌、恶心、憋气等症状，且面色苍白、四肢无力、出冷汗等，还会影响胎儿的发育。一般采取左侧卧位的姿势，此种姿势可纠正增大子宫的右旋，能减轻子宫对腹主动脉和髂动脉的压迫，改善血液循环，增加对胎儿的供血量，有利于胎儿的生长发育。

妊娠意外情况的处理

此时期是妊娠的危险阶段，经常出现一些意外情况，所以孕妇一定要注意，如果出现以下情况时，需马上到医院就医。

腹痛。妊娠晚期的孕妇可能出现轻微的不规则子宫收缩而引起腹痛，腹痛是不规律的，这是正常情况。但如果腹痛的间隔时间为每5~10分钟一次，每次持续20秒左右，有规律，并伴有腹部发紧感，少量阴道血性分泌物，要警惕这是分娩的先兆，应立即去医院。

阴道流出血性黏液，称为"见红"或"血先露"。这是由于子宫颈发生变化，子宫颈内口附近的胎膜与子宫壁分离，毛细血管破裂出血的结果。此为分娩先兆，一般说明分娩将在24~48小时内发生。此时一方面要注意保持外阴部清洁，另一方面应及早到医院检查。

阴道突然有大量液体流出，似尿液，持续不断，时多时少，这可能是胎膜早破。常发生在咳嗽、腹部外伤、性生活、双胎、羊水过多、胎位不正等致使宫腔内压力增高等情况下。胎膜早破可引起胎儿宫内窒息，产程延长。胎膜破裂后，上行感染机会增多，脐带脱垂危险增大。此时，孕妇应平卧，由他人用担架或救护车及时送入医院。

头痛、眼花、血压突然升高，阴道流血，无腹痛。这可能是胎盘位置异常所致。若有腹痛，可能是胎盘早期剥离，须立即入院就医。

胎动次数逐渐减少。12小时胎动次数是由每天早、中、晚固定时间自数1小时胎动，3次胎动数相加再乘以4得出。一般胎动不少于10次/12小时。若胎动次数减少，或12小时没有感觉胎动，这是胎儿宫内缺氧的

一种表现，须立即入院诊治。胎心率过快或过慢，每分钟120次以上或120次以下，不规则或胎心减弱，说明有危急情况。

丈夫需要做的事

因为此时期接近预产期，所以丈夫要为分娩做好充分的准备。妻子怀孕是夫妻两个人的事，同时也是一个家庭中最重要的事，在整个过程中，丈夫应该积极主动，丈夫的参与和精神上的支持，对怀孕的妻子来说是非常重要的。如果夫妇双方都有充分的心理准备，那么就会更有信心，更能相互理解、相互支持。

首先，还要像以前那样在情感上关心体贴妻子，要确定好医院的住院床位，安排好送妻子去医院的交通工具，整理好母子的衣服、用具。其次，要在思想上宽慰妻子，对于许多第一次做妈妈的女性来说，在期盼宝宝出生的同时，也会对分娩充满了担心与恐惧，此时就需要丈夫跟妻子进行对话来消除这种恐惧感。另外，丈夫也应该去产前学习班，学习一些缓解妻子精神紧张的方法，如为妻子按摩等，还可以帮助妻子练习辅助分娩和呼吸技巧练习。

总之，丈夫只有真正地了解怀孕带给妻子生理与心理上的变化，才能更有效地帮助妻子。

警示

这时的孕妇行动很不方便，稍微动一下就会感觉心跳加剧，要注意多休息，

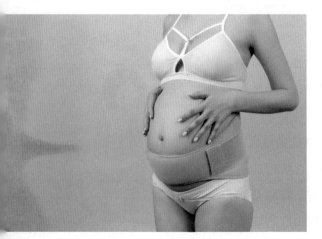

但为了顺利分娩，还要进行适当的活动，例如做一些简单的家务活。在日常生活中，长时间淋浴、长时间做某种动作都要加以注意。由于各种分泌物增多，外阴部容易污染，因此每天要清洗，内裤要勤换，注意经常保持清洁。

产前检查要坚持每两周一次。除此之外，有腿肿、头痛、恶心等症状

时，要尽早接受医生的检查。在这个月，发生妊娠中毒症的危险增加，应注意控制体重，特别要注意胎盘前置性出血和破水。如果有突然大出血，羊水流出，应马上入院。

这个时期应该为分娩和住院做准备了，在物质和精神上都要做好分娩的准备。工作的妇女此时应该开始休产假了，要以最好的身心状况来迎接宝宝降临。产后想继续工作的妇女，要事先和丈夫商量好，孩子出生后如何照顾，如果想请人照顾，最好找有经验的保姆。假如方便，也可以请父母代为照顾，但是也不能过度依赖父母。准备充分后，即使在预产期前有临产征兆，也不至于慌乱。

胎教内容

情绪胎教

由于此时马上要面临分娩，很多孕妇精神会极度紧张，对分娩充满了恐惧，这样会给胎儿带来一定的影响，不利于胎儿发育。其实，孕妇完全可以放下这种不必要的心理负担，因为孕期是一个正常的生理过程，从怀孕时的"合二为一"到分娩时的"一分为二"就像瓜熟蒂落一样自然，不必为之过于紧张不安。作为生理过程，分娩时难免一疼，疼痛是对新生儿降临世界时第一次身体的"按摩"，其程度是大多数人能够承受的。情绪的放松还有助于分娩的顺利进行，缓解分娩时的疼痛。

音乐胎教

此时期的音乐胎教和以前一样，在安静的环境中，孕妇集中精力，应用丰富的联想，和胎儿一起听音乐。要选择轻快、柔和、优美的音乐，既可以调节孕妇的情绪，又可以使胎儿受到艺术的熏陶。最好使用专用传声器，也可用耳机或外接扬声器，将传声器放置在腹部正上方，用带子固定更好，声音在60分贝左右，相当于收音机中等声音。如使用录音机放音乐，录音机可放在离孕妇1米左右的位置，扬声器对着腹部，腹部最好无衣服遮盖，声音稍强但不可太大，可在 65~75分贝。

对话胎教

父母经常与胎儿对话，能促进其出生以后的语言及智力方面的良好发育。语言胎教的题材很多，父母可以将日常生活中的科普知识作为话题，也可以与数胎动结合进行，还可以由父亲拟定语言胎教的常规内容进行讲述。例如，母亲对胎儿喃喃自语地讲述一天的生活，早上起床的第一句话是："早上好，我最可爱的小宝贝！"打开窗户时说："啊！太阳升起来了……"也可以在数胎动的同时，通过母亲对胎儿的高度注意，对胎儿的体态进行丰富想象及对胎动进行生动描述："这一下是头在撞宫壁，练的是头功；这一下是踢足，大有足下生风，击球射门之势……"边联想边喝彩鼓励，这样既增进了母子之间的感情交流，又监护了胎动。研究发现，胎儿对父亲的声音比较敏感，所以父亲也要发挥自己在胎教中的作用。例如，父亲可选一首浅显的古诗，一首纯真的儿歌，一段动人的经历讲述给胎儿听。如此丰富、生动的语言，定能对胎儿有益。

故事胎教

故事胎教不仅可以促进胎儿的健康发育，还可以培养孩子丰富的想象力、独创性以及进取精神，所以父母一定要重视故事胎教。此时的胎儿虽然具有听力，但胎儿并不是通过耳朵而是通过大脑来接受语言的，所以父母在讲故事时，一定要注意把感情倾注于故事的情节中，通过语气声调的变化使胎儿了解故事是怎样展开的。可以将画册中每一页所展示的幻想世界，用你富于想象力的大脑放大并传递给胎儿，从而促使胎儿的心灵健康成长。

故事的内容应丰富多彩，只要是适合胎儿成长的主题都可采用，例如可以选择提倡勇敢、理想、幸福以及爱情的故事，也可以选择富于幻想的故事等。

触摸胎教

此时胎儿体表的绝大部分细胞已经具有接受信息的能力了，并且能够通过触觉神经来感受体外的刺激，而且反应渐渐灵敏。所以孕妇本人或丈夫用手在孕妇腹壁轻轻地抚摩胎儿，可引起胎儿触觉上的刺激，促进胎儿感觉神经及大脑的发育。抚摩从胎儿头部开始，然后沿背部到臀部至肢体，轻柔有序。这种胎教方式从妊娠20周后胎动出现时就可以进行了，到了妊娠晚期也要坚持进行，每晚临睡前进行，每次抚摩以5~10分钟为宜。如果胎儿对抚摩的刺激不高兴，就会用力挣脱或者用蹬腿来表示反抗，这时，父母应该停止抚摩。如果胎儿受到抚摩后，过了一会儿才以轻轻的蠕动作出反应，这种情况可继续抚摩。

视觉胎教

胎儿的视觉发育得较晚，在妊娠的第9个月时，胎儿已经对光线的明暗有了反应，但此时的胎儿还看不到东西，因为胎儿的视神经和视网膜都尚未发育成熟，强光会刺激胎儿的眼睛，使胎儿觉得很不舒服，所以如果使用强光照射孕妇腹部，为了避免受到光线刺激，胎儿会将脸转到一旁或闭上眼睑。而不太刺激的光线，可给予胎儿脑部适度的明暗周期，刺激脑部的发达，会使胎儿有眨眼的动作，并且会感兴趣地将头部转向光源的位置。

所以在此时应该对胎儿进行光照胎教，即从怀孕第36周开始，当胎儿醒着（胎动）时，用手电筒的微光一闪一灭地照射孕妇腹部，以训练胎儿昼夜节律，即夜间睡眠，白天觉醒，促进胎儿视觉功能及脑的健康发育。光照胎教可选择在每天早晨起床前与每晚看完新闻联播及天气预报之后进行，以便日后养成孩子早起床、晚学习的好习惯。日本一位胎教专家说：只要胎教方法得当，完全能够生出一位脑力非凡的婴儿。但并非光线刺激胎儿，就一定会生出聪明的孩子。对胎儿而言，他最喜欢的亮度为透过母亲腹壁，进入子宫的微弱光线。在晴朗的日子到公园散步时，可将手放在腹上，轻轻地对胎儿说："小家伙，你知道现在的天气多好吗？"适量的光线和母亲温柔的声音，对即将出生的胎儿而言，是一种舒服的刺激。

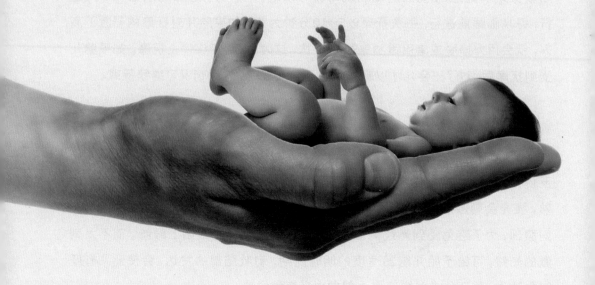

第十章 十月胎教

十月胎教

◎ 孕妇的表现

◎ 胎儿的倩影

◎ 日常生活计划

◎ 胎教内容

"好孕"干货
尽在码中

科学备孕有指导,
胎教干货跟着学。

怀孕的第10个月，由于马上要面临分娩，很多孕妇会变得很紧张，对分娩充满了恐惧感。其实这完全是没有必要的担心，分娩对女性来说是很正常的一件事情，几乎每个人都会经历，所以每一位孕妇都应该以积极的心态去面对分娩，多想想可爱的宝宝，就会轻松很多。

此时期的孕妇应该学习一些有关分娩的知识，对分娩先兆要有足够的认识，以平和的心态迎接随时可能到来的分娩。仍然要进行适当的锻炼，为顺利分娩做好准备。此时期有可能出现一些异常现象，如前置胎盘、胎盘早剥、羊水过多或过少、过期妊娠等，一旦发现要及时到医院进行诊治。

此时期的胎教仍然应该按时进行，可将音乐胎教、对话胎教、视觉胎教、意念胎教、运动胎教等胎教方法综合应用，对胎儿进行全面的训练。

孕妇的表现

孕妇刚进入第10个月时，为了保持身体的重心，不得不使上半身向后仰，因而会感到腰痛、脊背痛，有时甚至肋间也疼痛。沉重的身体加重了腿部的负担，腿会出现抽筋或疼痛。腹部的皮肤胀得鼓鼓的，肚脐眼成了平平的一片。

由于此时的子宫开始下降，对胃、心脏的压迫减轻，因此孕妇感到呼吸顺畅多了，食欲也倍增。但是，下降的子宫开始压迫膀胱和直肠，孕妇因此尿意不断，而且还经常便秘。

妊娠的第10个月，胎儿已经做好吸吮母乳的准备，并随时寻找适当的时机，降临人间。对于以母乳喂哺婴儿，母亲要有充分的信心。许多孕妇越是临近那激动人心的时刻，越是精神紧张而不安起来，对于分娩，内心感到有些惶恐和不知所措，所以开始失眠。但是产期并不能由孕妇来控制，不可能按自己的意愿让胎儿早一点或晚一点诞生，分娩的信号是由激素作用引起的，正确地说，生产日期应是由胎儿自己做选择。预产期大多包含了预定日期前后的两周之内，如果超过预产期还没动静，只要医生表示没问题，就不必过分担心。如果感到腹部皮肤发胀，子宫出现收缩，而且这种情况每天反复出现数次，就是临产的征兆了。

胎儿的倩影

进入第10个月，胎儿体重迅速增加，每天大约长30克，胎儿的身长已经长到48~50厘米，体重增加到3000~3200克。此时胎儿的外形模样已经达到新生儿的标准。皮下脂肪发育良好，已无褶皱，呈现淡红色，头盖骨变硬，指甲也超出指尖，头发密生，有3~4厘米长，胎毛几乎看不见了，胎脂在后背、屁股、关节等处稍许可以看到，手和脚的肌肉也很发达。乳房稍稍隆起，用手指一按，有时还会流出乳汁样的液体。

心脏、肝脏、肺脏、胃、肾等器官已经发育成熟，已经具备在体外独立生存的能力，而且哭声响亮，四肢活动有力，但吸吮力弱，有尿和胎便排泄出。胎儿在子宫内处于出世的前夕时，除了仍在继续成长外，最突出点在于如何为体外生活准备条件，其中首要的问题是中枢神经系统的成熟，使胎儿能从成熟中获得保护生命和应付环境的最基本能力。

胎儿的头部已进入母体的骨盆之中，身体的位置稍有下降，胎动比以前更加频繁。

日常生活计划

情绪

现在很多妇女怀孕后，情绪波动很大，表现为急躁不安、喜怒不定、发呆、抑郁、情绪低落、整天忧心忡忡等，主要是由以下几方面原因造成的：首先，怀孕后妇女的日常生活发生改变，例如，不能做任何剧烈运动，饮食方面需要注意，许多事情要禁忌等，令她们有被束缚的感觉。

由于妻子怀孕，丈夫每当想到自己将为人父，那种兴奋程度凌驾于对妻子的关怀及呵护之上，因而导致妻子有被忽略的感觉。其次，到了怀孕后期，由于缺乏经验，对分娩充满了恐惧感，当她们在待产室待产，听到产房临产产妇的叫喊声，心理恐惧感就增加了，她们怕分娩疼痛，怕不能顺产，还怕手术以后会带来痛苦或并发症。此外，还会为孩子的将来担心，如将为人母的责任感加重，考虑日后如何教导小孩子，小生命出生后的各种生活安排，以及小生命出生后是否能健康快乐地成长等。

这种情绪对腹中的胎儿和分娩都十分不利，所以孕妇一定要排除这些不良的情绪。孕妇可做一些转移注意力的事情，可以为即将出生的宝宝编织一件小衣服，或漫步于环境优美的大自然中，去看夺目的彩霞、如洗的晴空、郁郁葱葱的树木以及五彩绚丽的花朵，孕妇还可以和丈夫一起去钓鱼，这些都能使孕妇紧张的情绪得到排遣和放松。丈夫应陪孕妇去做产前检查，去孕妇学校学习正确的分娩知识，帮助孕妇布置一个自己喜欢的居室环境，以迎接可爱宝宝的到来。当孕妇感到内心十分焦虑紧张时，丈夫也不要显出不耐烦的样子，以使孕妇的情绪得到抚慰和安定。丈夫可以用一些幽默或诙谐的语言，来调节孕妇紧张消极的情绪，如"你总是愁眉苦脸、闷闷不乐，我们的宝宝会挂着伤心的泪珠出来的"；或当孕妇由于子宫收缩肚子感到有些疼时，可以说"宝宝正在对你做妈妈是否称职做考察"等。

临产前，孕妇的工作量和活动量都应适当减少，应该养精蓄锐，全力以赴地准备进入临产过程。分娩几乎是每个妇女必经的一关，人人都能承受。现代医学发达，分娩的安全系数大大提高，分娩手术的成功率也近于100%，一般不会出现意外。此时的孕妇应该保持一个积极的心态，经常对自己说："我就要见到日思夜想，如同梦中的宝宝了，这是一件多么令人不可思议的事，多么让人心旷神怡！"自己鼓励自己，避免情绪不佳。要摆脱一切外在因素的干扰，尤其不应该顾虑即将诞生的胎儿的性别，亲人也不应该给孕妇施加压力，免得给孕妇带来沉重的心理负担，使分娩不顺利。如果到了预产期腹中的胎儿还没有动静，孕妇也不要着急，因为到了预产期并非就要分娩，推后10天之内都是正常的。

营养

在妊娠的最后1个月，孕妇一定要保证充足的营养，蓄积体力，为分娩做准备。在此时期，孕妇饮食应注意以下几方面的问题：

其一，在保证每天所需热量的前提下，要求动植物类蛋白质食品搭配吃。同时监测血锌、铜和碘的情况，注意血钙低时对缺锌的掩盖现象。

其二，增补DHA食品或鱼类DHA营养品，以便促进胎儿大脑神经元和视网膜光感细胞膜磷脂的合成。最好保持血清DHA含量每毫升不低于60微克。

其三，在妊娠末期，消化器官功能缓慢，所以孕妇容易发生便秘。多吃薯类、海藻类和含纤维质丰富的蔬菜类能防止便秘。要注意少吃一些含脂肪和热量多的食物，以免胎儿过大造成难产。

其四，禁忌吸烟、饮酒。因为烟酒对胎儿的发育有很多的不利影响，比如容易导致生出低体重儿、流产、早产、死胎等危害。

其五，此时期为母体代谢最高峰，并且由于胎儿长大，子宫增大，孕妇常有胃部不适或饱胀感，因此可少食多餐。有水肿的孕妇要控制食盐用量。如有条件，最好食用磷脂、螺旋藻及免疫球蛋白。

运动

到了临产前孕妇的身体非常笨重，几乎进行不了什么活动了，所以此时散步是孕妇最适宜的运动。孕妇通过散步，可以安定神经系统，增加肺部换气功能，帮助消化、吸收和排泄，可刺激脚下的诸多穴位，以调理脏腑功能，使孕妇健身祛病。散步可以改善孕妇脚部的血液循环，促进全身的血液循环，使胎儿血液供应更充足。散步还可使孕妇肌肉的力量得到锻炼，还可帮助骨盆运动，有助于产妇分娩时减轻疼痛。

由于这时孕妇的行走、睡眠等日常活动都会受到胎儿的影响，为了保证孩子的健康成长和维护孕妇自身的健康，怀孕以后应当注意保持正确的活动姿势。平时行走时，应该抬头、挺直后背、伸直脖子、收紧臀部，保持全身平衡，稳步行走。站立的时候，要保持两脚的脚跟和脚掌都着地，使全身的重量均匀分布在两只脚上，双膝要直，向内向上收紧腹壁，同时收缩臀部，双臂自然下垂放在身体的两侧，头部自然抬起，两眼平视前方。坐下时，最好选择用直背坐椅（不要坐低矮的沙发），先保持背部的挺直，用腿部肌肉的力量支持身体坐下，使背部和臀部能舒适地靠在椅背上，双脚平放在地上。起立时，要先将上身向前移到椅子的前沿，然后双手撑在桌面上，并用腿部肌肉支撑、抬起身体，使背部始终保持挺直，以免身体向前倾斜，牵拉背部肌肉。

上楼时拉住楼梯的扶手，可以借助手臂的力量来减轻腿部的负担。下楼时要握住扶手防止身体的前倾、跌倒。不要直接弯腰从地上拾起物品，以免用力过度导致背部的肌肉和关节损伤，应当先慢慢蹲下，拾起物品后再慢慢站起来。当需要拿高处物品时，千万不要踮起脚尖，也不要伸长手臂，以免不慎摔倒，最好请在家中的亲人帮助。

另外，此时的孕妇可以做一些临产前的准备。可以进行下蹲运动，使骨盆关节灵活，增加背部和大腿肌肉的力量及会阴的皮肤弹性，以利于顺利分娩。具体方法是：两脚少许分开，面对一把椅子站好，保持背部挺直，两腿向外分开并且蹲下，用手扶着椅子，只要觉得舒服，这种姿势尽量保持得长久一些，如果感到两脚底完全放平有困难，可以在脚跟下面垫一些比较柔软的物品，起来时，动作要缓慢一些，扶着椅子，不要过于快捷，否则可能会感到头昏眼花。

盘腿坐练习可以增加背部肌肉，使大腿及骨盆更为灵活，并且能改善身体下半部的血液循环，使两腿在分娩时能很好地分开。具体方法是：保持背部的挺直坐下，两腿弯曲，脚掌相对，尽量靠近身体，抓住脚踝，用两肘分别向外压迫大腿的内侧，使其伸展，这种姿势每次保持20秒，重复数次。如果感到盘腿有困难，可以在大腿两侧各放一个垫子，或者背靠墙而坐，但要尽量保持背部挺直；也可以两腿交叉而坐，这种坐姿，也许会感到更舒服，但要注意不时地更换两腿的前后位置。

另外一项临产前的准备是骨盆底的肌肉锻炼。骨盆底的肌肉是支撑肠、膀胱以及子宫的肌肉，怀孕后这些肌肉会变得柔软且有弹性，由于胎儿的重量，会感到沉重并且不舒服,到了怀孕后期,甚至可能会有漏尿症状,为了避免发生这些问题,应该经常锻炼盆底肌肉。具体方法是:仰卧,两膝弯曲,双脚平放,好像要控制排尿那样用力地收紧盆底肌肉,然后停顿片刻,再重复收紧,每次重复做10次。

睡眠

此时期的孕妇还是要采用左侧卧位的姿势睡觉,此种卧位可纠正增大的子宫的右旋,能减轻子宫对腹主动脉和髂动脉的压迫,改善血液循环,增加对胎儿的供血量,有利于胎儿的生长发育。

由于身体沉重加重了腿部肌肉的负担,会使腿部抽筋或疼痛,所以睡觉前可以按摩腿部或将脚垫高。另外,由于马上要临产了,很多孕妇在精神上有很大的负担,导致失眠,这时不必为此烦恼,要减轻心理负担,用积极的心态去面对分娩,如果实在睡不着,可以看一会儿书,转移一下注意力,心平气和自然能够入睡。

分娩先兆

在分娩开始前,常先出现一些预示临产的症状,孕妇及家人要对这些分娩先兆有一定的了解,才能在临产前做到不慌乱、不紧张,采取合理的措施。

假临产是最先出现的症状,其特点是宫缩持续时间短且不恒定,而且两次间隔时间较长,子宫收缩强度不增加,往往在夜间出现,清晨消失,孕妇常感到小腹部发胀、发硬、发紧,小腹部下坠、腰部酸痛或伴有轻微的腹痛。在分娩开始前的24~48小时,因产妇不规律的子宫收缩牵动宫颈,使宫颈内口附近的胎膜与该处的子宫壁分离,毛细血管破裂经阴道排出少量血液即为见红,是分娩即将开始的征象。

早期破水是指在真正阵痛开始之前胎膜破裂,从阴道流出淡黄色或白色的羊水,孕产妇一旦破水,不管是否到预产期,有没有子宫收缩,都应立即去医院就诊。此时的胎儿已经进入骨盆入口而使宫底下降,所以很多的孕妇都感到呼吸变得轻快了,胃部的压迫感也减轻了,食欲大增。

真正临产开始的标志是有规律且逐渐增强的子宫收缩,持续30秒左右,间歇5~6分钟，同时伴随进行性宫颈管消失、宫口扩张和胎先露部下降。从这时起就开始进入产程了，即分娩的全过程，临床将产程分为三个阶段，即第一产程、第二产程和第三产程。

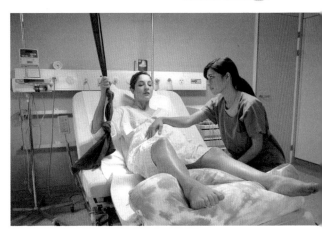

第一产程：需要8~12小时，孕妇腹部原本仅是不定时地出现发胀、发硬，逐渐开始出现腹痛，这是子宫在收缩。在产程开始时，子宫收缩持续时间较短（约30秒）且弱，间歇时间较长（5~6分钟），但宫口在进行性地开大，前8小时进展较慢，而且宫口只开到3厘米左右。

随着产程进展，子宫收缩时间渐长（50~60秒）且强度增加，间歇期渐短（2~3分钟），产妇表现为疼痛间隔缩短而腹部疼痛加剧，同时宫口开大速度加快，大约4小时宫口完全开全，此时的宫缩持续时间可长达1分钟以上，间歇期仅为1~2分钟。孕妇子宫收缩、下段被拉长、宫口进行性扩张、子宫韧带强烈牵拉形成了强烈刺激信号，沿子宫及阴道痛觉感受器，经盆腔内脏神经传入大脑，形成"内脏痛"。疼痛特点为疼痛弥散但部位不明确，表现为不仅腹痛，而且背、肩、腰部都很酸痛。子宫收缩时，子宫羊膜腔内压力增高，当羊膜腔内压力增高到一定程度时胎膜自然破裂，多发生在宫口近开全时，此时就进入了第二产程。

第二产程：需要1~2小时，是胎儿娩出的时期。宫口开全后，胎膜多已自然破裂，宫缩常暂时停止，产妇略感舒适，随后的宫缩较前面增强，每次持续1分钟以上，间歇期仅1~2分钟。

产妇宫口已经开全，由于产道的外侧被骨盆的骨头包围，宽度只能让胎儿勉强通过，因此孕妇必须做有效的用力，才能帮助胎儿顺利通过，成为产道的阴道及外阴已做好了充分伸展的准备，孕妇适度用力，胎宝宝的头部会从子宫口下降到阴道内，再沿着阴道逐渐接近外阴出口，此时，会阴部已被拉至极薄，以待宝宝滑出。因胎头压迫直肠，在宫缩时有不由自主的排便感。当胎头就要出来之时，由于外阴部充分伸展，产妇会感到肛门、会阴部有烧灼感，这是因为下产道肌肉、筋膜、皮肤的伸展、牵拉和撕裂引起刺激，向上传导到大脑，形成"躯体痛"，疼痛的特点为定位明确，集中在阴道、直肠、会阴部，像刀割样的锐痛。

此时在子宫收缩时胎头露出阴道口，而且露出部分不断增大，在子宫收缩间歇期，胎头又缩回阴道内，直至在强烈的宫缩对胎头的推挤下，会阴打开并伸展开来，即使宫缩停止胎头也不再回缩。胎头先露之后，产妇再经2~3次宫缩阵痛，胎宝宝的脑后部先娩出，然后胎头仰伸脸，下颌娩出，接下来肩部娩出，只要胎头与骨盆大小相称，在产力的推动下，胎宝宝都会顺利娩出。

第三产程：是胎盘的娩出期，这一时期约需5~15分钟，最多不超过30分钟。胎儿娩出后，宫底降至肚脐水平，产妇会感到轻松了许多，不久子宫收缩又重新开始，由于宫腔容积明显缩小，胎盘不能相应缩小，与子宫壁发生错位而剥离。胎盘娩出后，子宫随后强烈收缩，变得十分坚硬，以便胎盘剥离面的出血停止。到此产程全部结束。

孕期和分娩后疾病及用药

妊娠晚期常会出现一些异常现象，孕妇要注意。

前置胎盘是指怀孕28周后胎盘附着于子宫下段，甚至胎盘下缘达到或覆盖宫颈内口，其位置低于胎先露部，是妊娠晚期出血的主要原因之一，也是妊娠的严重并发症，可危及产妇和胎儿的生命，所以一经发现要及时处理。

胎盘早剥是指妊娠20周后或分娩期，正常位置的胎盘在胎儿娩出前，部分或全部从子宫壁剥离。主要表现为阴道流血，量较多，色暗红，伴轻度腹痛或无腹痛。也是妊娠晚期的严重并发症，发病急，进展快，如果处理不及时，可危及母子生命。

正常妊娠时羊水量随孕周的增加而增多，最后2~4周开始逐渐减少，妊娠足月时羊水量约为800毫升，如果超过2000毫升即为羊水过多，少于300毫升为羊水过少。羊水过多的孕妇中，18%~40%合并胎儿畸形，一经发现应立即引产终止妊娠。如果胎儿正常，但由于压迫肠胃而引起恶心呕吐、呼吸困难者，应穿刺放羊水，症状较轻可以忍受者要注意休息，严密观察。羊水过少提示胎盘功能降低,缺少羊水保护可导致胎儿宫内窘迫,胎死宫内,羊水过少是胎儿有危险极其重要的信号,若妊娠已足月,应尽快破膜引产。

过期妊娠是指平时月经规律,妊娠达到或超过42周尚未临产者。过期妊娠是影响围生儿发育与生存的病理妊娠,过期妊娠的围生儿发病率和死亡率明显增高,并且随妊娠期延长而增加。预防过期妊娠的发生并不困难,只要加强宣教,使孕妇及家人认识过期妊娠的危害性,定期进行产前检查,适时结束妊娠,即可降低其发生率。

早产是指妊娠满28周而不满37周分娩者。胎儿体重少于2500克,身长不足45厘米,早产儿各器官发育尚不够成熟,死亡率特别高,应该引起重视。要定期进行产前检查,对可能引起早产的因素应充分重视。

由于增大的子宫压迫直肠和膀胱,很多孕妇出现便秘和尿频等症状。孕妇发生便秘时要注意多饮水,多吃富含粗纤维素的瓜果和绿叶根茎蔬菜,如香蕉、苹果、梨、葡萄、菠菜、苋菜、黄瓜和海带等,可以适当喝些蜂蜜,吃些麻油及黑芝麻,以帮助通便。千万不能轻易使用泻药,它往往可能引发早产。做有利于胃肠蠕动的腹部按摩,以推动粪便下行,方法为沿着大肠的走向做顺时针圆形按摩。生活中避免久站、久坐,都可预防便秘。

有尿频的症状时,孕妇应注意尽可能控制盐分的摄入,一感到有尿意,不要忍尿,要马上排出。

排尿时有疼痛感,尿液浑浊者,可能是患了膀胱炎或尿道炎,应该立刻看医生。孕妇白带增多,容易外阴部不洁,细菌有可能感染膀胱和尿道,因而有患膀胱炎或尿道炎的危险,从而加重尿频。孕妇每次排便后,都应注意要由前向后擦拭,以免造成感染。

由于身体沉重,再加上子宫压迫下腔静脉,导致孕妇的腿部疼痛或抽筋,所以孕妇白天不要走过多的路,鞋跟高低要适宜。丈夫应该在每天临睡之前,为妻子进行按摩,促进血液的循环,孕妇睡觉时可以把腿抬得高一些。应该注意摄取含维生素B_1和钙质丰富的食物。这些都可预防腿部疼痛和抽筋。

孕妇在孕育宝宝的10个月中,经历一年中的四个季节,同时身体的免疫能力处在一个相对低的状态中,一些细菌和病毒容易侵入。孕妇患病后,一定要合理地用药,因为许多药物能够通过胎盘进入胎儿体内,并对胎儿的生长发育产生影响，引起胎儿发育畸形。孕妇怀孕3个月后用药引起胎儿畸形已少见，但仍可通过药物毒性和副作用，对胎儿产生不良影响。所以孕妇用药一定要慎重，要在医生的指导下合理地应用。

孕妇在分娩后，在充分享受做母亲的幸福时刻，还应注意在此时可能会得的一些疾病。如果经医生诊断得了流行性腮腺炎、猩红热、水痘、流行性感冒、传染性肝炎、肺结核、百日咳、白喉、破伤风等传染病，除了遵医嘱按时打针和吃药外，为了尽快康复以及其他亲友的健康，一定要进行隔离。

流行性腮腺炎主要通过飞沫直接传播，从发病前数天到发病期均有传染性，与病人接触过的婴儿应观察3周，可服板蓝根煎剂，每日50克。

猩红热主要经由空气传播，病人和带菌者的鼻咽部分泌物通过飞沫侵入易感者的呼吸道而导致传染，与病人有接触的新生儿，应观察7~12天，如咽部有不适要及时去医院就诊。

水痘主要通过飞沫传播，或接触了被病毒污染的尘土、衣物、用具等，从发病第一天起到皮肤干燥结痂前都有传染性，婴幼儿很容易被传染。所以一定要注意，婴幼儿如果与水痘患者接触过，一定要注意观察，观察时间不少于17天。

流行性感冒是由飞沫传播的急性呼吸道疾病，病人为主要传染源，如果新生儿同流感患者接触过，要观察18~72小时。

传染性肝炎主要经口传染，血液、被病人粪便污染的水源等也可以传播，自发病日起，严密隔离不少于40天。

原发性肺结核多数是通过呼吸道感染肺部，少数人摄入污染的食物而经消化道传染，传染源主要是病人，病人咳嗽、打喷嚏时，带菌的飞沫喷入空气中而感染健康人，病人吐的痰干燥后，痰中的结核病菌随尘土飞扬，也可以传播此病。

细菌性痢疾是由于喝了被细菌污染的食物或水而感染，污染了粪便的手或苍蝇都可以传递病原菌，可在数小时至7日内发病。

丈夫需要做的事

这个时期丈夫应该把一切都准备好，随时准备迎接临产的到来。可以先同

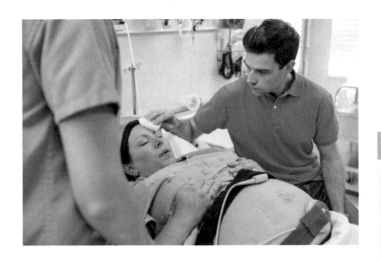

妻子一起进行生产辅助运动的练习，以加深父母与孩子的感情，不断地给胎儿以鼓励，这对胎儿有很大的意义。

妻子生产时，如有可能丈夫最好陪在身边，分娩应该是由夫妻一起体验、一起感受生命诞生的喜悦，这也是人一生中的大事。现代社会，丈夫大多能在妻子妊娠期间，一起学习有关生产的知识、了解婴儿的诞生过程、如何使用各种方法辅助生产等，如果夫妻同心协力，将使这件艰难浩大的"工程"变得更为顺利。

小·贴士

英国小儿科医生乔力博士，积极鼓励先生陪同妻子度过整个分娩过程。如果这时先生能紧握妻子的手，不但可以减少妻子对陌生环境的不安，也可以松弛妻子紧张的情绪，孩子一出生，就能和父母有爱的接触，可减少他对新环境的不适。

警示

到了怀孕的第10个月，孕妇要每个星期去医院做一次产前检查，做好随时入院的准备；由于行走不便，要更加小心地走路，绝对个要做对母体不利的动作，避免向高处伸手或压迫腹部的姿势；抛开不安与担心，安心地考虑一些产后的事情；保证充足的营养和睡眠，以积蓄体力；清洁身体，淋浴或擦身都可以，特别要注意外阴部的清洁；严禁性生活，房事可能造成胎膜早破或早产；此时也不要放纵自己酣吃酣睡，适量的运动

有助于顺利分娩；如果多次出现规律性的子宫收缩，这就是临产的征兆了，应马上去医院；如果过了预产期，腹中的胎儿仍毫无动静，也不要着急，首先要判断预产期是否已过，然后做B超检查胎儿，如果确实已过预产期，可因过大造成难产或引起窒息，所以，需请医生帮助尽快分娩，早日结束妊娠。

胎教内容

音乐胎教

音乐胎教有很多的方法，此时孕妇可多种方法综合使用对胎儿进行胎教，以利于胎儿大脑的发育，但要注意选用声波成分中不含声压很强的高频声波以及舒缓优美、节奏不强、力度不大的音乐。每天晚餐后2小时，胎儿醒着时听10~12分钟。

最常用的是音乐熏陶法，母亲每天欣赏音乐名曲，在欣赏音乐中，既可以调节孕妇的情绪，又可通过孕妇丰富的联想将音乐的美好传递给胎儿，让胎儿间接接受音乐的熏陶，也可直接将胎教传声器放在母亲的腹部，让胎儿直接透过母亲的腹部倾听音乐。

此外，母亲还可利用哼歌谐振法对胎儿进行胎教，孕妇每天可以哼唱几首歌，最好选择抒情歌曲，唱的时候心情要舒畅，富于感情，如同面对亲爱的宝宝，倾诉一腔的母爱，让胎儿感受到母亲的关爱。还有一种母教子"唱"法，母亲应充分合理地发挥自己的想象，让腹中的胎儿神奇地张开蓓蕾似的小嘴，跟着音律和谐地唱起来。母亲可先练音符的发音，或较简单的乐谱，这样就可使胎儿容易学容易记，一教即会。如1234567、7654321，反复轻唱若干遍，每唱完一个音符，等待几秒钟，即是胎儿"复唱"的时间，而后再依次进行。

对话胎教

从怀孕的第7个月起胎儿就有明显的听觉和感受能力了，不仅能对父母的言行作出一定的反应，还能在脑子里形成记忆。父母用优美的语言和胎儿对话，反复进行，就是要使胎儿不断接受语言音波的信息，训练胎儿在空白的大脑上增加语言的"音符"，促进胎儿大脑的发育。

视觉胎教

这个月还应该对胎儿进行视觉胎教，因为孕妇这个时期的腹壁、子宫壁已变得较薄，光线易于透过，用不刺眼的柔和光线可以增加胎儿对于明暗的感觉和节奏，以此提高胎儿对光的敏感度，初步促进生物钟的建立，对大脑的发育和成熟有利。具体的做法是：每晚在听音乐之前和之后，把上一号电池的手电筒玻璃光罩直贴在腹壁上，约在宫底以下三横指处对胎儿进行照射，每次照射2~3分钟。

意念胎教

医学研究表明：母亲的思维和联想能够产生一种神经递质，这种神经递质经过血液循环进入胎盘进而传递给胎儿，然后分布到胎儿的大脑及全身，并且给胎儿脑神经细胞的发育创造一个与母体相似的神经递质环境，使胎儿的神经向着优化方向发展。所以，孕妇应该多阅读一些有益的书籍，可以将敏捷的思维和丰富的联想传递给胎儿。另外，孕妇还可以做一些培养情趣的事情，使胎儿受到艺术的熏陶。

运动胎教

现在，许多年轻产妇既盼望小宝宝早日降临，又把分娩视为"劫难"。紧张、焦虑、恐惧的情绪，加上产程中一些人为的干扰措施等，无形中使难产的几率增加，剖宫产率不断升高。经研究发现，在新生儿出生时，适当进行按摩可以使产程明显缩短，难产的发生率也可降低，对胎儿来说也是很好的一种优教方法，所以在新生儿出生前就应该对其进行按摩训练。

按摩手法作用于产妇体表的特定部位，可以调节机体的生理、病理状况，从而可改变相关的系统功能，产妇在接受按摩时，还可消除孤独感和恐惧感。具体手法是：孕妇或丈夫用手，在孕妇腹部触摸到胎儿身体后，用手指稍稍用力弹压胎儿肢体，用手轻轻推一推胎儿身体，一般在5分钟内总共做10多次即可，每晚在听音乐时做，或在手电筒光照前后做均可。

综合胎教

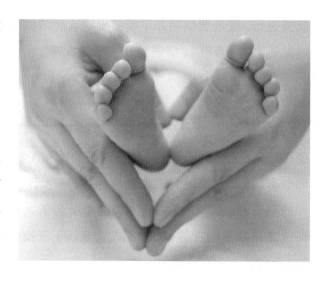

妊娠晚期，胎儿的各系统已经发育得比较完善，此时各种胎教方法对胎儿都可以使用，所以孕妇在这时要将各种胎教方法综合应用，对胎儿进行胎教。

一般的做法：每天清晨起床，都要拍着腹中的胎儿对其说一些关于天气或问候的话语；然后到户外散步，可以边散步边对胎儿进行抚摩和说话；晚上睡觉前则进行音乐胎教，一边听音乐一边抚摩胎儿。当然每个孕妇可以根据自己的实际情况来选择适合自己的胎教方法，只要是对胎儿有益的都可进行。在进行胎教时，应按照各种方法提出的要求进行，这样做收效会更大。